KB142229

월급을
경영하라

월급을 경영하라

2015년 8월 28일 초판 1쇄 발행
지은이 · 구본기

펴낸이 · 이성만
책임편집 · 김형필, 허주현 | 디자인 · 김애숙

마케팅 · 권금숙, 김석원, 김명래, 최민화, 조히라, 강신우, 최의범
경영지원 · 김상현, 이윤하, 김현우
펴낸곳 · (주)쌤앤파커스 | 출판신고 · 2006년 9월 25일 제406-2012-000063호
주소 · 경기도 파주시 회동길 174 파주출판도시
전화 · 031-960-4800 | 팩스 · 031-960-4806 | 이메일 · info@smpk.kr

ⓒ구본기(저작권자와 맺은 특약에 따라 검인을 생략합니다)
ISBN 978-89-6570-264-1(03320)

쌤앤파커스(Sam&Parkers)는 독자 여러분의 책에 관한 아이디어와 원고 투고를 설레는 마음으로 기다리고 있습니다. 책으로 엮기를 원하는 아이디어가 있으신 분은 이메일 book@smpk.kr로 간단한 개요와 취지, 연락처 등을 보내주세요. 머뭇거리지 말고 문을 두드리세요. 길이 열립니다.

월급이 전 재산인 당신을 위한 '진심' 재테크

월급을 경영하라

| 구본기 지음 |

쌤앤파커스

왜 당신은 쪼들리기만 하는가

'재테크'란 재무財務와 테크놀로지technology를 합쳐서 만든 말로, 1980년 대 초반 일본에서 생겨났다. 원래는 기업경영 용어였으나, 정부의 초저금리 정책으로 기존 자산운용 방식에 한계를 느낀 일본인들 사이에서 재테크라 는 용어가 차츰 퍼지기 시작했다.

1986년 11월 18일자 〈동아일보〉 기사는 일본 내 재테크 유행 소식을 이 렇게 전한다.

재테크란 재무전략 테크놀로지를 줄인 말로 쉽게 풀이하면 재산을 늘리는 테 크닉이다. (…) 재테크는 오늘을 사는 일본인들에게 생활인의 필수 조건처럼 여겨진다. 따라서 돈이 불어날 틈새만 있으면 와르르 사람들이 몰려 홍수 현 상을 일으키는 것이 자기방어적이면서도 탐욕적으로 비친다.

기자가 "자기방어적이면서도 탐욕적"이라고 표현한 '재테크'는 1990년대 후반 즈음 한국에 전격 상륙했다. 그 뒤 2000년대 초중반에 이르러 화려한 전성기를 맞이했다. 당시 세계 경제는 (어쩌면 앞으로 수십 년간 다시 보기 힘들) 대호황기였다. IMF 외환위기를 막 졸업한 한국에서는 유독 큰 호황의 바람이 일었다. 아파트 값이 V 자를 그리며 격하게 반등했다. 종합주가지수가 하늘 높은 줄 모르고 치솟았다. 사람들이 돈을 싸 들고 앞다퉈 은행과 증권사, 부동산으로 향했다. 미래에셋이 적립식 펀드를 선보이며 1인 1펀드 시대를 활짝 열어젖혔고, 은행들은 '우리도 미래에셋 펀드를 취급합니다.'라는 현수막을 내걸고 영업에 열을 올렸다.

둘 이상만 모이면 주식 투자와 부동산 경매 이야기로 꽃을 피웠다. 서점가에는 제목에 '재테크'와 '부자' 키워드가 들어간 책들이 홍수를 이뤘다. 수많은 사람이 재테크 고수와 전도사를 자칭하며 등장했다. CMA, MMF 같은 상품이 유행했고, 복리이자나 비과세, 세금우대 같은 용어들이 더 이상 낯설지 않게 되었다. TV에서는 매일같이 금융 전문가들이 출현해 부자되는 법을 설명했다. 사람들 사이에서 '10억 만들기' 바람이 불었다(심히 유감스럽게도, 이런 현상은 지금도 벌어지고 있다).

이 모든 것이 2008년 미국에서 '서브프라임 모기지 사태'가 터지기 전까지의 상황이다. 미국 내의 저신용 주택담보대출자들이 원리금을 상환하지 못하는 일이 이어지자, 단지 이 이유만으로 세계 경제가 줄줄이 무너졌다. 흡사 도미노와 같았다. 돈을 떼인 모기지 업체들이 가장 먼저 파산했다. 뒤를 이어 모기지 업체에서 주택저당증권을 사들인 투자은행들이 파산했다.

운 좋게 파산을 피한 투자은행은 정부의 구제금융에 기대어 연명해야 했다. 이들은 생존을 위해 세계 각국의 주식시장에 묻어두었던 돈을 일시에 회수했다. 그 탓에 한국을 비롯한 많은 나라의 주식시장이 무너져 내렸고, 주식시장에 베팅했던 수많은 기관과 개인이 돈을 잃었다. 그해 여름, 미국은 자국의 금융위기를 통해 '세계화'가 무엇인지를 사람들에게 분명하게 보여주었다.

솔직히 말하자면, 재테크의 시대는 끝났다!

세계 경제의 역사는 2008년을 기점으로 다시 쓰이게 되었다. 이제 누구도 호황을 이야기하지 않는다. 그저 불황을 실감할 따름이다. 한국의 재테크 시계는 완전히 부서졌다. 주택시장은 명실상부한 침체기에 돌입했고 주식시장은 박스권 안에서 지루하게 오르내림만을 반복하고 있다. TV에 매일같이 나오던 금융 전문가들은 연기처럼 사라졌다. 서점가에 홍수를 이루던 재테크 관련 책들도 썰물처럼 빠져나갔다. 이윽고 2014년, 가계대출이 1,000조 원을 넘어섰다. 가계대출이라는 화두가 오늘의 한국 경제를 지배하고 있다. 재테크라는 말은 점점 유물화되어가고 있다. 궁금하다. 10억 만들기에 열중했던 이들은 지금쯤 5억이라도 모았을까?

재테크는 끝났다. 남은 것은 허울 좋은 '재테크'라는 말과 2008년 이전에

나 쓰이던 '낡은 방법론'들이다. 아직까지도 전문가 행세를 하는 몇몇 치들이 그 보잘것없는 방법들을 부여잡고 있기는 하지만, 역사는 이미 그 방법들이 엉터리라는 사실을 증명했다. 복리 효과는 없었다. 장기투자도 정답이 아니었다. 레버리지leverage 투자는 최악이었다. 대박은 환상이었다. 아무도 부자가 되지 못했다.

재테크에 그렇게 매달렸건만, 왜 우리는 아직까지도 부자가 되지 못한 걸까? 까닭은 단순하다. '재테크'라는 담론 자체가 허구이기 때문이다. 재테크는 결국 돈 이야기다. 보통의 우리는 노동(일)을 통해서 돈을 번다. 즉 부(돈)의 원천은 노동이다. 그런데 재테크에는 '노동' 이야기가 빠져 있다. 이는 계란말이 레시피에 계란이 빠진 것과 다를 바가 없다. 재테크가 약속한 '돈으로 돈을 벌어들이는 불로소득의 세계'는 판타지였다. 오늘날 우리는 이 사실을 모르지 않는다.

그럼에도 불구하고 재테크라는 단어는 사라지지 않을 것이다. 신문사와 방송사, 금융업자 등이 이 괜찮은 단어를 폐기할 리가 없다. 오늘날 재테크는 반드시 해야 하는 것, 당연한 것쯤으로 다루어진다. 금융 컨설턴트들이 사회 초년생들에게 금융상품을 권유할 때는 그저 "이제 재테크하셔야죠?"라고 물으면 된다. 주위를 둘러보자. 실제로 거의 모든 사회 초년생이 첫 월급을 받는 것과 동시에 재테크를 시작하지 않는가.

재테크가 우리 생활을 지배한 지 벌써 10여 년이 흘렀다. 재테크의 인기가 식었든 사그라들었든 재테크는 이미 생활로써 우리와 함께하고 있다. 그래서 재테크는 아직까지도 중요하다. 나는 다음의 3가지 '필요'를 이유로 이 책을 썼다.

첫째, 재테크의 정의를 명확하게 할 필요가 있다.

재테크는 자기계발 이데올로기의 하위 카테고리다. "개인의 성공이 개인의 노력에 달렸다."고 말하는 것이 자기계발이라면, 재테크는 "개인의 부가 개인의 노력에 달렸다."고 말한다. 이 둘의 주장은 명백한 거짓이다. 만약 성공과 부가 정말 개인의 노력에 달린 것이라면, 성공하지 못하고 돈에 쪼들려 사는 우리 모두는 졸지에 '노력하지 않은 게으름뱅이'가 되고 만다. 자기계발과 재테크는 열심히 했지만 실패한 누군가를, 그리고 가난한 누군가를 설명해내지 못한다. 다만 '더 노력하라.'고 다그칠 따름이다. 나는 이런 말도 안 되는 억지를 당신에게 고발하고 싶다.

둘째, 지난 과거의 재테크 방법론들이 더 이상은 통하지 않는다는 사실을 보다 더 세게 못 박을 필요가 있다.

TV나 신문을 볼 때마다 아직까지도 호황기 시절의 재테크 이야기를 하는 이들이 있다는 사실에 적잖이 놀라곤 한다. 물론 내 눈엔 추억의 이론을 파는 한물간 연예인들로 비춰질 따름이다. 하지만 대중의 눈엔 현장의 전문가로 비추어진다는 것이 문제다. 나는 그들이 파는 '이미 약발 다한 기술들' 때문에 가계가 피해를 입지는 않을까 그것이 걱정이다. 조금 과격한 표현을 써서라도 '가짜는 가짜'라고 말하려 한다.

셋째, 가계대출 1,000조 원 시대에 걸맞은 새로운 방식의 방법론들을 정리해서 제시할 필요가 있다.

지금은 예전과는 상황이 많이 변했다. 모든 배를 들어올리던 밀물은 이제 빠져나가고 없다. 지금은 썰물의 시대다. 물이 빠지면 누가 바지를 벗고 있었는지가 금방 들통나는 법이다. 그토록 요란을 떨던 재테크의 고수와 전도사들이 소리 소문 없이 사라진 까닭이 여기에 있다. 나는 이 책을 통해서 경기의 부침을 확실히 이겨낼 몇 가지의 방법론을 제시할 생각이다.

그러니까 이제, '월급 경영'으로 갈아타라

'월급'과 '경영'은 대체 서로 무슨 연관이 있을까?

경영학에 '프로세스 이론'이라는 게 있다. 상품 원료의 '수입·제조·소비자에게로의 제공'까지, 그 각각의 개념을 독립적인 행위로 취급하지 않고, 유기적으로 연결된 일련의 흐름으로 다루는 이론이다. 본 이론에 의하자면, 상품의 질, 또는 이윤을 획기적으로 향상하기 위해서는 프로세스상의 모든 요소를 동시에 손보아야 할 필요가 있다(지당한 말씀이다).

가계재무 역시 그렇게 접근을 하는 것이 옳다. 일터에서 번 돈이 통장으로 흘러 들어오면(보통 월급의 형태로 들어온다), 그 돈이 공과금 및 세금 납부, 보험료 납부, 투자, 대출금 상환, 생활비 등으로 쓰이게 된다. 이렇게 통장에 월급이 입금되는 것과 동시에 빠져나가는 현상은 떼려야 뗄 수 없는 하나의 흐름이자 프로세스다.

《월급을 경영하라》에서는 '가계재무운용' 내의 거의 모든 요소(노동, 저축, 투자, 보험, 부동산, 소비 등)를 다룬다. 앞서 설명한 프로세스 이론이 이 책의 기저를 이루고 있기 때문이다. 이 책은 경영학의 프로세스 이론을 훔쳐와, 가계재무운용에 접목하려 한 내 작은 노력의 흔적이다.

어느 날 갑자기 주식 또는 채권, 부동산 투자가 잘 풀려서 일확천금 부자가 되는 방법은 없다. 그러나 돈이 새어나가는 곳들을 조금씩 손보아서, 어느 정도 경제적 쪼들림에서 벗어나는 방법은 있다. 전자의 명제는 이미 지난 과거에 재테크 전문가들이 충분하게 증명했다(그들은 "부자가 되는 방법이 있다." 했지만, 엄청난 실패의 경험들을 통해서 '없다.'는 사실이 증명되었다). 후자의 명제는 이제 나와 당신이 증명할 차례다.

자, 이제 《월급을 경영하라》의 본문 속으로 들어가보자.

| 차례 |

프롤로그 왜 당신은 쪼들리기만 하는가 · 005

PART 1
'호갱'이 될 것인가, '선수'가 될 것인가?

1장 '빚'나는 재테크 왕국에서 살아남는 법

재테크 꾼들은 이렇게 세뇌한다 · 021
당신을 유혹하는 재테크의 거짓말

시장에 '고수'가 많은 이유 · 025
재테크 고수가 탄생하는 방식 | 1만 시간 법칙의 거대한 오류

소심할수록 돈이 모인다 · 030
차라리 비관적인 게 낫다 | 방심을 이기는 소심함의 힘

솔직히, 시스템이 먼저다 · 036
결국 '의자의 룰'을 정하는 것은 정치다 | 생활과 정치가 연결되어야 하는 까닭

2장 월급부터 제대로 지켜라

월급이 최고의 투자다 · 045
불로소득의 환상에 낚이지 마라 | 몸 바쳐 일하지 말고, 받은 만큼 일해라

창업, 천 명 중 한 명만 살아남는다 · 051
눈물겨운 영세 자영업자의 현실

몸값을 올려라 · 057
'진짜 선택', 당신만이 할 수 있다 | 결국 월급이 답이다

3장 진짜 '정보'를 가려내는 법

재테크 판의 꼼수를 읽어라 · 069
'빅마우스'가 게임의 룰을 만든다

저축으로 파산한 사람은 없다 · 075
저축은 할수록 손해다?

과거 수익률은 과거 지표일 뿐이다 · 079
주가 예측이 번번이 실패하는 이유 | 모든 요소를 고려할 수는 없다 | 과거 수익률은 '빚'내기 좋은 개살구 | 복날의 개가 주는 교훈 | 당신의 '필요'가 예측 전문가다

궁극의 투자 비법은 없다 · 097
어쩌다 우연히 수익을 거뒀을 뿐 | '떡볶이 비법'도 안 알려준다는데! | 소문난 순간부터 이미 글렀다

4장 더 이상 속지도, 빚지지도 마라

금융사, 그들이 돈 버는 방식 · 105
은행은 수수료를 먹고 자란다 | "진실, 더 들으면 저 일 못해요!"

재테크 왕국에서 탈출하라 · 110
재테크의 벽을 넘어 진짜 투자로

PART 2
절대로 실패하지 않는 '월급 경영'의 원칙

나의 진짜 자산은 얼마? 대차대조표와 현금흐름표 작성하기 · 116

5장 '빚 까기'가 진짜 투자의 시작이다

빚쟁이에게 저축은 재앙이다 · 127
이자도 빚이다 | 줄 땐 '단리'로, 뺏어갈 땐 '월복리'로 | 투자인가? 투기인가? | 돈에 붙인 목적의
꼬리표를 떼라

소심해야 돈이 쌓인다 · 134
5% 이자 빚내어 10% 수익 올리면 이득일까? | 제3금융권의 대출심사가 느슨한 이유 | 빚의 규모
가 클수록 높아지는 신용등급 | '빚지고 부자되세요~' 광고에 속지 마라

빚 권하는 사회에서 승자로 사는 법 · 146
비상금을 만들어라 | 신용카드를 잘라라 | 작은 빚부터 갚아나가라 | 무조건 현금흐름 확보하라

빚 못 갚는 건 범죄가 아니다 · 157
돌려막기 전에 알아야 할 것들 | 도저히 못 갚겠다면 이 방법을 써라 | 채권추심에 맞서는 방법

6장 부동산을 둘러싼 경우의 수 4가지

잠깐의 호기로 전 재산을 잃는다 · 173
삐끗하면 나락으로 떨어지는 부동산 투자

전세 vs 집 구입, 상황별 옳은 선택 · 180
부동산 전문가의 엉터리 예측 | 어차피 경우의 수는 4가지다 | 분양 아파트는 피하라 | 무주택자의
전세 활용법

7장 보험 가입에도 '선수'가 있다

최고의 보험 전략, 적게 내고 많이 타라 · 195
자필서명 없는 보험계약은 무효다 | 고지의무, 어디까지 알려야 할까? | 보험사, 법의 허점을 노린다

보험 들기 전에 꼭 확인해야 할 것들 · 206
보험사는 절대로 당신 편이 아니다 | 최악의 가능성을 상정하라 | 보험의 딜레마, 현명하게 빠져나
오는 해법

알수록 돈 버는 상식, 민영보험 vs 국민보험 · 212
병원비 혜택의 차이: 피보험자만 vs 피부양자까지 | 가입 장벽의 차이: 매우 높음 vs 거의 없음 |
검진서비스의 차이: 없음 vs 있음 | 보험금 지급률: 보험료 이하 vs 보험료 이상

국민건강보험 혜택 2배로 누릴 수 있는 방법 · 222
정부가 보장률을 높인다면 어떻게 될까

절대 손해 보지 않는 보험 가입법 · 225
최소한의 보험료만 내라 | 잘 든 실손보험, 열 정액보험 안 부럽다 | 종신보험 가입은 손실의 지름
길 | 상해 · 사망보험은 따로 가입하라 | 가족 유형별 최고의 보험 설계 사례

8장 새는 월급으로 목돈 굴린다

악마의 유혹, 소비 욕망을 잡아라 · 245
'특별한 물건'의 힘을 빌려라 | 돈 모으고 싶은 환경 | 통장 쪼개기 노하우 | 극단적으로 변화하라 |
무조건 현금을 써라

'돈' 쓰기 전에 꼭 알아야 할 것들 · 257
소비 테크놀로지의 작동 방식 | 루이뷔통 가방이 말하는 것 | 아우디를 모는 이유 | 부자이고 싶다
는 욕구 | 남들의 시선에 구속되지 마라 | 허영과 허세의 비용

에필로그 이상한 나라의 재테크에서 탈출하기 · 292

PART 1

'호갱'이
될 것인가,
'선수'가
될 것인가?

1장

'빚'나는 재테크 왕국에서 **살아남는 법**

재테크는 '성공과 부가 개인의 노력에 달렸다.'는
믿음에 기초한다.
이 믿음이 깨지지 않는 한,
재테크에 관한 책과 강연들은 지금처럼
계속해서 팔릴 것이다.
그런데 그거 아는가?
이러한 믿음에는 오류가 있다는 사실.
'부가 개인의 노력에 달렸다.'는 믿음은
'가난한 개인은 노력하지 않았다.'는
이상한 결론을 도출해내고 만다.
생각해보자.

당신과 나, 우리 부모는
노력하지 않았기에
이 지경으로 사는 걸까?

재테크 꾼들은
이렇게 세뇌한다

"천하에 제일가는 명당 터로, 한 번만 기도해도 만복을 받는 절이로다. 화제의 사찰! KBS2, MBC, SBS, JTBC, MBN, BTN, KNN 연속 방영."

얼마 전 부산 해동용궁사에 갔을 때 입구에서 본 현수막 글귀다. 안에 들어가보니 완전히 딴 세상이었다. 작은 불상, 큰 불상 가릴 것 없이 걸음이 머무는 모든 곳에 돈 통, 아니 복전함이 놓여 있었다. 사람들은 정말 절을 한 뒤에 거기에 돈을 넣었다. 순간 '엄청나게 벌겠군.' 하는 생각이 들었다.

"믿음은 돈이다."

이 명제는 비단 종교에만 국한하지 않는다. 재테크는 '부가 개인의 노력에 달렸다.'는 믿음에 기초한다. 이 믿음이 깨지지 않는 한, 재테크에 관한 책과 강연들은 지금처럼 계속해서 팔릴 것이다.

그런데 그거 아는가? 이러한 믿음에는 오류가 있다는 사실. '부가 개인의 노력에 달렸다.'는 믿음은 '가난한 개인은 노력하지 않았다.'는 이상한 결론을 도출해내고 만다. 생각해보자. 당신과 나, 우리 부모는 노력하지 않았기에 이 지경으로 사는 걸까?

이 오류 가득한 믿음은 가난한 이를 깔보는 못된 마음의 근거가 되기도 한다. 가령 우리는 가끔씩 비정규직 저임금 육체노동자를 보며 그의 과거를 좋지 아니하게 짐작하는 실수를 저지르곤 한다. 지나친 비약임이 명백하지만 우리는 이를 인지하지 못한 채로 살아간다. 이미 재테크에 대한 잘못된 믿음이 우리 뇌에 문신으로 새겨져 있는 것이다.

당신을 유혹하는 재테크의 거짓말

재테크는 이데올로기라고 부르기에 부족함이 없는 개념이다. 이 담론은 IMF 외환위기 이후 10년 이상의 세월을 지배해왔다. 이데올로기의 무서움은 친숙함의 탈을 쓰고 접근해온다는 데 있다. 가령 한국에서는 길거리에서 담배 피우는 여성을 보기가 힘들다. 이 익숙한 풍경 속에는 '여성은 담배를 피우면 안 된다.'는 이데올로기가 침투해 있는 것이다.

많은 이가 갖고 있는 수돗물에 대한 근거 없는 불신에도 역시 이데올로기가 숨어 있다. 정수기 사용 문화를 들여다보자. TV에서 방영되는 각종 정수기 광고는 수돗물이 그리 안전치 못하다는 사실을 전제로 한다. 다시 말해서 정수기 광고에는 수돗물은 그냥 마실 수 없는 물이라는 부정적인 논조가 담겨 있다. 그리고 실로 많은 이가 그 광고에 담겨 있는 업체의 일방적인 주장을 어렵지 않게 내면화한다. 집이나 식당, 백화점 곳곳에 있는 정수기나, 편의점과 대형마트에 어김없이 진열되어 있는 수많은 생수병이 바로 내면화의 증거이다. 우리는 알게 모르게 이런 사소한 것들에 길들여져서 수돗물이 안전치 못하다는 근거 없는 믿음을 갖게 되었다.

자기계발 이데올로기 역시 마찬가지다. 시나브로 스며들어서 어느새 우리의 사고와 행동을 지배하고 있다. 언젠가 친척 어른이 길거리에서 파지를 줍는 노인을 바라보며 혼잣말을 했다.

"그러게 젊었을 때 작작 좀 놀지."

처음 보는 노인의 가난한 이유를 '본적 없는' 게으름에서 찾다니! 경악을 금할 길이 없었다. 오만할뿐더러 호연한 억측이었다. 언짢은 기색을 보이려는 찰나, 그 어른이 옆에 있는 어린 조카들에게 이런 말을 던졌다.

"저렇게 안 되려면 너희들은 공부 열심히 해야 한다."

자기계발이라는 이름의 이데올로기가 가져온 폐해였다. 자기계발이 발산하는 '스스로 노력하여 부를 이룬다.'라는 이미지는 얼핏 매우 진취적으로 보인다. 그러나 그 안을 잘 들여다보면, 실상은 이와 반대라는 사실을 알 수 있다. 이처럼 자기계발과 재테크 이데올로기는 순종적이며 어떤 때는 패배주의적이기까지 하다.

가령 재테크는 절세 방법을 강조하지만 '세율 적용의 근거'는 묻지 아니한다. 국세청 앞으로 가서 "세금을 덜 내겠다."고 농성을 벌이지도 않는다. 만들어진 세법에 맞추어서 연말정산이나 증여, 상속 등에 적당히 대처할 뿐이다.

이처럼 재테크 맹신의 가장 큰 문제는 사회구조의 모순이나 정부의 복지 실패를 개인 능력의 미숙함 같은 편협한 시각으로 접근하게 한다는 데 있다. 재테크는 재앙적 의료비에서 비롯된 가계 파산을 한국의 후진적 의료복지 체계나 답보 중인 국민건강보험 보장률로 설명하지 않는다. 다만 삼성생명의 종신보험에 가입하지 않은 '돈맹'인 당신을 탓할 따름이다.

시장에 '고수'가 많은 이유

조금 엉뚱한 생각을 해보자. 여기 셀 수 없을 만큼 많은 원숭이, 그리고 그 원숭이들만큼 많은 타자기가 있다고 치자. 원숭이들이 각자 자신의 타자기 앞에 앉아서 제멋대로 자판을 두들긴다. 이렇게나 많은 원숭이들이 자판을 두들긴다면, 그중 한 마리쯤은 헤밍웨이의 《노인과 바다》나 박경리의 《토지》를 찍어낼 수 있을 것이다. 꼭 그들의 작품이 아니더라도 우리의 탄식을 자아낼 만큼의 작품이 하나 이상은 만들어질 것이다.

불가능할 것 같다고? 아니, 절대로 그렇지 않다. 만약 당신이 작가 원숭이의 탄생에 비관적인 시각을 가졌다면, 나는 당신에게 원숭이의 수를 더 늘려보라고 조언할 것이다. 내가 말한 "셀 수 없을 만큼 많은 원숭이들"이란, 방금 당신이 머릿속으로 그린 원숭이의 수에 100억을 거듭제곱한 수이다. 어떤가? 이제는 '작가 원숭이'가 탄생할 것 같지 않은가?

그렇다. 내가 제시한 원숭이의 수는 정말 너무나도 많다. 상상 속의 그 원숭이들 중 한 마리가 작가가 된다 하더라도 크게 놀랍지 않을 정도다. 오히려 그렇게나 많은 원숭이에게서 그럴듯한 작품이 하나도 나오지 않는다면, 그것이 더욱 놀랄 일일 것이다. 이처럼 어떠한 성공이 놀라운 정도는 표본의 크기에 반비례한다.

다시 말해서 '거의 불가능한 일'이 현실에서 이루어졌다 할지라도, 그것이 '엄청나게 많은 표본'에서 얻어진 것이라면 우리는 결코 놀라지 않는다. 하지만 그 표본의 수가 생각 외로 적다면, 즉 타자기를 치는 원숭이들의 수가 고작 열 마리였다면, 우리는 작가 원숭이의 탄생에 놀라는 것은 물론이거니와 주위 사람들에게 그 원숭이 이야기를 입이 아플 정도로 떠들고 다닐 것이다.

재테크 고수가
탄생하는 방식

재테크 시장도 이와 마찬가지다. 재테크에 뛰어든 사람들(투자자들)이 많으면 많을수록, 그중의 하나가 탁월한 실적을 올려서 '부자'가 될 가능성 또한 높아진다. 그럼 이제 이 간단명료한 논리에 입각해서 따져보자. 현재 '수를 셀 수 없을 만큼의 많은 사람'이 주식투자를 하고 있다. 그들 중에서 워런 버핏과 같은 전설적인 투자자 하나 나오지 않는다면, 그게 더 이상한 일이 아닐까?

표본이 충분히 많다면, 그 표본의 일부에게 자신을 '탁월한 예측 전문가'

로 포장할 수도 있다. 방법은 단순하다. 1월 초에 1만 명을 표본으로 삼는다. 그리고 절반인 5,000명에게 '주식시장이 곧 하락할 것'이라고 하고, 나머지 5,000명에게 '상승 할 것'이라고 한다.

만약 1월에 주식시장이 하락으로 끝난다면, 월초에 하락할 것이라고 했던 5,000명 중 절반인 2,500명에게 찾아가서 '2월에도 계속 하락할 것'이라고 한다. 그리고 나머지 2,500명에게도 찾아가 '이번에는 상승할 것'이라고 한다.

이제 이 방법을 계속해서 반복한다. 그러면 6월 달이 끝나는 즈음엔 31명의 표본에게서 '예측의 천재'라는 별명을 얻을 수가 있을 것이다.

1만 시간 법칙의 거대한 오류

결국 우리 주위엔 참여한 원숭이들의 숫자가 압도적이라서 생겨난 성공들이 참 많다. 활동하고 있는 예측 전문가나 재테크를 하는 사람들이 많을수록, 탁월한 예측 전문가나 재테크의 고수 또한 많이 탄생하고, 그들 중하나둘쯤은 '예측의 천재'나 '투자의 신'과 같은 별명으로 불릴 수도 있다. 그런데 사람들은 자신이 뛰어든 분야에서의 성공 확률을 계산하기 위해 원숭이들의 숫자를 제대로 세어보는 수고를 하지 않는다. 특히 재테크 시장에서의 투자자들이 그렇다.

물론 투자자들의 수를 정확히 세는 일은 불가능하다. 공식적인 통계도 없을뿐더러, 설령 있다 하더라도 집계가 되는 것은 아직 살아남아 있는 '생존자'들뿐이다. 주위를 둘러보면 쉽게 알 수 있다. 돈을 잃는 사람들은 언제나 소리 소문 없이 사라진다. 그리고 금세 잊힌다. 그게 '돈의 법칙'이다.

이 별것 아닌 착시 현상에 비극이 숨어 있다. 입력 값을 생존자들의 수로 상정하면, 우리의 재테크 성공 확률은 정말 눈이 부실 정도로 대단하다. 그러나 실패하여 사라진 이들까지 더해 계산하면, 재테크는 절대로 해서는 안 되는 '도박'이 된다. 슬프게도 우리는 늘 전자의 방식으로만 재테크의 성공 확률을 계산해왔다.

비슷한 착각이 우리 주위에 만연하다. TV에 나오는 억대 연봉의 운동선수들을 보며 자신의 아이를 운동선수로 키우려는 꿈을 가진 부모가 많다. 하지만 당신의 아이가 TV에 출연할 정도로 유명한 운동선수가 될 확률은 냉정히 말해 서울대에 들어갈 확률보다도 낮다. 역시나 TV를 통해서 성공한 (살아남은) 운동선수들만 보기 때문에 벌어지는 현상이다.

전문가들은 이처럼 사람들이 쉽게 범하는 '생각의 오류'를 적극 공략한다. 오직 성공한 사람들에게만 스포트라이트를 비추며(실패한 원숭이들을 조명 밖으로 내치며) "여러분도 노력만 하면 얼마든지 성공할 수 있습니다."라고 거짓을 말한다. 그러면 세상물정 모르는 몇몇 사람들이 그걸 믿는다.

유명한 '1만 시간의 법칙'을 살펴보자. 말콤 글래드웰Malcolm Gladwell은 자신의 책 《아웃라이어Outliers》에서 비틀스와 빌 게이츠를 예로 들어가며 다음과 같은 주장을 펼쳤다.

어느 분야에서든 세계 수준의 전문가, 마스터가 되려면 1만 시간의 연습이 필요하다. (…) 1만 시간은 대략 하루 3시간, 일주일에 20시간씩 10년간 연습한 것과 같다. (…) 매직 넘버, 그것은 바로 1만 시간이다.

1만 시간의 법칙. 이것이 과연 사실일까? 결코 그렇지 않다. 지금 우리 주위에는 한 분야에서 1만 시간 이상을 투자했음에도 일가를 이루지 못한 사람들이 가득하다. 벌써 내 주위에만도 몇 명이 있다(심지어 그들은 생활고까지 겪고 있다). 필시 당신 주위에도 그런 사람이 1명 이상은 있을 것이다. 한 분야에 파고들어 1만 시간 이상을 쏟아부었지만, 결국에는 실패하여 좌절감에 사로잡혀 있는 우리의 평범한 이웃들 이야기는 뒤로 감춘 채 글래드웰은 말한다.

"매직 넘버, 그것은 바로 1만 시간이다."

낮은 당첨 확률에도 우리는 왜 로또를 계속 살까?

로또 1등에 당첨되는 것이 벼락에 맞을 확률보다 낮다는 것을 우리는 잘 알고 있다. 그러나 우리는 '벼락에 맞았다는 사람들'의 뉴스보다는 '로또 1등에 당첨되었다는 사람들'의 뉴스를 더 자주 접하게 된다. 대체 어찌된 영문일까?

간단하다. 벼락이 치는 궂은 날씨에 밖에 나가는 사람들의 숫자보다는, 매주 당첨자를 추첨하는 로또 구매자의 숫자가 월등하게 많기 때문이다. 우리는 이렇게나 원숭이들의 수를 세는 일을 어려워한다.

소심할수록
돈이 모인다

나는 재테크를 추종하는 이들을 만날 때면 다음의 이야기를 즐겨 한다.

재테크가 유행을 한 지 벌써 10년이 지났습니다. 전 국민이 재테크에 빠졌다고 해도 좋을 정도로의 대유행이었죠. 즉 이미 '수없이 많은 원숭이들'이 재테크에 뛰어들었습니다. 이 점을 염두에 둔 채로 우리가 아는 재테크로 부자가 된 원숭이들의 수를 헤아려 봅시다. 과연 열 손가락을 넘길 수가 있을까요? 대체 한 마리의 대박 원숭이를 만들어내려면 실패할 원숭이들은 얼마나 있어야 할까요?

이런 이야기를 할 때마다 나는 사람들에게 꼭 "대체 왜 그렇게 세상을 부정적으로만 보나?"는 역정 어린 핀잔을 듣는다. 부정적으로 보는 것이 아니라 현실적으로 보는 것이라고 답을 하지만, 어째 그들의 화만 더 돋울 뿐이다.

내게 얼굴을 붉히는 이들은 모두 '개인의 부가 개인의 노력에 달렸다.'라는 재테크의 공리公理를 믿는다. 공리란 증명 없이 자명한 진리로 인정이 되며 다른 명제를 증명하는 데 있어서 전제가 되는 원리다. 다시 말해서 공리란 '절대적 진리이자 믿음'이다. 종교 이야기를 조금 해야 할 것 같다. 기독교 성경(히브리서 11장 11절)에 이런 말이 쓰여 있다.

믿음은 바라는 것들의 실상이요, 보지 못하는 것들의 증거거라.

뭐라? 믿으려면 증거가 있어야 하는데 그 증거가 믿음이라고? 이상하다. 자꾸만 말이 돈다. 이런 걸 보통 '순환논증'이라고 한다. 순환논증은 증명하고자 하는 결론을 전제의 위치에 두어서 결론에 도달하는 엉터리 논증법이다. 쉽게 말해서 순환논증 안엔 증거가 없다.

차라리
비관적인 게 낫다

"앞으로 나에게는 나쁜 일보다 좋은 일들이 더 많이 일어날 것이다."
"지금까지 엉망이었다 하더라도 상관없다. 앞으로는 잘될 테니까."

이렇게 낙관적으로 생각하지 않으면 우리는 세상을 살아나갈 수가 없다. 사람의 낙관적인 성향은 일종의 본능이다. 그리고 우리는 이를 일컬어서 '희망'이라고 부른다.

낙관적 성향은 대부분 '자기 과신'이라는 모습으로 사람들에게 나타난다. 실로 많은 사람이 자신의 지능과 능력을 지나칠 정도로 과신한다. 아이큐, 운전 실력, 유머 감각 등 어떤 방면에서든 내가 다른 사람들보다 낫다고 생각하는 것이다.

만약 자신이 다른 사람들보다 뒤떨어지는 무엇인가가 있다면, 그 뒤에는 반드시 그럴듯한 이유가 붙는다. 가령 나처럼 노래를 잘 부르지 못한다면 평소에 노래를 잘 듣지 않아서 그런 것이고, 영어 실력이 부족하다면 단지 공부할 시간이 부족해서 그런 것이다. 이 같은 자기 과신 덕에 다른 사람들이 내게 내리는 평가는 늘 만족스럽지 못하다.

자기 과신은 사람들로 하여금 '나는 다르다!'라는 생각을 갖게 만든다. 그래서 재테크 시장에 뛰어든다. 자신은 다른 사람들과는 다르게 성공을 거둘 수 있다고 믿는 것이다.

많은 재테크 신자가 자신을 사뭇 대단한 존재로 인식하고 있다. 남들이 주식이나 부동산 투자에 실패해도, 자신만큼은 성공할 것이라고 믿는다. 재테크 신자들은 오직 '나는 다르다'는 믿음 하나에 의지한 채 내가 제시한 1% 미만의 확률로 뛰어든다.

하지만 역시나 그들이 특별하다는 증거는 어디에도 없다(그들은 자꾸만 증거가 없는 것들을 믿으려 한다). 만약에 그들이 정말로 특별했다면, 진작 하와이나 제주도의 해변을 통째로 사들였을 것이다. 하지만 내가 알기에 재테크 신자 대부분은 자기 집도 없다. 그들의 '다르다'는 믿음은 누추한 '자기 과신'일 따름인 것이다. 시골의사라는 필명으로 유명한 주식투자자 박경철은

《시골의사의 주식투자란 무엇인가》에서 재테크 신자들의 무모함을 이렇게
설명했다.

> 사람들은 주식시장(재테크 시장)에서 평균을 넘어서 큰 성공을 거둘 수 있으
> 리라 꿈꾼다. 하지만 세상은 그리 단순하지 않다. 사람들은 바둑을 열심히 배
> 운다고 해서 누구나 이창호나 조훈현 같은 최강의 고수가 되는 건 아님을 알
> 고 있다. 아침마다 조깅을 하고 마라톤 대회에서 완주한다고 해서 황영조나
> 이봉주가 될 수 없는 것 또한 잘 알고 있다. 그런데 워런 버핏은 될 수 있다
> 고 믿는다. 이것이 주식시장(재테크 시장)의 아이러니다.

> 매일같이 술을 마시는 알코올중독자 역시 자신은 다른 알코올중독자들
> 과 다르게 마음만 먹으면 언제든지 술을 끊을 수 있다고 믿는다. 하루 두 갑
> 이상 담배를 태우는 골초에게도 폐암은 다른 사람들의 이야기일 뿐이다. 아
> 이러니하게도 '모두가 똑같이' 속으로 외친다.
> '나는 다르다!'고.

방심을 이기는
소심함의 힘

사람들은 제비뽑기나 주사위, 동전 던지기처럼 실력이 아닌 운이 모든
승패를 좌우하는 게임에서조차 자신이 개입하면 좋은 결과를 얻을 수 있을

거라고 믿는다. 미국의 심리학자 엘렌 랭어Ellen J.Langer가 이와 관련된 실험을 진행한 적이 있다. 간단히 살펴보자.

두 기업의 직원들을 미식축구 복권 게임에 초대했다. 각 직원들은 선수의 사진이 들어간 카드를 한 장씩 갖게 된다. 그중 한 장이 당첨 카드다. A기업의 직원들에게는 카드를 직접 선택하게 했다. B기업의 직원들에게는 임의로 카드를 나눠주었다(당연한 말이지만 이때 두 기업 직원들의 당첨 확률은 서로 같다). 그런 다음 직원들에게 "가지고 있는 카드를 다른 사람들에게 팔라."고 주문하자 재미있는 현상이 벌어졌다. B기업 직원들은 카드를 팔기 위해 적극적으로 나선 반면, A기업 직원들의 대부분은 카드를 팔지 않으려 했다. 또한 A기업 직원들의 대부분이 B기업 직원들보다 훨씬 더 많은 돈을 요구했다. 실험을 주사위 게임으로 바꿔도 비슷한 현상이 일어났다. 게임에 참가한 사람들은 주사위가 던져지기 전에는 높은 금액을 베팅할 의사가 있다가도 주사위가 던져지고 난 상황에서는 베팅할 의사가 현저하게 줄어들었다. 아직 던져진 주사위의 결과가 공개되지 않은 상황인데도 말이다.

많은 경우, 사람들은 자신이 우연에도 영향을 미칠 수 있다고 진심으로 믿는다. 그래서 주사위를 던질 때 힘의 강약을 조절하거나 기합을 넣거나 정신을 통일하곤 한다. 이처럼 우연이 모든 것을 결정하는 사건에서도 자신이 영향을 행사할 수 있다는 생각은, 사람들로 하여금 착각을 불러일으킨다. 우연의 영향이 적은 사건들에서는 자신이 원하는 방향으로 나아가도록 조종까지 할 수 있다고 믿게 되는 것이다. 사업, 연애, 재테크 등이 그 대표적인 예이다.

특히 자신이 해당 사건에 대해 '어떻게' '왜' 영향력을 행사할 수 있는지를 그럴듯하게 설명할 수 있는 경우에는 더더욱 그렇다. 그래서 사람들은 "자신 있어!"라는 말을 즐겨 쓴다.

"사업에 자신 있어!"
"연애에 자신 있어!"
"재테크에 자신 있어!"

그러나 매번 다이어트에 실패하는 나도 다이어트에는 자신이 있었고, 올해도 어김없이 금연에 실패한 어떤 이도 금연에는 자신이 있었다. 아마 권리금도 회수하지 못하고 문을 닫고만 우리 동네 치킨집 사장도 장사에는 자신이 있었을 것이다. 모두가 자신 있어 하지만, 모두가 성공하는 것은 아니다. 자신감의 크기와 성공의 크기는 절대로 비례하지 않는다.

솔직히,
시스템이 먼저다

　각종 언론의 머리기사를 국회와 청와대가 차지하는 이유는 그들이 우리 생활의 룰rule을 정하고 관리하는 일종의 컨트롤타워이기 때문이다. 정치가들은 우리 생활 속 무언가를 합법이나 불법으로 만들 수 있다. 다시 말해서 우리는 그들의 의향에 따라 무엇을 할 수도 있고 못 할 수도 있다. 어떤 것들을 가질 수도 있고 갖지 못할 수도 있다.

　가령 국회의원들은 노동조합의 결성을 장려하는 법률을 만들어서 우리의 권익을 향상할 수 있다. 반대로 노동조합 결성을 매우 어렵게 만들어서 우리를 핍박할 수도 있다. 부모 없이 자란 가난한 꼬마들에게 양질의 교육 기회를 부여할 수도 있다. 반대로 그렇게 하지 않을 수도 있다. 그러므로 우리가 살면서 조금이라도 더 행복해지기 위해서는 '정치'를 생활과 떼놓고 생각해서는 안 된다. 생활의 편의와 행복의 열쇠는 '정치가'들이 쥐고 있다.

결국 '의자의 룰'을 정하는 것은 정치다

내 친구들은 다수가 계약직이다. 이렇게 말하기는 좀 그렇지만 녀석들은 죽도록 일해서 겨우 먹고살 정도의 돈을 번다. 자기계발 전문가들은 이런 내 친구들을 머저리쯤으로 묘사한다. "조금만 더 노력하면 더 벌 수 있는데 왜 그곳에 머무느냐?!"고 다그친다. 어떤 때는 "더 나은 직장을 구하면 다 해결된다."는 식으로 나름의 방법론들을 제시하기도 한다.

이런 '하면 된다.'는 투의 군대식 독설은 설득력을 갖기 쉽다. 앞서 살펴본 것처럼 청자들 스스로가 자신의 능력을 과신하고 있고, 그런 (긍정적) 메시지를 이전부터 갈구했기 때문이다. 많은 경우에 있어서 청자들은 새로운 답을 원치 않는다. 자신들이 듣고 싶어 하는 '이미 정해진 답'을 찾을 따름이다. 전문가들은 그런 수요에 발맞춘 일종의 연예인들이다.

안타깝게도 이들의 '하면 된다.'는 주장은 거짓이다. 이미 임금 근로자의 절반이 비정규직인 까닭이 이를 증명한다. 의자놀이(100명이 50개의 의자 주위를 돌다가 신호가 떨어지면 부리나케 달려가 앉는 놀이)를 생각하면 편하다. 모두가 아무리 애써 봐야 어차피 50명은 탈락하게 되어 있는 '끝이 정해진 놀이' 말이다. 노력했든 하지 않았든, 필연적으로 50%는 비정규직에 머물러야만 한다.

전문가들은 역시나 성공한 사람들(원숭이)만을 집중 조명하며(탈락한 나머지 원숭이들이 있었음을 뒤로 교묘히 감추며), 의자놀이가 마치 50명이 50개의 의자에 앉는 놀이인 것처럼 행세한다. 또는 실패할 나머지들(실패할 원숭이들)을 게으름뱅이로 묘사하면서 "당신은 게으름뱅이들을 탈락시킬 능력이 충분하다."고 응원한다. 물론 이러한 응원에는 근거가 전무하다. 다만 청자가 듣고 싶어 하는 말이기에 그냥 해줄 따름이다.

이런 식으로 전문가들은 어떠한 경우에도 사람의 수에 비해 의자 수가 턱없이 부족하다는 '사회구조와 룰에 대한 이야기'는 꺼내지 않는다. 사실 게으르지 않고 무식하지 아니한 내 친구들 대부분이 비정규직이라는 이름으로 '죽도록 일해서 겨우 먹고살 정도의 돈'을 버는 근본적인 이유는 몇몇 정치가가 내린 과거의 잘못된 선택 탓이다. 그들은 '노동 유연화'라는 이름으로 '비정규직 양산화 정책'들을 펼쳤고, 기업들은 언제든지 싼값에 쓰고 버릴 수 있는 비정규직들을 앞다퉈 채용하기 시작했다.

다시 한 번 강조하고 싶다. 노동환경은 이미 '해도 안 되는' 50%가 생기게끔 디자인되어 있고, 100명이 50개의 자리에 앉는 것은 수학적으로 불가능하다!

생활과 정치가 연결되어야 하는 까닭

가계를 파탄으로 몰고 가는 3대 비급여 의료종목이 있다. '선택진료비' '상급병실료' '간병비'가 그것이다. 정부는 보호자 없는 병원을 만들겠다고 예전부터 약속해왔다. 하지만 이 약속은 지금껏 지켜지지 않고 있다(몇몇 병원에서만 수년째 시범 사업으로 운영되고 있다). 정부의 평계에 의하면 간호 인력이 확충되지 않아서란다. 그리고 재원이 부족하단다.

나는 이 간병비 문제를 지금 당장 획기적으로 해결할 수 있는 방법을 알고 있다. 정부가 '제대로' 나서기만 하면 된다.

그것은 바로 공동구매 방식을 도입하는 것이다. 간병인 비용은 보통 하루 8만 원 정도 한다. 한 달을 쓰려면 무려 200만 원 이상이 소요된다(그래서 '가계를 파탄으로 몰고 가는 3대 비급여' 중 하나가 된 것이다). 그런데 어째 쓰는 돈만큼 서비스가 만족스럽지 못하다. 요령만 익혀 정성 없이 일하는 간병인이나, 의료 지식이 부족한 사람에게 간병 서비스를 맡겨야 하는 경우가 많기 때문이다.

병실에 며칠 있어보면 안다. 6인 병실에는 6명의 간병인이 필요치 않다. 어떤 곳은 1명, 또 다른 어떤 곳은 2명이면 충분하다. 그러니 이러면 어떨까? 정부가 나서서 6인 병실의 간병인을 2명으로 줄이고 환자 보호자들에게 가서 이런 말을 건네는 것이다.

"기존에 하루 8만 원씩 내던 것을 저희에게 4만 원씩만 주십시오. 그러면 정부 소속 간병인들이 환자를 돌봐드리겠습니다."

이렇게 하면 환자 보호자들의 경제적 부담은 반으로 준다. 일개 개인이 이런 오지랖을 펼치면 잘 안 통한다. 환자 보호자들이 그를 신뢰하지 못하기 때문이다. 그러나 정부라면 이야기가 달라진다. 즉시 통한다. 정부라는 브랜드가 후광효과를 발휘하기 때문이다(서울시 소속의 간병인이 멋진 유니폼을 차려 입고 병원에 나타났다고 생각해보자).

이 방법은 환자와 보호자뿐만 아니라 간병인에게도 금전적인 이득을 준다. 가령 간병인들은 거의 모두가 소득이 불규칙한 프리랜서다. 이들은 정부에 직접 고용됨으로써 미래 소득에 대한 불안감을 줄일 수 있다. 또한 정부가 간병인의 신원을 보증함으로써 환자 보호자들의 염려가 덜어지는 효과도 있다. 거점 병원과의 협약을 추진하여 간병인들에게 교육을 실시할 수도 있다. 이렇게 되면 간병인들의 전문성은 높아질 것이고, 환자가 느끼는 만족감은 커질 것이다.

나 혼자 책상에 앉아서 생각한 게 이 정도다. 현장의 전문가들이 머리를 맞댄다면 분명 더 좋은 아이디어들이 나올 것이다. 이처럼 우리가 정치에 관심을 가져야 하는 이유는 실용과 실리, 즉 기능에 있다. 기능으로 정치에 접근하면 개인의 힘으로는 풀 수 없는 생활의 다양한 문제들이 쉽게 해결된다. 하지만 많은 정치가가 시민의 이런 접근법을 달가워하지 않는다. 이데올로기를 초월하는 기능으로의 접근이 정치공학의 셈법을 복잡하게 만들기 때문이다.

기능으로의 접근을 차단하는 방편으로 주로 활용되는 것이 바로 '추상적 이념의 수사학'이다. 야당과 여당, 보수와 진보, 좌파와 우파 따위로 시민들의 사고를 이분화된 프레임 속에 가두는 것이다. 그리고 이러한 전략은 대체로 유효하다.

나는 방금 생활의 일부인 간병비 문제를 정치로 연결했다. 같은 논리로 나는 공공장소에서의 흡연 문제를 정치로까지 확장할 수 있다. 아니, 거의 모든 문제를 정치 이야기로 끌고 갈 수 있다. 실제 그것들이 서로 긴밀하게 연관되어 있기 때문이다.

사람들은 생활과 정치를 멀리 두고 따로 생각한다. 우리의 사고가 딱딱하게 굳어 있기 때문이다. 우리는 어려서부터 정치 이야기를 해서는 안 되는 것으로 교육받으며 자랐다. 정치가 우리 생활의 '룰'을 정하는 행위라는 점에 비추어보자면, 이처럼 바보 같은 교육도 없다. 이런 영향으로 우리 머릿속에서 '미시의 생활'과 '거시의 정치'를 연결하는 길은 대부분 백지상태다. 그래서 정치를 멀게 여긴다. 마치 어느 동네에 처음 방문하면 지리가 파악되지 않아 특정 구간의 거리가 까마득하게 느껴질 때와 비슷하다.

나는 그런 동네에서는 보통 버스를 애용한다. 하지만 방문이 잦아지고 지리가 익숙해지면 머릿속에 골목 지도가 하나 그려진다. 그리고 깨닫는다.

'아! 내가 지금까지 버스를 타고 다녔던 구간이 실은 걸어다닐 수도 있는 짧은 거리였구나!'

재테크는 '부가 개인의 노력에 달렸다.'는 주장을 일삼으며 사람들의 머릿속에 생활과 정치를 연결하는 '생각 지도'가 만들어지는 것을 가로막았다. 재테크 전문가들의 논조에 따르면, 생활과 정치(사회구조 또는 룰)는 헉 소리가 날 만큼이나 멀리 떨어져 있다. 그런 이유로 이들의 주장 속에서는 생활의 문제를 정치로 확장하는 것은 거의 불가능하며 개인적 차원에서의 해법이 최선일 따름이다.

허나 이는 모두 거짓이다. 앞서 간병비 문제를 통해 살펴본 것처럼, 우리가 직면한 생활의 문제는 정치로 해결하는 것이 더욱 효율적인 경우가 많다. 생활과 정치는 생각 이상으로 가깝다. 재테크가 추구하는 부富 역시 그러하다. 이제 재테크의 함정에 빠지지 않고 어떻게 월급을 경영할 것인지, 그 방법을 살펴보자.

2장

월급부터 제대로 지켜라

"스스로를 1인 기업의 경영자라고 생각하세요.
'내가 사장이다.'라는 마인드로 일하면 고용관계의
굴레에서 벗어나 새로운 성취의 가능성이 열립니다!"

아직까지도 유행하고 있는 이런 '자기경영 마인드'는
임금 근로자를 순식간에 영세 자영업자화하는
놀라운 재주를 부린다.
스스로를 경영자로 취급하는 근로자는
어떻게든 '회사가 만족할 만한 성과'를 내기 위해
'자신'이라는 1인 종업원을 착취하게 되어 있다.
우리가 야근을 밥 먹듯이 하는 까닭 또한
바로 여기에 있다.

월급이
최고의 투자다

주식투자자들 사이에서 '전설의 가치투자자'로 통하는 벤저민 그레이엄 Benjamin Graham은 다음과 같은 말을 한 적이 있다. 이는 장기투자의 이점을 설파하는 전문가들이 끊임없이 인용하는 말이기도 하다.

주식시장은 단기적으로는 투표 계산기이지만 장기적으로는 가치의 저울이다.

그러나 이런 장기투자 이론은 비정규직에겐 허무맹랑한 소리일 뿐이다. 월급이 언제 끊길지 모르는 이들에게 10년 이상의 투자라니, 가당치도 않다. '자신'이라는 종업원을 착취해 겨우 살아가는 영세 자영업자들에게도 꿈같은 소리다. 내일 당장 어떻게 될지 알고 먼 미래를 내다보는가? 여성들에게도 무리이다. 취업 여성 절반 가까이가 결혼을 계기로 직장을 그만두지 않는가.

기본적인 생활을 하고 돈이 남아야 재테크도 하는 것이다. 그런데 이 원초적인 조건도 충족하지 못하는 가계가 우리 주위에 얼마나 많던가. 놀랍게도 재테크 전문가들은 이런 가계에 레버리지 전략을 권유한다. 5% 이자로 빚을 내 10%의 수익을 올리면 5%가 남는 장사라는 것이다. 《부자 아빠 가난한 아빠rich dad poor dad》의 저자 로버트 기요사키Robert T. Kiyosaki가 이 전략을 활용해 부자가 되었다는 말이 돌면서 레버리지 전략은 2000년대 중후반에 걸쳐서 꽤나 유행했다. 뭐, 덕분에 빚을 감당하지 못한 투자자 여럿이 강물에 뛰어들어야 했지만 말이다.

불로소득의 환상에 낚이지 마라

재테크가 소망하는 이데아는 은행 이자나 건물 임대료만으로 먹고사는 불로소득의 세계다. 전문가들은 '경제적 자유'라는 표현으로 각종 투자를 통한 '빠른 은퇴'가 가능하다고 선전한다. 재테크는 목적을 돈에 두기 때문에 노동을 수단으로 취급한다. 재테크가 펼치는 논리에 의하면 노동은 악惡이다. 또한 여가와 맞바꾼 희생이다. 그리고 하루빨리 벗어나야 할 괴롭고 천박한 '무엇'이다. 하지만 사실은 그렇지 않다. 노동은 본디 목적 그 자체다. 노동, 즉 일은 제2의 정체성이며 자아실현의 결정체다.

기본 소득이라는 개념이 있다. 모든 국민에게 기본 생활이 가능할 만큼의 소득을 보장해준다는 개념인데, 현재 세계 각국에서 활발하게 논의가 이루어지고 있는 담론이다. 관련 여론조사에는 어김없이 이런 질문이 등장한다.

"기본 소득을 받게 되더라도 계속해서 일을 할 건가요?"

절반 이상의 사람들이 "그렇다."고 답한다고 한다. 이들은 왜 생활이 가능할 정도의 돈이 보장되는데도 계속해서 일을 하려는 걸까? 기본 소득보다 훨씬 더 많은 돈을 벌어서 사치를 일삼으려고? 어쩌면 그럴지도 모르겠다. 하지만 '사람들이 일에서 즐거움을 얻기 때문'이라는 좀 더 순진한 해석은 어떨까? 언젠가 인도의 철학자이자 경제학자인 쿠마라파J. C. Kumarappa 또한 다음과 같은 말을 남기지 않았는가.

일의 본질이 적절하게 평가되고 적용된다면, 그것이 고상한 능력higher faculties 과 맺는 관계는 음식이 신체와 맺는 관계와 같아질 것이다. 일은 고상한 인간 the higher man을 길러내고, 이런 인간에게 활력을 주며, 그가 최고의 능력을 발휘할 수 있도록 해준다. 일은 인간의 자유의지가 적절한 방향에 따라 행사되도록 유도하며, 인간의 내부에 존재하는 동물성을 길들여 좋은 길로 인도한다. 일은 인간이 가치관을 보여주고 인격을 향상시키는 데 훌륭한 배경을 제공한다.

나는 우리가 논해야 할 주제가 '일을 할 것인가? 말 것인가?'가 아닌, '어떤 일을 할 것인가?'라고 생각한다. E. F. 슈마허Ernst Friedrich Schumacher가 《작은 것이 아름답다Small is beautiful》에서 말한 것처럼 "의미 없고 단조로우며 질 낮은 일은 인간성에 대한 모독"이다. 그리고 "일을 피고용자에게 의미 없거나 지루한, 또는 창피하거나 신경 쓰이는 것이 되도록 조직한다면, 이는 범죄 행위나 진배없다."

그러나 지금껏 재테크는 이러한 것들을 묻지 않았다.

"우리의 노동은 왜 이리 괴로운 걸까?"
"누가 내 일을 이리 천박하게 설계했는가?"
"노동환경을 개선할 방법은 없는가?"

다만 재테크는 계속해서 이렇게 주장할 따름이다.

"노동은 악이다. 그리고 돈은 선이다."

몸 바쳐 일하지 말고, 받은 만큼 일해라

"노동이 괴로울 때, 출근길이 지옥일 때, 사직을 꿈꿀 때, 어떻게 해야 하는가?" 재테크는 우리가 술자리에서 빼놓지 않고 하는 이 물음에 "주식투자나 아파트 경매로 일확천금 부자가 되어 회사를 때려치우라."고 한다. 경매 전문가 박수진은 《나는 쇼핑보다 경매투자가 좋다》를 통해 독자들에게 이런 응원의 메시지를 던졌다.

당신에게 말하고 싶다. 당신이 나이가 많든 적든, 여자이든 남자이든 간에, 학벌이 어떻게 되든 충분히 당신이 꿈꾸는 삶을 누릴 수 있다는 것을 믿길 바란다. 용기를 갖길 바란다. 시도하길 바란다. 당신의 인생이 바뀔 것이다. 이 못난 사람이 해냈으니 당신은 백배 더 잘 해낼 수 있다.

하지만 이 응원이 무색하게도, 아직까지 우리 주위엔 재테크로 부자가 되었다는 이웃이 잘 보이질 않는다. 자, 그렇다면 성공이라는 미끼를 드리우며 재테크처럼 우리를 현혹하는 '자기계발'은 이에 대해서 뭐라고 할까?

자기계발은 "스스로를 고용하라."고 한다. 스스로를 경영자로 규정지으라는 것이다. 다음은 구본형의 《익숙한 것과의 결별》에서 발췌한 관련 내용이다.

자신을 마치 한 사람으로 이루어져 있는, 대응력이 민활한 '1인 기업'이라고 규정하는 것은 회사와 자신의 관계를 새롭게 정립할 수 있게 한다. 충성심과 시간을 판 대가로 먹을거리를 해결하는 고용관계가 아니라, 계약에 의한 상호 협력관계라는 새로운 인식은 스스로를 직장에서 해방시킴으로써 1인 기업의 경영주로서 새로운 출발을 가능하게 한다. (…) 회사와 1년 정도 계약을 맺은 (…) 1인 기업의 경영자로 행동하는 것이다. 한번 맺으면 몇 년이고 고용계약이 지속되는 관계가 아니라 한 해 동안의 실적과 기여에 따라 다음 해에 다시 1년 정도의 재계약이 이루어지는 협력사의 관계라고 가정하는 것이다. 이러한 사고의 전환은 자신을 고용한 회사를 하나의 고객으로 보는 시각을 가져다준다.

이 글은 언뜻 보기에 솔깃하게 다가온다. 그러나 조금만 따져보면 자본의 입장에서 쓰인 회유성 글임을 간파할 수 있다. 노동자가 회사와의 관계를 머릿속으로 어떻게 재정립하였든, 회사와 노동자가 물리적으로 갑甲과 을乙의 관계임은 변함이 없다.

아직까지도 유행하고 있는 이런 '자기경영 마인드'는 임금 근로자를 순식간에 영세 자영업자화하는 놀라운 재주를 부린다. 스스로를 경영자로 취급하는 근로자는 어떻게든 '회사가 만족할 만한 성과'를 내기 위해 '자신'이라는 1인 종업원을 착취하게 되어 있다. 우리가 야근을 밥 먹듯이 하는 까닭 또한 바로 여기에 있다.

일찍이 마르크스는 자본이 더욱 많은 이윤을 얻기 위해 쥐어짤 것은 노동자밖에 없다는 사실을 간파해냈다. 어쩌면 자기계발은 자본의 명령을 더욱 섹시하게 바꿔 쓴 '현대적 레토릭rhetoric'일지 모른다.

창업, 천 명 중 한 명만
살아남는다

　작금의 창업 열풍은 노동환경이 망가졌음을 방증하는 대표적인 사례다. 창업은 보통 2가지 동기에 의하여 이루어진다. 첫째는 기회를 포착하여 자발적으로 뛰어드는 경우이고, 둘째는 다른 일자리가 여의치 않아서 어쩔 수 없이 떠밀려 들어오는 경우이다. 우리 주위에서 보이는 창업은 대부분 후자이다.

　정부가 청년 실업의 대안으로 내세우는 '청년 창업'을 보자. 이미 말 속에 답이 있지 않은가? '실업의 대안.' 일자리의 기회를 얻지 못한 청년들이 어쩔 수 없이 하는 것이 바로 청년 창업이다. 혹자들은 "청년들의 눈높이가 높아서 취업하지 못한다."며 그들을 타박하곤 한다. 사회구조의 문제를 개인에게서 찾으려 하는 자기계발 이데올로기의 전형적인 모습이다.

　이제 서른을 바라보는 내 막냇동생 이야기를 좀 해보자. 녀석은 대학에서 호텔외식을 공부하고 곧장 취업 전선에 뛰어들었다. 전공을 살려 호텔 주방에 들어갔다. 그 뒤 한정식집을 거쳐 지금의 직장인 이태리 퓨전레스토랑에서 일하게 되었다. 두 번의 이직을 통하여 임금이 상승했다. 나름 성공적인 이직이었던 셈이다. 하지만 그런 동생이 지금 일하고 있는 여건은 100만 원 중반대의 월급에 하루 12시간 이상의 근무시간, 휴일은 일주일에 하루 그것도 평일에 쉴 수 있을 뿐이다. 동생이 일하는 레스토랑의 규모는 타 업체에 비해서 매우 영세하다. 좀 더 정확히 표현하자면 동생은 생계형 자영업자에게 고용된 일개 종업원이다. 며칠 전에 만나 이야기를 들어보니 가게가 곧 문을 닫을 것 같다고 한다.

지금까지 지켜본 바에 의하면 동생의 생활은 앞으로도 크게 달라질 게 없어 보인다. 항상 긴 시간을 일할 것이고, 겨우 먹고살 정도의 돈을 벌 것이다. 동생은 "이대로는 안 된다."는 말을 자주한다. 필시 많은 의미를 함축하고 있는 말일 테다. "이대로는 몸이 견디질 못한다." "이대로는 결혼을 할 수가 없다." "이대로는 집도 장만할 수 없다." 등등.

나는 동생의 현금흐름을 꿰고 있다. 한 달 40만 원으로 생활을 하고 나머지는 모두 저축을 한다. 40만 원 안에는 교통비와 통신비, 의류 구입비, 보험료와 데이트 비용 등이 모두 포함되어 있다(평일에 하루 쉬는데 용케도 애인이 있다). 녀석이 저축을 하는 이유는 뚜렷하다. 언젠가 자신의 가게를 열기 위해서다. 동생은 창업자의 75% 정도가 5년 이내에 망한다는 절망적인 통계를 알고 있다. 그럼에도 창업을 꿈꾼다. 자주하는 말 그대로 "이대로는 안 되기 때문"이다.

만약 동생의 직장이 언제 문을 닫을지 모르는 영세 사업장이 아니고, 하루 8시간만 일을 한다면, 아니 그건 괜찮으니 적어도 남들 다 쉬는 주말에라도 쉰다면, 임금을 최저임금보다 훨씬 더 많이 받는다면(아마도 이 부분이 제일 중요할 것이다), 녀석은 그때도 "이대로는 안 된다."는 말을 할까?

나는 동생의 창업 의지가 결코 자발적이지 않다는 사실을 잘 안다. 사실은 동생의 취업 자체도 그리 자발적이진 않았다. 당장 먹고살기 위해 일자리가 필요한 사람 앞에 저임금의 비정규직밖에 없다면, 그는 '어쩔 수 없이' 그 일자리를 택할 수밖에 없다. 마찬가지로 할 줄 아는 게 요리밖에 없는 사람 앞에 펼쳐진 것이 형편없는 처우의 요식업계라면, 그도 '어쩔 수 없이' 그 업계에 몸을 담아야 할 것이다. 지금 동생이 놓인 상황이 꼭 그러하다.

비단 내 동생만이 특별한 상황에 놓인 것은 아닐 것이다. 주위를 둘러보면 눈높이를 낮춰 취업에 성공한 청년들의 모습이 대개 이러하다. 정부 통계에는 취업자로 분류가 되지만, 사실상 실업자만큼이나 생활이 팍팍한 청년들에게 일은 결코 즐거움이 되지 못한다.

문제는 일자리 양이 아니다. 질이다. 한국노동연구원이 발표한 〈고용 안전망 사각지대 해소 방안〉에 따르면, 한국의 신빈곤층의 주요한 특징은 '저임금(또는 비정규직)-실직-근로 빈곤의 악순환'이다. 다시 말해 질 낮은 일자리(저임금, 근속 여부의 불안정)로의 취업은 빈곤의 세계에 발을 들이는 첫걸음이다. 현실이 이러한데 "청년들의 눈높이가 높다."는 말을 하는 이들은 과연 이 같은 사실을 알고나 말하는 것일까!

눈물겨운
영세 자업영자의 현실

어디 청년들만 창업에 내몰릴까? 아직 한창 일해야 하는 나이에 정년을 맞이한 수많은 아저씨 군단도 별수 없이 창업에 뛰어든다. 우리는 이미 동네 어귀에 치킨집이 생기고 망하기를 반복하는 까닭이 여기에 있다는 사실을 모르지 않는다.

나는 영세 자영업자들의 생리를 잘 안다. 내 스스로가 그렇기 때문이다. 나는 지식을 파는 장사꾼이다. 남들은 이런 나를 작가 내지는 금융 컨설턴트라고 부른다. 뭐, 호칭이야 아무래도 상관없다. 어떻게 불러도 내 직업의 본질이 영세 자영업임은 변치 않는다.

이윤은 결국 생산성에 따라 결정된다. 생산성이란 투입에 대한 산출의 비례관계를 의미한다. 예컨대 휴대폰 제조업체 사장에게 투입이란 인건비, 임대료, 원료비, 기계설비비, 금융비용 따위를 말한다. 산출은 그의 회사가 벌어들이는 매출액이다. 생산성을 높여 더 많은 이윤을 얻기 위해서는 다음의 3가지 방법이 사용된다.

첫째, 투입이 일정하다면 산출을 늘리는 것이다. 다시 말해 인건비, 임대료, 원료비 따위가 그대로라면, 노동자들의 업무 강도를 높이는 것이다. 조금의 쉬는 시간도 주지 않고 계속해서 일을 부리거나 야근을 시키면 된다.

둘째, 투입을 줄이는 것이다. 매출액이 일정한 상태에서 이윤을 높이려면 원재료를 싸구려로 바꾸면 된다. 이른바 짝퉁 부품을 사다가 정품이라고 속여 조립해 팔면 된다. 하지만 이렇게 하면 매출 하락이 자명하므로, 가장 줄이기 쉬운 노동자들의 임금을 줄인다. 해고도 한 방법이 되겠다(역시 쥐어짤 것은 노동자밖에 없다).

셋째, 첫째와 둘째의 방법을 동시에 행하는 것이다. 즉 노동자에게 일도 많이 시키고, 돈도 적게 주는 것이다. 이렇게 하면 생산성이 급격하게 높아진다. 그렇기 때문에 기업들이 가장 선호한다. 하지만 노동자들의 노동이 괴로워진다는 부작용이 따른다. 물론 휴대폰 제조업체 사장은 이에 개의치 않을 것이다. 그에겐 생산성을 높이는 것이 지상 최대의 과제니까 말이다 (이것이 바로 우리에게 노동이 그토록 고통스럽게 느껴지는 이유이다).

이 3가지 방법은 사실 기업들만 쓰는 게 아니다. 나 같은 '1인 영세 자영업자'들도 쓴다. 그럼 나는 과연 몇 번째 방법을 쓸까? 그렇다. 세 번째 방법을 쓴다.

지금은 새벽 3시다. 평소라면 이미 잠자리에 들었어야 할 시간이다. 그러나 나는 아직 잘 수가 없다. 스스로 정한 원고의 분량을 채우지 못했기 때문이다. 이렇게 오늘도 나는 '나'라는 별 볼 일 없는 노동자를 착취하고 있는 중이다. 조금 이따 작업실 옆 골목에 위치한 24시 김밥세상에서 1,500원짜리 김밥을 한 줄 사다 먹을 속셈이다. 그 가게는 부부가 함께 운영한다. 주간에는 아줌마가, 야간에는 아저씨가 한다. 붐비는 점심시간에는 아줌마의 여동생이 잠깐 일손을 돕는 식이다. 필시 가게에 가면 주인아저씨가 주방에서 졸고 있을 것이다. 가끔씩 궁금하다. 아저씨는 새벽 동안 김밥을 팔아서 돈을 얼마나 벌까?

새벽녘 김밥을 살 때마다 말을 건네고 싶다. "차라리 집에 가서 잠을 자는 게 사장님한테 더 이로울 거 같아요."라고. 물론 생각은 말이 되어 나오지 않는다. 나 역시 한 푼이 아쉬워 자신을 착취하고 있는 사업자이므로….

이처럼 영세 자영업자가 이윤을 창출해내는 가장 확실한 방법은 스스로를 쥐어짜는 것이다. 하지만 그 쥐어짜는, 고통에 가까운 노동은 결코 자발적이지 않다. 이 글을 쓰는 지금도 몹시 피곤하다. 그러나 나는 이윤을 창출해내려면 아직 더 글을 써야 한다. 그래야 돈을 번다.

솔직하게 고백한다. 나는 양질의 일자리를 제공하는 기업이 나를 원한다면, 당장 그곳에 투신할 의향이 있다. 아마도 한국의 모든 영세 자영업자들이 나와 같은 생각을 하고 있을 것이다. 절반의 비정규직 노동자들도….

몸값을
올려라

사람들은 흔히 임금이 일한 양(또는 시간)에 따라서 정해진다고 여긴다. 하지만 그것은 여지없는 편견이다. 만약 그것이 사실이라면 내 막냇동생의 월급이 그 모양일 리 없다. 그리고 금융사 CEO들이 그런 엄청난 연봉을 받을 리도 없다. 거의 매일 야근하는 당신이 돈에 쪼들리며 살 까닭도 없다.

그렇다면 임금은 생산성에 비례해 정해지는 것일까? 그것 또한 아니다. 온종일 계산대만 지키는 어느 유명 족발집 사장의 처남이 눈썹이 휘날리게 뛰어다니는 20살 여종업원에 비해 더 높은 생산성을 가진다는 사실을 우리는 인정할 수 없다. H 자동차 회사의 생산라인에서 같은 일을 하지만 2배 가까이 월급 차이가 나는 정규직 김모 씨와 비정규직 이모 씨가 서로 확연한 생산성의 차이를 보인다고도 말할 수 없다.

그럼 임금은 경제학이 말하는 수요·공급 이론에 의해서 정해지는 걸까? 가령 청소 노동자나 경비원 등은 공급이 많아 경쟁이 치열하니까 임금이 저렴하고, 의사나 변호사 등은 공급이 적으니까(희소하니까) 임금이 높은 것이라는 설명은 어떨까? 그럴듯한가?

하지만 이 설명에도 문제가 있다. 이 논리를 그대로 따르다보면 비정규직이 정규직보다 임금을 훨씬 더 적게 받는 이유가, 비정규직에 지원하는 사람이 정규직에 지원하는 사람보다 더 많기 때문이라는 이상한 결론에 도달한다.

사실 임금은 사회구조에 따라 결정된다. 정치가들이 정하는 룰에 상당 부분 영향을 받는 것이다. 최저임금 제도를 떠올리면 편하다. 최저임금이 인상되면 족발집 20살 여종업원은 같은 일을 해도 더 많은 임금을 받게 될 것이다. 정규직과 비정규직의 임금격차 역시 그것이 현 제도 내에서 용인되는 것이기에 가능하다. 금융사 CEO들의 엄청난 연봉 역시 마찬가지다. 청소 노동자나 경비원 등이 받는 충격적인 임금 또한 그러하다. 언젠가 노동 전문가 은수미 위원(새정치민주연합)이 "사람이 사회적 존재인 만큼 임금 역시 사회적 산물이다."라는 말을 한 적이 있는데, 그녀의 견해에 적극 동감하는 바이다.

'진짜 선택', 당신만이 할 수 있다

"개인의 선택에 의한 결과는 개인이 온전히 책임져야 한다."

우리는 이러한 사고방식에 익숙하다. 《소가 된 게으름뱅이》라는 전래동화는 그러한 논리의 전형이다. 이 동화의 내용을 간단히 설명하자면 이렇다. 게으름뱅이는 소가 되어 빈둥거리고 싶다는 단순한 생각으로 이름 모를 노인이 건네주는 '소의 탈'을 뒤집어쓰게 된다. 정말 소가 된 게으름뱅이는 모진 고생을 겪는다. 여기서 게으름뱅이는 자발적으로 소를 택한 것이다. 게으름뱅이에게 소의 탈을 건네준 이름 모를 노인은 그에게 소로서의 삶을 강요하지 않았다.

이런 선택은 이제 막 문이 닫히기 시작하는 전철을 뛰어가서 탈 것인지, 아니면 그 전철을 보내고 다음에 오는 전철을 탈 것인지를 선택하는 것과 비슷하다. 나는 이렇게 자유의지에 의해서 결정할 수 있는 선택들을 '진짜 선택'이라고 부른다.

그렇다면 '진짜 선택'과 반대를 이루는 '가짜 선택'도 존재하는가? 물론이다. 내가 당신의 고용주라고 해보자. 당신에게 묻는다.

"오늘밤 나랑 잘 것인가? 아니면 회사를 그만둘 것인가?"

자, 당신은 선택할 수가 있다. 어떻게 할 텐가? 이런 선택이 바로 가짜 선택이다. 가짜 선택은 강요와 억압을 자유로 위장시키는 교묘한 술책이다. KBS 드라마 '미안하다, 사랑한다'에서 소지섭이 임수정에게 했던 그 유명한 대사, "밥 먹을래?! 나랑 살래?!"도 가짜 선택의 일종이다. 이런 강요와 억압이 동원된 선택의 결과를 개인이 온전하게 뒤집어써야 한다는 것은 합당치 못한 일이다.

내 애인 이야기를 조금 해야 할 것 같다. 애인은 이름만 대면 다들 "아, 그 회사!" 할 정도의 유명한 아웃도어 업체의 회계팀에서 근무한다. 내 애인에겐 주말이 거의 없다. 회사가 목표로 하는 매출액이 나오지 않는 달이면 어김없이 집 근처에 위치한 매장으로 '주말판매 지원'이라는 걸 나가야 하기 때문이다(모든 회사가 제시하는 목표 매출액이란 늘 무리한 수준이기 마련이다. 즉 내 애인은 거의 매달마다 주말판매 지원을 나간다).

회계팀에서 근무하는 애인이 매장에서 할 수 있는 일이란 거의 없다. 꿔다놓은 보릿자루처럼 가만히 서서 손님들을 구경하거나 매장 사장님의 하소연을 들어줄 따름이다. 그럼에도 애인은 자꾸만 매장에 나간다. 회사가 그렇게 '시키기 때문'이다.

격월에 3일 정도는 '등산교육'도 떠난다(물론 주말을 껴서!). "산에서 벌어지는 사고에 대해 회사에게 책임을 묻지 않는다."는 내용의 각서에 서명을 하고 떠난다. 살면서 숨쉬기 운동밖에 한 적이 없던 애인은 입사 후 얼마 지나지 않아 헤드랜턴 불빛에만 의지해서 '악岳'자가 들어가는 어느 산의 암벽을 타러 갔다. 이야기를 듣자 하니 살아 돌아온 게 천만다행일 정도였다. 한 걸음 한 걸음 앞이 천길 낭떠러지였다고 한다.

회사는 언제나 애인에게 주말판매 지원을 나갈 것인지 아닌지, 등산교육에 참여할 것인지 아닌지에 대한 의사를 묻는다고 한다. 그리고 애인은 어떠한 경우에라도 "가지 않겠다."고 답한 적이 없다. 애인은 알고 있는 것이다. 자신에겐 선택권이 없다는 사실을.

애인의 말에 따르자면 회사 사람 모두가 주말판매 지원과 등산교육을 싫어한다고 한다. 특히 등산교육은 사고의 위험성이 너무 높아 어떻게든 핑계를 대고 빠지고 싶어 한다고 한다. 하지만 과장급 이하가 그랬다가는 위에서 바로 "미쳤나?"는 핀잔이 날아온다고 한다. 어떻게 이름만 대면 다 알 만한 큰 회사에서 이런 말도 되지 않는 일들이 벌어질 수가 있는 걸까?

노동조합이 없기 때문이다. 애인의 회사 직원들은 지금 회사와 대등한 위치에 서서 이야기를 풀어낼 수 있는 조직을 갖고 있질 못하다. 때문에 어쩔 수 없이 회사가 시키는 대로 자신들의 주말과 안전을 헌납한다. '선택의 탈을 쓴 강요(가짜 선택)'는 딱 이런 모습으로 우리의 일터에 기생하고 있다.

노동조합의 필요성이 바로 여기에 있다. 가짜 선택은 결국 힘의 불균형에서 비롯되는 것이다. 노동자들이 조합을 통해 하나로 뭉치게 되면, 회사와 대등한 관계로 이야기를 풀어나갈 수 있게 된다. 예컨대 노동조합은 자신들의 정당한 요구사항("주말판매 지원을 철회해 달라!" 등)이 이행되지 않을 때, 파업을 통해서 생산 행위를 일시에 중단시킬 수가 있다. 이것은 존재 이유를 이윤 추구에 두는 많은 회사에게 강력한 메시지로 다가간다. 그리고 이런 힘은 일개 노동자의 신분으로는 절대로 가질 수가 없는 것이다.

노동자들이 조합의 힘을 등에 업고 회사와 협상을 벌이게 되면, 노동자들이 얻을 수 있는 임금 및 복지의 혜택은 회사가 감당할 수 있는 수준 안에서 크게 오르게 된다(강성노조니 뭐니 하며 회사가 감당하지 못할 수준까지 임금과 복지 혜택이 오른다는 괴변은 무시하도록 하자. 그랬다가는 회사와 노동자 모두가 정말 망한다). 반면 노동자가 마냥 일개 노동자의 수준에만 머물면, 즉 회사와 협상할 수 있는 위치에 서지 못하면, 노동자는 도저히 감당치 못할 만한 수준의 임금 및 복지 혜택을 받아들여야만 한다("오늘밤 나랑 잘 것인가? 아니면 회사를 그만둘 것인가?").

뇌 과학은 측은지심의 발동원리를 거울뉴런으로 설명한다. 남의 상황을 나의 상황으로 받아들이게 하는 신경세포가 뇌에 존재한다는 것이다. 영화를 보며 흘리는 눈물도 거울뉴런이 만들어낸 작품이다. "네가 먹는 것만 보아도 배부르다."는 우리 부모의 말에도 일말의 진실이 담겨 있다.

이웃의 아픔을 감히 보고만 있을 수가 없는 마음. 측은지심은 진보가 작동하는 원리 중의 하나이며, 진보의 가치는 타인의 아픔을 나눗셈의 공식으로 접근하는 데 있다. 누군가의 아픔이라는 작은 '피제수'를 우리 모두가 소유한 물적·인적 자본이라는 커다란 '제수'로 나눈다. 예컨대 매일 점심을 거르는 몇몇 아이들을 위하여 다 같이 세금을 더 내는 일. 차별받는 소수의 장애인을 위하여 다수의 일반인이 처우개선을 말하는 일. 이것이 측은지심이 진보로 행해졌을 때의 긍정적 효과가 아닐까.

그렇다면 이 측은지심을 노동으로 가져와보자. 대체 한 사업장 내에서 함께 일하는 정규직들은 왜 비정규직들의 운동을 지지하지 않는 것일까? 그들이 모두 타인의 아픔을 공유하지 못하는 특정 정신장애를 앓고 있는 것일까? 아니면 이것이 말로만 듣던 집단 이기주의인가? 현재 많은 학자가 후자의 견해를 지지하고 있다. 당사자들 역시 그렇게 여기는 것 같다. 그러나 나는 입장이 좀 다르다.

이런 생각을 해보자. 구덩이에 빠진 누군가가 구해달라며 손을 뻗는다. 당신은 그의 손을 잡을 것인가? 응당 "그렇다."고 답을 할 것이다. 이번에는 불타는 집 안에서 누군가가 구해달라며 비명을 내지른다고 생각해보자. 당신은 그에게로 뛰어갈 것인가? 아마 "그렇다."고 답하기 어려울 것이다. 정규직이 바라보는 비정규직의 문제는 후자와 비슷하다. 구할 가능성이 매우 낮은 반면, 위험성은 지나칠 정도로 높다. 가능성이 낮더라도 그리 위험하지 않다면 사람들은 시도할 것이다. 반대로 위험성이 높더라도 가능성이 충분하다면 용기 있는 누군가는 뛰어들 것이다.

정부와 기업은 지금까지 이 2가지(가능성과 위험성)를 절망적인 수준으로 관리해왔다. 그 결과 이제 정규직들은 여러 가지 이유에 기대어 비정규직의 아픔을 당당하게 수수방관할 수 있게 되었다. 하지만 우리는 알고 있다. 측은지심은 모두의 마음에 깃들어 있다. 방관하는 이들 역시 아플 것이다.

한편으로 우리는 또 알고 있다. 절망의 가능성을 기회로 여기며 불구덩이에 뛰어들려 하는 누군가가 항상 존재한다는 것을. 어쩌면 그는 영웅심에 빠진 과대망상증 환자일지도 모른다. 어쨌거나 그는 보통 사람이 하지 못하는 일을 한다.

제 코가 석자인 당신은 아마도 그와 함께 뛰어들진 못할 것이다. 그러나 젖은 담요와 응원 정도는 충분히 지원해줄 수가 있다. 나는 이것이 정규직인 당신이 비정규직 처우에 관심을 갖는 정당에 한 표를 행사해야 할 근거라고 믿는다. 부디, 정치에 관심을 가지자.

결국 월급이 답이다

10여 년 전, 재테크는 노동 없는 미래를 약속했다. 우리는 그 매력에 이끌려 벌 떼처럼 투자처를 찾아 이리저리 헤맸다. 하지만 약속은 결국 지켜지지 않았다. 우리는 지금 대박은커녕, 중박도 치지 못하고 있는 상태다. 이름하야 '재테크의 배신'은 2008년 세계금융위기 이후에 본격화되었다. 주가는 박스권을 벗어나질 못하고 있고 부동산시장은 명백한 불황기에 접어들었다. 가계부채 1,000조 원 시대가 활짝 열렸다.

이제 금융시장의 최대 화두는 투자가 아닌, 빚 상환이다. 그런데 그거 아는가? 가계부채 1,000조 원 시대의 해법은 금융(재테크)에 있지 않다. 오직 노동, 즉 월급에 있다. 까닭은 단순하다. 빚으로는 빚을 갚을 수가 없기 때문이다. 빚을 갚고 싶은가? 그럼 어딘가에서 일을 해 돈을 벌어야만 한다.

한때 "학생을 가르치는 신성한 일을 하는 선생이 어떻게 노동자일 수 있느냐."는 말이 나돌았다. 비슷한 맥락으로 "사람을 살리는 의사는 노동자가 아니다."는 말도 있었다. 그러고 보니 "종교인은 노동자가 아니다."는 말은 아직까지도 유행하고 있다. 묻지 않을 수가 없다. 신성한 일을 하는 사람이 노동자가 아니라면, 천박한 일을 하는 사람이 노동자란 말인가?

우리는 '노동력을 팔아 돈을 버는 이'를 노동자라고 규정짓는 것에 거부감을 갖지 아니한다. 당신 역시 그러하다면 우리 모두 노동자다. 술집 웨이터든, 학교 선생이든, 성직자든, 의사이든, 치킨집 사장이든, 글 쓰는 작가이든 간에, 우리 모두는 노동이라는 렌즈로 바라보았을 때 다들 똑같은 모습을 한 노동자들이다. 이렇듯 노동이라는 오래된 화두는 누구만의 것이 아닌, 우리 모두의 것이다.

그러나 우리는 지난 세월, 재테크를 쫓느라 노동을 이야기해야 한다는 생각을 완전히 상실했다. 사실 나는 사람들이 재테크에 실패하고 나면 곧 다시 노동 이야기를 시작할 줄 알았다. 그러나 그것은 순진한 내 착각이었다.

사람들은 아직까지도 재테크로 무언가를 이룰 수 있다고 믿는다. 이데올로기의 힘을 다시 한 번 실감하게 되는 요즘이다.

가끔 어딜 가서 노동 이야기를 꺼내면 "아직도 그런 이야기를 하냐?"는 타박이 쏟아진다. 2014년 지금, 노동 이야기는 고려청자 이야기와 비슷한 취급을 받고 있다. 그럼에도 우리는 다시 한 번 더 노동 이야기를 시작해야만 한다. 부의 근원은 역시 노동이니까 말이다.

'재테크 책에서 노동 이야기라니!' 많이 당황했을 것으로 안다. 하지만 언급하지 않고 지나칠 수가 없었다. 그렇다고 또 길게 다룰 수도 없었다(분명이 책을 펼쳐 든 독자들이 바라는 건 노동 이야기가 아닐 것이다). 여기서 못 다한 이야기들은 노동을 주제로 한 다음 책에서 심도 깊게 다룰 생각이다.

이 책에서는 재테크 담론에 부의 근원인 노동 이야기가 빠져 있다는 사실과 노동문제는 개인이 아닌 조직, 예컨대 정치로 접근하는 것이 가장 효과적이라는 사실만 알아두면 된다. 독자의 성향에 따라서 노동 이야기가 크게 와닿지 않을 경우가 많을 것으로 생각된다. 그런 독자를 위하여 재테크 이야기를 서둘러 시작해보자.

3장

진짜 '정보'를 가려내는 법

많은 예측 전문가, 특히 주식시장의 전문가가
이렇게 말하곤 한다.
"과거 이런 형태를 띤 주가의 움직임은
모두 큰 폭의 상승으로 이어졌습니다.
따라서 이 주식은 곧 대폭 상승하게 될 것입니다."
과연 이들의 말을 신뢰해야 할까?
이 같은 논리라면 나는 이렇게 주장할 수도 있다.

"나는 내 아버지의 비밀을 알고 있습니다.
내가 30년 동안 10,950회 관찰한
결과에 따르면
아버지는 단 한 번도 죽지 않았죠.
따라서 높은 가능성으로
아버지는 불사신입니다."

재테크 판의
꼼수를 읽어라

　바야흐로 정보 과잉 시대다. 사람들은 아침에 눈뜨기가 무섭게 스마트폰에 머리를 조아리며 이메일과 뉴스를 확인한다. 그러다 조금이라도 궁금한 것이 생기면 '정보의 바다'라고 불리는 인터넷 세상에 뛰어들어 온종일 서핑을 즐긴다. 그런데 어찌된 것이 관련 정보를 접하면 접할수록 궁금증이 막막함으로 변해간다. 내가 접한 정보들이 '진짜 정보'인지, 아니면 그냥 '가짜 정보'인지를 분간해낼 수가 없기 때문이다.

　사람들은 정보의 양이 많아질수록, 그곳에서 '진짜 정보'를 찾아낼 확률도 높아질 거라고 믿는다. 사실이다. 그러나 이는 수집자가 진짜 정보를 가려낼 혜안을 지니고 있다는 전제하에서만 가능하다. 결국 혜안이 없는 '보통의 사람들'이 취하는 '보통의 정보처리 작업'이란 정보의 교집합을 취하는 것이 대부분이다. 많은 이가 하는 주장, 많은 이가 받아들이고 따르는 이론이라면, 믿고 받아들여도 무방할 것이라는 생각 말이다.

그러나 언뜻 괜찮은 방법처럼 보이는 이 정보처리 과정에는 한 가지 치명적인 맹점이 있다. 바로 '정보의 양'에 지나치게 관심이 많다는 것이다. 반면에 '정보의 질'에 대한 관심은 정부가 민생에 가지는 관심만큼이나 야박하다.

　게다가 어디든지 '빅마우스bigmouth'가 있고 또 그 빅마우스를 추종하는 세력들이 존재한다는 사실을 감안한다면, 양에 비례한 관심과 믿음은 차라리 아무 정보도 받아들이지 않는 것만큼도 못할 수 있다. 만약에 규모가 큰 어느 특정 세력이 작정하고 왜곡되거나 만들어진 거짓 정보들을 인터넷 등에 계속해서 흘린다면, 정보의 교집합만을 취하는 어떤 이는 그들이 원하는 방향으로 의사결정을 내릴 가능성이 아주 농후해진다.

　예컨대 한 여성이 기초 화장품을 사기 위해 여러 정보들을 수집하고 있다고 가정해보자. 당연하겠지만 화장품 시장의 빅마우스는 화장품 회사들과 그 이해관계인들이다. 덕분에 그녀가 수집하게 되는 화장품 관련 정보들은 '뷰티 컨설턴트' 등의 타이틀로 무장된 이들이 제공하는 "고가의 화장품일수록 피부 속에 깊이 스며들어 그 효능이 탁월하다."는 식의 거짓된 정보들이다.

　만약 그녀가 위의 방식(정보의 교집합을 취하는 방식)대로 정보 취사의 과정을 거치게 된다면, 그녀는 머지않아 수십 만 원 상당의 기초 화장품을 세트로 구입하는 것은 물론이고, 매일 아침저녁으로 그 화장품들을 각각의 순서에 맞게 얼굴에 펴바르게 될 것이다.

　이 같은 문제는 비단 화장품 시장에만 국한된 것이 아니다. 우리 주위의 수많은 시장이 특정 세력들에 의해 왜곡된 거짓 정보로 홍수를 이루고 있다. 사람들이 정보의 교집합만을 취하는 손쉬운 정보처리 과정을 거치는 덕에, 양적으론 떨어지지만 질적으론 우수한 '진짜 정보'들은 너무나도 쉽게 휘발되어 버린다. 그리고 이 같은 현상은 재테크 시장에서 아주 두드러지게 나타난다.

나처럼 재테크 시장의 아웃사이더를 자처하는 몇몇 이들과 단체들이 금융사의 나쁜 행위(진짜 정보)들을 고발하여도, 시장의 이해관계인들이 워낙 많은 양의 가짜 정보들을 쏟아내기 때문에 그것들이 수면 위로 잘 떠오르지 못한다.

그들이 매일같이 뿌려대는 가짜 정보들은 하나같이 복리이자니 절세니 하면서 금융상품의 긍정적인 측면만을 다룬다. 주가의 움직임을 예측하는 데 실패를 거듭하는 엉터리 애널리스트들이 즐겨 쓰는 방법이 바로 이것이다. 끊임없이 가짜 정보를 쏟아내어 자신들의 예측이 형편없다는 것을 입증하는 '진짜 정보들(과거에 했던 틀린 예측들)'을 덮어버리는 것 말이다.

화장품의 효능, 어디까지 믿어야 할까?

『화장품 법』은 화장품을 "인체에 대한 작용이 경미한 것(화장품법 제2조 제1호 中)"으로 설명하고 있다.

만약 화장품이 화장품 회사들이 선전하는 것처럼 피부 속(진피)에 깊이 스며들어 피부 개선 효과가 탁월하다면, 그 화장품은 화장품이 아닌 약사법에 의한 의약품으로 분류되어 '약국에서' 판매가 이루어져야 한다.

따라서 화장품으로 분류가 되어 화장품 가게에서 판매되고 있는 화장품들을 통해서는, 피부에 어떠한 드라마틱한 변화도 기대할 수가 없다!

'빅마우스'가
게임의 룰을 만든다

카지노의 룰렛에는 37개의 구멍이 있다. 구멍에는 0부터 36까지의 수가 쓰여 있고, 회전이 끝나면 조그만 금속 공이 한 구멍에 떨어진다. 베팅은 홀수나 짝수에 할 수도, 빨간색이나 검은색에 할 수도 있다. 1부터 36까지만 계산한다면 홀수나 짝수, 빨간색이나 검은색 모두 18개씩이기 때문에 카지노 측은 손해도 보지 않고 이익도 보지 않을 것처럼 보인다. 평균적으로 절반이 홀수에 걸고 절반이 짝수에 베팅을 한다면, 카지노 측이 그 각각의 절반에게 돈을 내어주었다가 다시 거둬들일 것이기 때문이다.

문제는 초록색 0에 있다. 초록색 0은 짝수도 홀수도 아니고, 빨간색도 검은색도 아니다. 공이 초록색 0에 떨어지게 되면 카지노 측은 참가자들이 건 판돈의 전부를 거둬들이게 된다. 37개의 구멍 중 하나인 초록색 0이 카지노 측에게 돈을 벌 확률을 높여주고, 카지노 측은 참가자들과 더 많은 게임을 할 수 있는 것이다. 게임은 이미 카지노 측에게 유리하게 설계되어 있는 셈이다. 그래서 카지노에는 시계도 창문도 없다. 제공되는 음료도 모두 공짜다. 참가자들이 다른 것에 신경 쓰지 않고 오직 게임에만 몰두할 수 있게끔 하려는 카지노 측의 작은 배려인 셈이다.

이처럼 누군가가 이미 만들어놓은 시장에서, 누군가가 만들어놓은 룰에 따라 게임을 한다는 것은 그 누군가가 우리보다 절대적으로 유리한 게임을 하고 있다는 것을 의미한다. 이제 내가 당신에게 게임을 하나 제안할 것이다. 게임의 이름은 '구본국의 점심식사 게임'이다. 서로의 전 재산을 건 이

게임의 룰은 다음과 같다.

게임의 참가자들은 서울 구로동에 사는 '구본국'이라는 이름을 가진 남성이 내일 점심식사로 얼마의 돈을 사용하게 될지를 미리 예측해서 말한다. 가장 근사치를 말한 사람이 이기게 되는 게임이다. 참고로 구본국은 내 막냇동생이다(앞서 이야기한 그 요리사 동생). 아! 깜빡했다. 당신을 위한 내 작은 배려 하나. '구본국의 점심식사 게임'에 관한 한 국내 최고 수준의 전문가가 당신을 도와줄 것이다(그 전문가는 내 첫째 동생이다). 어떤가? 내가 제안한 게임을 받아들이겠는가?

당신은 절대로 이 웃기는 게임을 받아들이지 않을 것이다. 내가 너무 무턱대고 게임을 제안했기 때문이다. 하지만 내가 정말로 당신의 재산이 탐났다면, 아주 상당한 공을 들여서 구본국과 전문가(첫째 동생), 심지어는 나마저도 당신의 편이라는 믿음을 강하게 심어준 뒤, 방심하고 있는 당신에게로 다가가 인심 쓰듯이 게임을 제안했을 것이다.

우리 주위에서 벌어지는 대부분의 가슴 아픈 일들이 이렇게 벌어진다. 험상궂은 사람이 무턱대고 찾아와서 우리의 재산을 빼앗을 확률보다는 평소 믿고 있던 사람이 미소 띤 얼굴로 찾아와 빼앗아갈 확률이 더 높다. 어쩌면 이미 빼앗겼는데도 그들이 워낙 주도면밀해서 빼앗겼다는 자각조차 하지 못하고 있을 수도 있다.

이번에는 금융사가 당신에게 게임을 하나 제안했다고 생각해보자. 게임의 이름은 '재테크 게임'이고, 룰은 당신이 이미 알고 있는 그대로다(몇 가지 예를 들자면 주거래 은행을 만들어야 한다, 신용등급을 관리해야 한다, 장기투자를 해야 한다, 분산투자를 해야 한다, 복리 효과를 이용할 수 있는 금융상품에 투자해야 한다 등을 들 수 있다). 역시 '구본국의 점심식사 게임'처럼 전 재산을 걸어야 한다. 아! 당신을 위한 금융사의 작은 배려도 역시 잊지 않았다. 재테크 게임에 관한 한 국내 최고 수준의 전문가가 당신을 도와줄 것이다. 그 전문가는 '금융사의 직원'이다. 어떤가? 금융사가 제안한 게임을 받아들이겠는가?

나는 '금융사들이 재테크 시장을 자기들에게 유리한 룰로 짜놓은 상태에서 사람들을 참가시킨다는 사실' 하나만으로 사람들이 재테크에 계속해서 실패한 이유를 설명할 수 있다. 그곳에는 이미 사람들이 참가하기 전부터 실패의 숫자인 초록색 0이 가득했던 것이다. 이런 까닭에 재테크 시장에서 성공했다는 사람의 수는, 카지노에서 돈을 땄다는 사람의 수만큼이나 적다. 그래도 사람들은 계속해서 재테크 시장으로 뛰어든다. 주위의 수많은 거짓 정보가 사람들을 유인하기 때문이다.

대부분의 사람은 재테크 시장에서 성공보다 실패에 가까운 쪽에 서 있다. 하지만 다른 대안을 모색해보려는 생각을 하지 못한다. 재테크라는 이름의 이데올로기는 그만큼이나 강력하다. 반대 방향에서의 회의적인 사고가 절실한 시점이다.

자, 이제 많은 이가 철석같이 믿고 있는 '재테크의 거짓말', 그 3가지를 살펴보자.

저축으로
파산한 사람은 없다

은행 예금 금리가 물가상승률에 뒤쳐지기 시작한 지 이미 오래다. 많은 재테크 전문가가 이런 현상에 기대어서 "저축은 하면 할수록 손해를 본다." 는 주장을 펼친다. 그리고 펀드나 ELS 등의 파생금융상품들을 저축의 대안으로 제시한다. 다음의 〈한국일보〉 2013년 5월 13일자 '예금 금리 1% 시대… 중장기 노리고 펀드 분산 가입을' 기사와 같은 식이다.

은행 예금 금리가 물가상승률도 따라가지 못하는 상황에서는 원금보장에만 집착하지 말고 인컴income 펀드나 주가연계증권ELS 등 중위험, 중수익을 안겨주는 상품에 관심을 가지라는 게 전문가들의 조언이다.

결론부터 말하자면 이들의 주장은 거짓이다. 까닭은 단순하다. 거시 물가상승률이 미시의 영역인 우리의 생활에 영향력을 행사하지 못하기 때문이다. 물가는 보통 다음의 3가지로 분류된다.

지표물가
체감물가
주머니물가

재테크 전문가들이 "물가가 금리보다 높다."고 말하는 것이 바로 '지표물가'다. 지표물가는 정부의 발표를 위해 만들어진 '가상의 물가'다. 가계소비지출에서 비중이 높은 순으로 400개 이상의 표본을 추출한 다음, 그것들의 가격을 더하고 곱하고 나눠서 하나의 숫자를 산출해낸다. 그러니까 이 지표물가가 우리에게 실제로 체감되는 물가로 다가오려면, 우리는 매년 표본에 포함되어 있는 400개 이상의 물품들을 모조리 소비해야만 한다는 뜻이다. 하지만 그건 불가능한 일이다. 냉장고 따위를 매년 살 수도 없을뿐더러, 살다보면 표본에 포함되어 있지 않은 다른 많은 물품을 수시로 사들이기 때문이다.

'체감물가'는 말 그대로 우리가 체감하는 물가다. 시장에 가서 눈으로 어떤 물건의 오른 가격을 확인했을 때 느낌으로 다가오는 그 오름의 폭. 그것이 모두 체감물가다. 이것 역시 가상의 물가다. 눈으로 보고 느낀 모든 물가를 지칭하는 '광의의 개념'이기 때문이다. 생각해보자. 우리는 어떤 물건이 눈에 들어왔다는 이유만으로 그것을 소비하진 않는다. 그것이 내게 정말로 필요한지 또는 주머니 사정은 어떠한지를 고려하여 구매를 결정한다.

결국 '주머니물가'가 진짜 물가다. 수십 번 망설이고 버티고 깎은 뒤에야 겨우 사는 것, 그래서 주머니에서 꺼낸 실제의 돈으로 소비가 이루어지는 것. 그것이 바로 주머니물가다.

저축은
할수록 손해다?

물가의 크기는 보통 '체감물가 > 지표물가 > 주머니물가'의 순으로 정렬이 된다. 체감물가는 말 그대로 체감이기에 실제보다 훨씬 더 크게 와 닿는다. 그래서 대체로 과장된다. 누구나 한 번쯤은 시장에 가서 어떤 물건을 보고 오르기 전의 가격은 기억도 못 하면서 '엄청나게 올랐네!'라고 생각한 적이 있을 것이다.

여기서 중요한 건 '엄청나게!'라는 표현이다. 체감물가는 항상 이렇게 추상적으로 다가온다. 보통은 은유의 형식을 빌려 표현된다. 예컨대 하늘만큼 올랐네, 백두산만큼 올랐네 등등. 이런 까닭에 체감물가는 항상 다른 물가에 비해 월등하게 높게 느껴진다.

주머니물가는 실제로 주머니에서 나가는 돈이기에 그 크기가 가장 작다. 예를 하나 들어보자. 얼마 전 멀티플렉스 영화관들이 영화 예매권의 값을 1,000원씩 올렸다. 이제 8,000원이던 것은 9,000원, 9,000원이던 것은 1만 원이다. 이 사실을 모르고 애인과 영화를 보러 갔다가 깜짝 놀랐다. '헉! 무지하게 올랐네!' 상승률로 환산하면 무려 10% 이상이다. 어떻게 했을 거 같은가? 그날 우리는 영화 관람을 포기했다. 그리고 다음날의 조조 영화를 예매했다. 할인이 되는 카드를 사용했음은 물론이다. 이렇게 하면 1만 원짜리 영화를 2,500원에 볼 수 있다.

이렇듯 주머니물가는 소비자의 의지에 의해서 얼마든지 탄력적으로 조정이 가능하다. 즉 물가상승률이 금리보다 높아서 저축을 할수록 손해를 본다는 전문가들의 주장은 거시와 미시, 추상과 구체를 구분하지 않아서 생기는 일종의 '사고의 오류'다.

그들이 말하는 지표물가는 우리의 생활에 영향력을 행사하질 못하는 '가짜 물가'이고 저축으로 손해를 보는 일은 결코 발생하지 않는다. 또한 나는 지금까지 살면서 무리한 투자를 하다가 파산을 했다는 사람 이야기는 들어봤어도, 무리한 저축을 하다가 파산했다는 사람의 이야기는 들어본 적이 없다.

과거 수익률은
과거 지표일 뿐이다

많은 이들이 재테크 전문가를 향해 앞으로의 주가가 어떻게 움직일지, 아파트 값이 언제 바닥을 칠 것인지 끊임없이 질문을 내뱉는다. 질문의 홍수 속에는 '그들이 미래를 예측할 수 있을 거라는 오래된 믿음'이 깔려 있다.

역시 결론부터 말하는 게 좋겠다. 사실 어떠한 재테크 전문가도 미래를 예측할 수 없다. 만약에 그들이 정말로 미래의 주가 움직임 등을 예측할 수 있었다면, 몇 번의 '대단한 투자'를 통해서 지구를 통째로 사들였을 것이다. 하지만 아직까지 그런 위인은 나타나질 않고 있다. 이쯤에서 일단 다음의 '가위, 바위, 보 요정 이야기'를 읽어보고 더 깊이 생각해보도록 하자.

동네 꼬마들이 모여 딱지 내기 가위, 바위, 보 놀이를 하고 있었다. 그러던 중 한 꼬마가 우연히 10연승을 하게 되었다. '이게 웬일인가!' 하고 놀라는 것도 잠시, 이내 장난기가 발동한 꼬마가 자신이 실은 가위, 바위, 보 요정과 알고 지내는 사이이며, 요정이 무엇을 내야 가위, 바위, 보에서 승리할 수 있는지를 예측해 자신에게 말해주곤 하는데, 그것이 기가 막히게 거의 다 맞아 떨어진다고 거짓말을 했다. 친구들이 믿을 수 없다는 표정을 짓자 꼬마가 말했다.

"나에게 딱지 하나를 주는 친구에게는 뭘 내야 다음 판에 승리할 수 있는지 알려줄게!"

이에 속은 친구들이 너나 할 것 없이 꼬마에게 딱지를 주었고, 다음 판에서 어떤 걸 내야 승리할 수 있을지를 귀띔받았다. 물론 가위, 바위, 보 요정과 알고 지내는 사이라는 꼬마의 말은 거짓이었으므로, 꼬마의 말을 들은 친구들은 승리하기도 하고 패배하기도 했다.

다음날, 가위, 바위, 보 놀이에서 승리한 친구들이 가위, 바위, 보 요정의 이야기를 자랑하며 새로운 친구들을 데려왔다. 패배한 친구들은 꼬마에게 찾아와 따지기 시작했다. 꼬마는 따지러 온 친구들에게 단호하게 말했다.

"너희들이 가위, 바위, 보 요정을 진심으로 믿지 않았기에 요정이 화가 나서 거짓말을 한 거야. 다시 딱지를 가져오면 이번에는 정말로 가위, 바위, 보 놀이에서 승리할 수 있게 해줄게."

이런 일들이 반복되기를 일주일. 결국에 꼬마는 동네에서 가장 많은 딱지를 갖게 되었다.

이 이야기는 재테크 전문가들이 어떤 식으로 돈을 벌어들이는지를 설명하기 위해서 내가 만들어낸 것이다. 꼬마는 예측이 틀렸을 경우에 일어날 모든 위험을 친구들에게 전가한 채 거짓된 '요정의 예측'으로 딱지를 벌어들인다.

꼬마는 행운의 10연승 이후 가위, 바위, 보 놀이에서 승리할 자신이 없었던 것이다. 만약 꼬마가 정말로 가위, 바위, 보 요정이나 필승의 전략을 알고 있어서 승리를 장담할 수 있었다면, 굳이 자신의 예측을 다른 친구에게 팔 이유도 없었을 것이다.

재테크 전문가들 역시 가위, 바위, 보 놀이에서 우연히 10연승을 거두었던 꼬마와 크게 다르지 않다. 설사 그들의 예측이 과거에 몇 번 좋은 성적을 거뒀다 할지라도, 혹은 시장의 전설로 우러름을 받는다 할지라도, 그것은 우연이며 행운이다. 그들은 다음번에도 이길 수 있다는 확신이 없다. 그래서 '예측을 판다.'

주가 예측이
번번이 실패하는 이유

조금 지난 이야기를 해야 할 것 같다. 2011년 7월, 각 증권사의 스타 애널리스트들이 8월의 코스피 지수 예측 범위를 발표했다. 대신증권은 2,050~2,250, 삼성증권과 대우증권, KTB증권은 2,100~2,300으로 발표했다. 이에 대해 애널리스트들은 다음과 같은 의견을 내놓았다(애널리스트들의 이름은 가명이다).

□ 서동욱 대신증권시장전략 팀장 : "위험이 완화되면 증시는 하반기 국내외
경기 모멘텀의 강화 가능성에 관심을 둘 것이다."

□ 명노현 삼성증권 투자정보 팀장 : "그리스 위기의 정점을 지났다는 사실이 중요하다. 미국 디폴트, 신용등급 하향 우려는 지나친 과장이어서 주식시장의 낮아지는 리스크에 주목할 것이다."

□ 홍광섭 대우증권 투자전략 팀장 : "8월에는 유럽 재정문제 봉합, 미국 국채발행 한도상향 조정 등이 이루어지면서 정책 불확실성이 완화될 것이다."

□ 김우용 KTB 투자증권 연구원 : "3분기부터 미국의 경제성장률이 회복되고, 중국의 견고한 성장, 인플레이션 압력 둔화, 한국 수출경기 호조 등 국내외 경제 펀더멘탈이 긍정적이다."

다른 애널리스트들의 말도 들어보자.

□ 신영섭 신한금융투자 투자전략 팀장 : "8월 초 미국 부채 한도 증약 합의, 옵션 만기 변수로 2,200 돌파에 시간이 필요하다. 다음 달에는 2,200에 안착하려는 시도가 이어질 것이다."

□ 최재길 교보증권 투자전략 팀장 : "아직 위험이 잠재되어 있고, 이익 모멘텀이 약해 지수 상승에 저항이 있을 것이다. 투자자를 지치게 하는 장기 악재는 없겠지만, 재정 위기와 펀더멘탈 모멘텀 약화 등 일시적인 악재는 등장할 수 있다(그리고 8월의 코스피 지수 하단을 2,000이라 말했다)."

과연 고액 연봉으로 유명한 각 증권사의 스타 애널리스트들이 발표한 이 예측들은 어디까지 맞았을까? 이들의 주장처럼 8월의 코스피 지수가 2,000~2,300 사이를 오르내렸을까? 그들의 연봉만큼이나 그들의 예측 능력이 대단할까? 증권시장의 실제 결과는 이러했다.

8월 1일에 2,160.09로 시작한 코스피 지수는 급격하게 추락하기 시작했고, 급기야 8월 5일에는 2,000선이 무너져 내렸다. 8월 9일에 1,684.68까지 떨어진 증시는 그 뒤 단 한 번도 2,000선을 회복하지 못한 채 결국 8월 31일에 1,880.11로 마감했다.

나는 2011년 8월을 잊지 못한다. 그달 주식시장은 정말 완벽하게 폭락했다. 아마도 이 책을 읽는 당신은 숫자로 지수를 느낄 것이기에 그달의 폭락이 피부에 제대로 와 닿지 않을 것이다. 그래서 참고로 말하자면, 그달에 내가 뉴스를 통해 접한 주식투자 실패로 자살한 사람만 3명이었다(모두 증권사 직원이었던 것으로 기억한다).

지금 내 책상 위에는 철 지난 신문 하나가 놓여 있다. 재테크 황금기 시절인 2007년 4월 24일의 〈매일경제신문〉인데, 책상 정리를 잘 하지 않는 게 으른 성격 탓에 우연히 간직하게 된 것이다. 이 신문에는 당시 KB자산운용을 이끌던 이원기 사장의 인터뷰가 실려 있다. 그 인터뷰를 일부 옮겨본다.

"한국의 주가지수는 3년 내 2배까지 갈 수 있다. 이미 선진국에 진입한 한국 증시의 주가수익비율(PER)이 15배를 넘어서는 것은 시간문제다." 이원기 KB 자산운용 사장은 한국시장에 대한 전망을 매우 밝게 본다. 한국증시는 대표적인 저평가 자산 중 하나이기 때문이다.

외국계 증권사에서 오래 일한 경험 때문인지 자신의 체험을 중요시하는 그는 "해외 어느 도시를 돌아보더라도 서울만큼 활기찬 도시는 없다."고 말했다.

그는 "한류가 일본에서 인기 있는 이유가 무엇인지 아느냐?"는 질문을 던지며 "어느 나라 사람도 자기 나라보다 못한 나라의 문화에 열광하진 않는다."
고 자문자답했다. 그는 "예전부터 외국계 거액 투자자들은 모두 한국시장을
밝게 보고 있었다."며 "한국 사람들만 주식시장을 불안하게 보고 있는 것 같
다."고 말했다. (…)

당시의 코스피 지수는 1,500선이었다. 즉 이원기 사장의 예측에 따르자
면, 2010년경까지는 지수가 3,000을 돌파했어야만 한다. 그러나 당신도 잘
알다시피, 한국의 코스피 지수는 3,000 근처에 단 한 번도 간 적이 없다. 근
래에 들어서야 2,000 근처에서 헤매고 있을 뿐이다.

재테크 전문가들은 대체 왜 이렇게 주가를 예측하는 데 번번이 실패하는
걸까? 우리가 사는 이 세상이 복잡계複雜系, complex system로 이루어져 있기
때문이다. 금융을 비롯하여 우리가 겪는 생활의 모든 사건들은 수천억 가지
이상의 원인들을 골자로 한다.

날씨가 맑은 어느 날, 운동장에서 학생들이 야구 시합을 하고 있다고 가
정해보자. 외야수는 타자가 공을 친 순간 공이 어느 곳으로 날아가 떨어질
지를 예측할 수 있을 것이다. 야구공이 제아무리 멀리 날아가 떨어진들, 그
움직임이 매우 단순하기 때문이다. 그러나 타자가 공을 친 순간에 맑았던
날씨가 갑자기 돌변해서 주먹만 한 우박들이 내려와 공에 무작위로 맞는다
면, 외야수는 공이 어느 곳에 떨어질지 전혀 예측할 수가 없다. 우박에 맞
은 공의 움직임은 큰 복잡성을 갖고 있기 때문이다.

재테크 전문가들은 자신들이 전자의 상황처럼(맑은 날에 야구를 하는 외야
수가 공이 떨어지는 지점을 예측하듯이) 주가나 아파트의 시세를 예측할 수 있

다고 믿는다. 그러나 실제로 우리가 살아가는 세상은 후자(주먹만 한 우박이 내리는 날 야구공의 떨어지는 지점을 예측하는 것)처럼 매우 복잡하게 돌아가고 있다.

모든 요소를
고려할 수는 없다

내 친구가 일본에서 살게 된 사연을 간단히 소개해보려고 한다. 대학 시절 친구는 일본 요리를 공부하고 있었고 학교를 졸업하던 해에 그의 누나가 결혼을 하게 되었다. 그즈음 매형이 그에게 제안을 하나했다.

"내가 유학 비용을 일부 부담할 테니 일본으로 유학을 다녀오는 것은 어떠니?"

친구는 고민 끝에 일본으로 떠났고, 일본에서의 생활이 어느 정도 익숙해지자 부족한 생활비를 충당하기 위해서 신오쿠보의 한국 식당에서 저녁 아르바이트를 시작했다. 마침 녀석이 아르바이트를 시작한 시기는 한국의 한 남성 가수그룹(동방신기)이 일본 진출에 성공해 그곳 젊은이들 사이에서 폭발적인 인기를 누리고 있던 시기였다.

어느 날 그 그룹의 팬으로 자연스레 한국 문화에 관심을 갖게 된 한 일본인 미용사 아가씨가 한국 음식을 맛보기 위해 녀석이 일하는 식당에 방문했다. 그렇게 둘은 아주 우연히 만났다. 그리고 1년의 연애 끝에 결혼을 하게 되었다. 녀석은 지금 일본에 정착해서 제2의 삶을 살아가고 있다.

내 친구가 일본에서 살게 된 계기가 된 것은 무엇일까? 만약 친구의 누나가 지금의 매형과 결혼을 하지 않았다면, 생활비가 부족한 친구가 한국 식당에서 아르바이트를 하지 않았다면, 한국의 남성 가수그룹이 일본에 진출하지 않았더라면, 아마도 내 친구는 지금과는 전혀 다른 삶을 살고 있었을 것이다. 그럼에도 내 친구가 일본에서 살게 된 사건을 하나의 방정식으로 쉽게 표현할 수 있다고 큰소리치는 이가 있다면, 그가 바로 엉터리다.

이처럼 우리가 살아가는 세상은 각자의 개별적인 사건이 수많은 상호작용을 일으키고 반복해서 새로운 사건을 만들어내며 굴러가고 있다. 이러한 복잡성이 미래 예측이 가능하다는 신문과 TV 속 수많은 재테크 전문가를 엉터리 전문가로 만들어놓은 것이다.

하나의 작은 사건을 만들어내기 위해서는 사람의 인지능력을 벗어나는 만큼의 많은 사건이 누적되어야만 한다. 그중에 하나만 어긋나도 해당 사건은 엉뚱한 방향으로 흐를 수 있다. '나비효과The Butterfly Effect'는 이런 복잡계의 속성을 탁월하게 풀어낸 영화다. 주인공 에반이 현재를 수정하기 위해서 일기장에 쓰인 특정 과거로 계속해서 돌아가지만, 현재로 돌아왔을 땐 어째 일이 자꾸만 악화 일로를 걷고 있다. 과거로 돌아가 바꾼 하나의 작은 사건이, 다른 수많은 사건과 활발하게 유기작용을 일으켜 현재를 예상치 못한 방향으로 바꿔놓은 것이다.

결국 재테크 전문가들은 주가나 아파트 시세를 정확하게 예측하기 위해 가격에 영향을 미치는 과거와 현재의 모든 요소를 하나도 남김없이 고려해야만 한다. 하지만 그건 결코 가능한 일이 아니다. 그래서 이들의 예측은 항상 틀리기 일쑤인 것이다.

과거 수익률은
'빚'내기 좋은 개살구

1장에서 다룬 '타자기 치는 원숭이 이야기'를 다시 꺼내보자. 원숭이들 중 《노인과 바다》를 찍어냈던 작가 원숭이가 다시 타자기 앞에 앉았다. 그 작가 원숭이는 두 번째에도 그런 멋진 작품을 찍어낼 수 있을까? 다시 말해서 작가 원숭이의 뛰어났던 과거 실적이, 미래 실적에도 그대로 나타날까?

일반적으로 사람들은 뛰어난 실적에는 나름의 특별한 이유가 있다고 믿는다. 그 때문에 예측 전문가나 펀드 따위를 평가할 때도, 과거의 실적을 기준으로 삼아 앞으로의 실적을 짐작하곤 한다. 과거의 실적이 앞으로도 계속 이어질 것이라 기대하는 것이다.

그러나 사람들의 이러한 '보편적 기대'와는 달리, 뛰어난 실적의 애널리스트나 펀드 등은 대부분 평범한 실적으로 돌아가고 만다. 《노인과 바다》를 찍어냈던 작가 원숭이가 두 번째 작품을 찍어내는 데에 실패하고 평범한 원숭이로 돌아갈 것이 뻔한 것처럼 말이다.

또 다른 예로 마이클 조던이 현역이던 시절의 한 경기를 들어보겠다. 조던이 소속되어 있던 시카고 불스 팀과의 경기가 데뷔전인 한 선수가 있었다. 그의 첫 무대는 완벽했다. 손을 떠난 대부분의 공은 골 망을 흔들었고, 조던이 그날 경기에서 올렸던 득점보다도 월등하게 더 많은 득점을 얻어냈다.

이날의 경기를 지켜본 사람들은 조던의 시대가 끝나고 슈퍼 신인의 시대가 왔음을 인정하지 않을 수 없었다. 그러나 딱 거기까지다. 머지않아 사람들은 한 경기만으로 조던과 신인을 섣부르게 평가했다는 사실을 깨달을 것이다. 한 경기가 아니라 시즌 전체의 경기를 놓고 본다면, 조던이 신인보다 훨씬 더 많은 득점을 올릴 것이 분명하기 때문이다.

비록 단기적으로는 조던의 득점과 신인의 득점이 엎치락뒤치락하더라도, 장기적으로는 대수의 법칙에 따라 각자의 원래 평균 점수에 근접할 수밖에 없다. 즉 어느 특정한 날에 신인이 조던보다 훨씬 더 뛰어난 득점을 얻었더라도, 그 이후의 모든 경기를 살펴보면 신인의 득점력이 조던보다 뛰어나지 않다는 사실을 알 수 있게 되는 것이다.

사람들은 아주 많은 사건 중 유독 과거의 흥미로운 몇몇 사건들에만 집중하여 의미를 두길 즐긴다. 몇 번의 좋은 실적을 올린 예측 전문가와 펀드 매니저들을 맹목적으로 추종하는 현상이 바로 이러한 까닭에 기인한다.

재테크 전문가들은 사람들의 이러한 착각을 결코 가만히 내버려두질 않는다. 좋은 투자상품(예컨대 펀드)을 고르기 위해선 그 상품의 과거 실적이 중요하다며, 지난 수익률을 영업의 자료로써 적극 활용한다. 그러나 앞서 살펴본 것처럼, 과거의 사건은 절대 미래를 담보하지 못한다.

복날의 개가 주는 교훈

사람들은 과거의 데이터에서 일반적인 결론을 이끌어내는 '귀납적 추론'에 익숙하다. 어떤 이가 아침에 사과가 땅에 떨어지는 것을 본 뒤 '사과가 땅에 떨어지는구나.'라고 생각했다고 하자. 그가 이번에는 점심을 먹다가 실수로 왼손에 든 포크를 땅에 떨어뜨린다. 그러고는 이렇게 생각을 하는 것이다.

'아, 사과도 땅에 떨어지고 포크도 땅에 떨어지는구나. 모든 물체는 땅으로 떨어지는 것이 분명하다. 그렇다면 지금 오른손에 든 나이프를 놓쳐도 땅으로 떨어지겠구나."

이것이 바로 귀납적 추론이다. 일기예보에서 말하는 비가 올 확률 역시 귀납적 추론에 따른다. 재미있는 사실은 많은 사람들이 매일 일기예보를 시청하면서도 비가 올 확률이 어떻게 나온 수치인지는 정확히 모른다는 것이다. 비가 올 확률이란 기온, 기압, 습도 등의 기상 조건이 지금과 똑같았던 과거 데이터 중에서 1㎜ 이상의 비가 온 비율이다. 예를 들어 비가 올 확률이 60%라는 것은 지금과 똑같은 기상 조건의 과거 데이터상에서 60%의 확률로 비가 왔다는 것이다. 이렇듯 귀납은 눈에 보이는 것, 즉 경험했던 과거로부터 눈에 보이지 않는 것, 경험하지 않은 미래를 추론하는 것이다.

개에게 먹이를 주기 전에 늘 휘파람을 부는 주인이 있다고 가정해보자. 틀림없이 개는 이렇게 생각할 것이다.

'999일 전에도 주인은 휘파람을 불고 먹이를 줬다. 800일 전에도, 500일 전에도, 바로 어제도, 주인은 먹이를 주기 전에 항상 휘파람을 불었다. 이를 놓고 봤을 때 주인은 먹이를 주기 전에 반드시 휘파람을 분다는 것을 알 수 있다. 그리고 지금 주인이 휘파람을 불었다. 따라서 주인은 나에게 먹이를 줄 것이다.'

귀납적 추론에 의한다면 잠시 후에 개의 주인이 먹이를 들고 나타날 것이라는 개의 추론은 맞아야 한다. 하지만 개가 경험했던 999일 동안의 사건이 모두 사실이라 해도 아직 경험하지 않은 나머지 사건들에서 개의 추론을 뒤엎을 사건이 일어날 가능성이 있기 때문에 개의 추론을 100% 확신할 수는 없다. 어쨌든 개는 1,000일째 되는 날이 복날이라는 사실을 아직 모르고 있으니까 말이다(안타깝게도 주인의 손에는 먹이가 들려 있지 않았다).

많은 예측 전문가, 특히 주식시장의 예측 전문가가 이 개와 비슷한 생각으로 말하곤 한다.

"지난 5년 동안 주식이 30% 이상 하락한 적은 없었습니다. 그렇기 때문에 앞으로도 주식시장은 30% 이상 하락하지는 않을 것입니다."

"과거 이런 형태를 띤 주가의 움직임은 모두 큰 폭의 상승으로 이어졌습니다. 따라서 이 주식은 곧 대폭 상승하게 될 것입니다."

과연 이들의 말을 신뢰해야 할까? 이 같은 논리라면 나 또한 이렇게 주장할 수도 있을 것이다.

"나는 내 아버지의 비밀을 알고 있습니다. 내가 30년 동안 10,950회 관찰한 결과에 따르면 아버지는 단 한 번도 죽지 않았습니다. 따라서 높은 가능성으로 아버지는 불사신입니다."

나심 니콜라스 탈레브Nassim Nicholas Taleb는 《블랙 스완The Black Swan》을 통

해서 예측 전문가들의 엉터리 예측을 다음과 같이 비판한 바 있다.

우리는 마치 역사적 사건을 예견할 수 있는 것처럼 행동한다. 한술 더 떠서 역사의 진행 방향을 바꿀 수 있다는 듯이 행동하는 탓에 사태를 더욱 심각하게 만든다. 예컨대 향후 30년간의 사회복지 적자나 석유가격 예상치가 발표되곤 하지만, 실상 예측자들은 다음 계절의 추이도 예상하지 못한다. 정치나 경제 부문의 예측 오류가 누적되면 최악의 결과를 빚게 되므로 나는 지난 기록들을 들춰볼 때마다 혹시 내가 꿈을 꾸는 것이 아닌지 꼬집어보기까지 한다. 오류가 크다는 것이 문제가 아니다. 예측에 오류가 있을 수 있음을 깨닫지 못한다는 것이 정말로 심각한 문제다. (…)
이 분야에 종사하는 사람들은 스스로 전문가라고 자부하지만 실상은 전혀 그렇지 않다. 그들은 경험적 기록에 의존하기 때문에 소위 전문 분야에서도 결코 일반 대중보다 더 많이 더 깊이 알고 있다고 할 수 없다. 그들이 일반인보다 나은 점은 그럴싸한 이야기를 지어내는 능력, 복잡한 수학 모델로 보통 사람들을 주눅 들게 만드는 능력, 한 가지 더 덧붙이자면 정장 차림을 좋아한다는 것뿐이다.

복날의 개 이야기를 더 이어나가도록 하겠다. 이번에는 누군가 개가 안쓰러워서 "오늘은 주인이 휘파람을 불어도 먹이를 들고 나타나지 않을 수가 있다."고 귀띔을 해줬다고 하자. 개는 틀림없이 이렇게 생각할 것이다.

'999일 동안 주인이 휘파람을 불고 먹이를 줬지만 아직 경험하지 않은 나머지 사건들이 있기 때문에 휘파람을 불어도 주인이 100% 먹이를 준다고 확신할 수는 없다. 하지만 지난 999일 동안 주인은 하루도 빠지지 않고 휘파람을 불고서 먹이를 줬다. 그렇기 때문에 지금 휘파람을 분 주인은 아주 높은 가능성으로 나에게 먹이를 줄 것이다. 주인이 나에게 먹이를 주지 않을 가능성은 매우 희박하다.'

애석하게도 복날의 개는 아직 경험한 적 없는 매우 희박한 가능성으로 인해 유명을 달리했다. 여기에서 중요한 것은 발생의 가능성이 아니라 '규모'에 있다. 발생의 가능성은 결과의 규모와 연계했을 경우에만 판단에 도움을 줄 수 있을 뿐, 그 자체로는 전혀 의미가 없는 것이다.

그러므로 복날 주인이 개에게 먹이를 줄 가능성이 제아무리 높다 해도 극히 희박한 가능성으로 목숨을 잃을 수 있다면, 개는 먹이를 기다리지 말고 집을 박차고 나왔어야 한다(먹이와 목숨 중 무엇이 더 중요할까?). 주식시장의 어느 예측 전문가가 다음과 같이 말했다고 가정해보자.

"지금 이 종목의 주식을 매입한다면 매우 높은 가능성, 적어도 90% 이상의 가능성으로 수익을 얻을 수가 있습니다. 손해를 볼 가능성은 10% 이하로 매우 희박합니다."

이런 언급은 사람들이 투자 결정을 내리는 데 있어 아무런 도움도 되지 않는다. 규모에 대한 언급이 빠졌기 때문이다. 해당 종목의 주식을 매입한 후에 90% 이상의 높은 가능성으로 1% 규모의 수익을 얻고, 10% 이하의 매우 희박한 가능성으로 원금을 휴지 조각으로 만들 만큼의 손실을 입는다면, 아무도 이 종목의 주식을 매입하려 들지 않을 것이다. 즉 복날의 개가 안쓰러워서 귀띔을 해줬던 어떤 이는, 오늘 주인이 휘파람을 불어도 먹이를 들고 나타나지 않을 수도 있다는 말 외에 1,000일째 되는 날 그러니까 복날이 개들에게는 어떤 의미를 지니는지도 같이 말해줬어야 한다. 그러나 재테크 시장의 많은 예측 전문가는 그렇게 말하질 못한다. 다음은 2011년 8월 26일자 〈해럴드경제〉에 실린 어느 애널리스트의 인터뷰다.

경기가 불안할 때 떠오르는 것은 금이다. 물가가 상승하든 하락하든 금은 모든 리스크를 줄여줄 수 있는 거의 유일한 자산이다. 문제는 이미 많이 올랐다는 것이다. 최근 며칠 새 조정도 금값이 하락세로 접어들어서인지, 단순한 기간 조정인지 판단도 제각각이다.
2, 3년 전에도 "이미 많이 올랐다."고들 했지만 금값은 그 뒤로도 쉼 없이 올랐다. 미국의 제로금리 정책은 향후 2년간 보장되어 있으니 달러 가치가 오르기도 어렵다. 따라서 금값은 앞으로도 오를 가능성이 더 크다.

밑줄 그은 말에 주목하자. 이 애널리스트의 예측엔 다음의 두 가지 맹점이 있다.
첫째, 과거를 기준으로 미래를 재단했다.
둘째, 발생 사건의 규모에 대한 언급이 없다.
TV에 출연 중인 다른 유명 예측 전문가들의 주장들도 이와 크게 다르지 않다.

당신의 '필요'가
예측 전문가다

사실 재테크 시장에서의 예측은 앞서의 내 서술과는 달리 꽤 쉽게 이해할 수 있다. 예측의 경우의 수가 다음의 3가지밖에 없기 때문이다.

오른다.
떨어진다.
오늘과 비슷하다.

이중 맞을 확률이 높은 것은 어떤 것일까? 당연히 '오늘과 비슷하다.'이다. 어째서냐고 묻고 싶다면 다음의 내 예측을 보라.

"내일 당신의 건강 상태는 오늘과 비슷할 것이다."

건강 상태도 그렇고, 재테크 시장도 그렇고, 오늘과 비슷하지 않은 날은 그리 많지가 않다. 그래서 재테크 전문가들은 뉴스 속 기상 캐스터처럼 "당분간은 오늘과 비슷하겠습니다."와 같은 말을 즐겨 사용한다. 그러나 우리가 예측 전문가에게 속기 쉬운 이유는 또 하나 있다. 결과에 대한 경우의 수는 3가지인 반면, 그 결과를 이루는 원인들은 수천억 가지 이상이기 때문이다.

이 흥미로운 명제가 예측을 만만하게 만든다. 결과만 맞으면 그 원인으로 무엇을 이야기하든 '너무 엉뚱한 것만 아니라면' 그럴듯한 예측이 되는 것이다. 그래서 재테크 시장에는 자신을 '예측 전문가'라고 주장하는 사람들이 넘쳐난다.

이런 식으로 접근을 하게 되면 당신도 손쉽게 예측 전문가인 척 행세할수가 있다. 하나 예를 들자면 가장 최근 뉴스를 근거로 들면 된다. 예컨대이런 식이다.

"매매가 대비 전세가 비율이 많이 높아진 상태이기 때문에 집값이 상승할 것입니다."

"기준금리 인상으로 시중 유동성이 줄어서 주식시장이 하락할 것입니다."

자! 이제 당신도 예측 전문가다.

이처럼 복잡계에 의한 예측의 덧없음을 이해하면 주식 폭락이나 집값 상승 등의 사건이 벌어지고 난 후에 이루어지는 대부분의 분석이 의미가 없다는 사실도 깨닫게 된다. 어차피 가격의 움직임을 결정하는 사항들이 사람의 인지 능력을 벗어날 만큼이나 많은데, 이유야 아무렴 어떤가?

그러나 사람은 본능적으로 사건의 빈틈을 참을 수 없어 한다. 미지의 빈틈이 불안을 야기하기 때문이다. 어떤 식으로든 이유를 찾아 빈틈을 채워넣어야만 마음이 놓인다. 이런 본능은 자연과학이 발전하게 된 계기가 되기도 했다. 사과가 땅에 떨어지는 이유를 빈틈으로 둘 수 없었던 뉴턴이 '만류인력의 법칙'을 발견해내지 않았던가!

각종의 음모론이 생성되는 까닭 역시 이와 같은 이치다. 어떤 사건에서알 수 없는 빈틈이 생기면 불안한 것이다. 그래서 최대한 창의력을 발휘하여 그 빈칸을 채워 넣는다. 예컨대 세월호 침몰 사건이 그렇다. 배가 왜 침몰했는지 원인 규명이 이루어지지 않자 잠수함 충돌설까지 나돌며 각종 음모론들이 퍼졌다. 이런 이유로 '음모론에는 빈틈이 없다.'는 코미디가 완성된다.

주식 폭락을 설명하는 재테크 전문가들의 이론에도 빈틈이 없기는 마찬가지다. 가끔씩 TV에서 주식이나 부동산투자 관련 채널을 보다보면 '이건 정말 추리소설이다.' 싶을 정도의 아름다운 설명들이 나오기도 한다. 뭐 물론 그래 봐야 별로 영양가 없는 말들이지만….

펀드 매니저 실력은 동전 던지기 확률보다 못하다?

과거 좋은 실적을 올린 펀드 매니저를 맹신하는 일이 얼마나 위험한 일인지는 동전 던지기 게임의 속성을 보면 알 수 있다. 동전은 어차피 앞면 또는 뒷면이 나올 확률이 50퍼센트다. 이 동전을 1,000번 던져서 600번은 앞면이, 400번은 뒷면이 나왔다고 해서 1,001번째에 무엇이 나올지 예측할 수는 없다. 각각의 동전 던지기는 50퍼센트의 확률을 가지는 독립적인 사건이므로 1,001번째의 동전 던지기 역시 그 이전에 했던 동전 던지기와 마찬가지로 동전의 앞면과 뒷면이 나올 확률이 각각 50퍼센트인 것이다.

하지만 다시 1,000번을 던진다면 동전의 앞면과 뒷면이 비슷한 비율로 나오게 될 것이라는 예측쯤은 할 수 있다. 즉 동전을 많이 던지게 된다면 동전의 앞면 또는 뒷면이 나올 확률이 50퍼센트에 가까워짐을 확인할 수 있지만, 동전을 5번 또는 10번 던지는 정도의 적은 횟수만으로는 50퍼센트에 가까워지는 확률을 확인할 수 없는 것이다.

따라서 어떤 이가 동전을 던졌는데 10번 연속으로 앞면이 나왔다고 해서 크게 의미를 둘 필요는 없다. 그가 다시 계속해서 동전을 던진다면, 필시 뒷면 역시 앞면이 나온 만큼 나올 것이다. 동전 던지기에서 10번 연속으로 앞면이 나오는 '놀라운 사건'은 50퍼센트의 확률을 가진 수백, 수천만 번의 동전 던지기 중 일부일 뿐이다. 펀드 매니저의 대성공이 또 재현될 확률이 이보다 더 낮음은 말할 것도 없다.

궁극의
투자 비법은 없다

재테크 전문가들은 늘 시장의 위험을 뒤로 숨긴 채 이렇게 말한다.

"재테크 시장은 돈이 돈을 벌어주는 환상의 시장이다."

조금만 공부해서 투자하면 누구나 다 부자가 될 수 있다는 것이 이들의 케케묵은 주장이다. 사람들이 재테크에 처음 발을 들여놓게 되는 시기는 보통 시장 상황이 좋을 때다. 주식시장이 사상 최고치를 기록할 때, 부동산시장이 활황일 때, 미디어에서 장밋빛 전망들이 쏟아져 나올 때 보통 사람들은 엉덩이가 들썩이기 시작한다.

전문가들은 이를 놓치지 않고 사람들에게 환상적인 이야기들을 풀어낸다. 그리고 그 꼬임에 넘어가 재테크 시장에 발을 들이는 수많은 초보자가 수익의 기쁨을 누리게 된다. 이를 흔히 '초심자의 행운'이라고 하는데, 시골

의사 박경철은 이를 다음의 말로 설명한다.

> 활황장에 뛰어든 초심자의 경우 대개 수익을 낸다. 그럴 수밖에 없는 것이 브
> 레이크가 고장 난 자동차가 언덕을 빠른 속도로 굴러 내려오는데 그 자동차
> 가 내 앞에서 갑자기 멈추는 경우는 없기 때문이다. 그 자동차는 관성과 가속
> 도에 의해 내 앞을 지나 더 달리게 된다. 이때 초심자가 내는 수익은 그야말
> 로 행운이다.

수익의 기쁨을 맛본 사람들은 재테크에 더욱 자신이 생기게 되고, 더 많
은 돈을 주식 등의 위험자산에 쏟아붓기 시작한다. 그리고 부자가 될 수 있
는 가장 쉽고 빠른 방법을 찾기 위해 재테크 관련 정보들을 쉴 새 없이 수
집하기 시작한다. 그리하여 그들은 결국에 부자가 될 수 있는 가장 쉽고 빠
른 방법을 찾아낸다. 흔히 '비법秘法'이라고 불리는 여러 방법은 재테크 전
문가들의 손과 입을 타고 책이나 강연으로 팔리는데, 많은 비법이 손만 뻗
으면 닿을 가까운 거리에 있고 가격도 생각보다 비싸지 않다.

어쩌다 우연히
수익을 거뒀을 뿐

전문가들은 주장한다. "당신도 부자가 될 수 있다!" 물론 거짓이다. 이들
이 파는 비법은 보통 '러시안룰렛 게임과 같은 초고수익, 초고위험의 위험

천만한 방법'이거나 '예전에는 통했지만 이제는 통하지 않는 낡은 방법'들이다.

러시안룰렛 게임은 6연발 회전식 권총에 하나의 총알만 장전한 채 탄창을 돌린 뒤, 권총을 머리에 겨누고 방아쇠를 당기는 게임이다. "당신도 할 수 있다!"고 외치는 전문가의 일부는 방아쇠를 당겨 살아남은 사람들이다. 앞서 《노인과 바다》를 찍어냈던 작가 원숭이처럼 러시안룰렛 게임을 하는 사람이 많으면 많을수록 살아남는 생존자들도 많아진다. 그리고 신문·방송 등의 미디어는 생존자들의 이름 앞에 재테크의 고수, 투자의 귀재, 부동산 부자 따위의 갖가지 수식어들을 붙여준다.

이런 생각을 해보자. 당신이 어떤 마피아 보스의 초대로 방아쇠를 한 번 당길 때마다 100억 원을 벌 수 있는 러시안룰렛 게임에 참가하게 됐다. 물론 당신은 총알이 장전된 권총을 자신의 머리에 대고 방아쇠를 당기는 위험천만한 짓은 절대로 하지 않을 것이다. 하지만 내 이야기 속에서의 당신은 방아쇠를 당긴다. "탕!" 다행히 총알은 발사되지 않았다. 그렇게 당신은 살아남았고 100억 원을 손에 쥐게 되었다. 그러자 마피아 보스가 당신에게 이런 제안을 한다.

"용기가 대단하군, 한 번 더 시도하면 이번에는 200억을 주겠네."

과연 당신은 다음 방아쇠를 당길 수 있을까? 만약 당신이 다시 러시안룰렛을 시도한다면 까닭은 2가지다. '미치거나, 목숨이 여러 개이거나.'

하지만 당신은 미치지 않았고 목숨도 하나이기에 절대로 방아쇠를 당기지 않을 것이다. 그래서 전문가들은 비법을 판다. 다음 방아쇠를 당길 자신이 없는 것이다('가위, 바위, 보 요정 이야기'를 떠올려보라).

'떡볶이 비법'도
안 알려준다는데!

생각해보자. 누군가 온종일 일하지 않아도 손쉽게 부자가 될 수 있는 재테크 비법을 1~2만 원 하는 책에 담아 판다면, 당신은 과연 그 책을 살 것인가? 만약 당신이 셈에 뛰어난 사람이라면 책을 살 것이다. 책의 비법이 거짓이라 해도, 밑져야 겨우 1~2만 원이기 때문이다.

만약에 책의 비법이 사실일 경우, 당신은 책을 구입하는 데 쓴 돈보다 훨씬 더 많은 돈을 벌어들일 수가 있다. 그것도 아주 손쉽게! 그래서 사람들은 끊임없이 재테크 전문가가 쓴 비법 관련 책들을 사들인다.

하지만 당신이 셈이 대단히 뛰어난 사람이라면, 특별한 이유(예를 들면 어떤 '괴변'을 늘어놓을지 궁금해서)가 없는 이상 책을 사지 않을 것이다. 누군가 정말 온종일 일해서 돈 벌지 않아도 손쉽게 부자가 될 수 있는 재테크 비법을 알고 있다면, 그 누군가는 절대로 당신에게 비법을 팔지 않을 것이기 때문이다. 며느리에게 떡볶이 만드는 비법도 알려주지 않는 세상인데 재테크 비법을 1~2만 원에 팔다니, 이는 절대로 있을 수가 없는 일이다.

입장을 바꿔 생각해보자. 만약 당신이 재테크 비법을 알고 있다면 당신은 그 비법을 다른 사람에게 알려주겠는가? "그렇다."고 답했다면 당신은 실수한 것이다. 만약 당신이 재테크 비법을 다른 사람에게 알려준다면 그 순간부터 당신의 비법은 더 이상 비법이 아니게 된다.

한국에서 최고로 맛있는 떡볶이를 만드는 할머니가 며느리에게 비법을 알려줬다고 해보자. 만약 이 며느리가 재테크 전문가들처럼 비법을 책으로 찍어낸다면 어떻게 될까? 분명 책을 읽은 한국의 수많은 떡볶이 가게들이 할머니의 떡볶이와 똑같은 맛을 내게 될 것이다. 그러면 더 이상 사람들은 할머니의 떡볶이를 한국에서 최고로 맛있는 떡볶이라고 부르지 않게 된다.

재테크도 마찬가지다. 만약 재테크 비법이 공개된다면 재테크 시장의 모든 참여자가 이 비법을 동일하게 사용할 것이다. 그러므로 비법은 세상에 공개되는 순간, 비법으로서의 힘을 잃게 된다.

한 예로 '갑'이라는 사람이 자신만 알고 있던 저평가된 주식과 부동산 선정 비법을 세상에 공개한다고 치자. 그 순간부터 '갑'은 더 이상 저평가된 주식과 부동산을 매수할 수 없게 될 것이다. 이는 자신이 비법을 공개했기 때문에 벌어지는 현상이다. 따라서 제대로 된 재테크 비법을 아는 사람은 절대로 다른 사람에게 그 비법을 일러주지 않는다. 전문가들이 비법을 파는 까닭은 단순하다.

그것이 실은 '비법이 아니기 때문이다.'

소문난 순간부터
이미 글렀다

이번에는 한국에서 최고로 맛있는 떡볶이를 만드는 할머니가 세상을 떠났다고 해보자. 며느리가 떡볶이 가게를 이어가게 되었다. 이때 며느리가 비법을 책으로 찍어내지 않는다고 해서, 할머니의 비법을 그대로 사용한다고 해서, 과연 사람들이 할머니의 비법을 사용하는 며느리의 떡볶이를 계속해서 한국에서 최고로 맛있는 떡볶이라고 불러줄까?

그렇지 않다. 세상의 모든 것은 변한다. 불같이 뜨거웠던 애인과의 사랑도 시간이 지나면 식어버리는데, 사람들 입맛이야 오죽하겠는가. 마찬가지로 재테크 시장도 변한다. 어제까지 통했던 재테크 비법도 내일이면 통하지 않는 낡은 비법이 되어버리는 것이다.

다만 이와는 별개로 할머니의 비법으로 만든 떡볶이를 사는 사람들이 줄어들 때, 재테크 비법이 예전만큼의 성공률을 보이지 않을 때, 이때야말로 비법을 책으로 찍어내야 할 시점이다. 내일부터는 통하지 않을 비법이라고 해도, 오늘을 기준으로 과거를 돌아본다면 비법은 확실하게 통하기 때문이다. 그런 이유로 전문가들은 자신의 비법이 더 이상 통하지 않을 때에 서점가(또는 강의를 통해서)에 비법들을 내다 판다.

재테크 전문가들의 행위를 보면 유행 지난 구두를 헐값에 내다 파는 장사꾼들이 떠오른다. 철 지난 구두를 내다 파는 장사꾼들이 과거의 패션 잡지들을 보여주며 "많은 사람이 신었던 구두"라고 선전하는 것처럼, 재테크 전문가들 역시 자신이 비법을 사용해 거둬들였던 과거의 성공 사례를 사람들에게 선전하는 것 아니겠는가(어쨌든 당신이 알고 있는 재테크 비법이 누군가가 알려준 것이라면 이는 이미 비법이 아니다).

4장

더이상 **속지도, 빚지지도** 마라

금융 컨설턴트들이 제아무리 똑똑하고 연봉이 높아도,
고객에게 파는 파생금융상품을 제대로 이해하지
못하고 있는 경우가 많다.
언젠가 시중은행의 금융 컨설턴트들이
내게 몇 가지 금융상품들에 대한 조언을 구하기에
솔직하게 말문을 열었다.
"사실 여러분이 고객에게 권유하는
금융상품 대부분이 형편없습니다."
그리고 더 이야기를 이어나가려는 찰나,
한 여성 컨설턴트가 양손으로 자신의 귀를 틀어막으며
이렇게 외쳤다.

"그만 말하세요!
더 들으면 저 일 못해요!"

금융사, 그들이
돈 버는 방식

언젠가 유시민이 '직업'에 대하여 다음과 같이 말한 바 있다.

사회에 필요하다는 점에서 모든 직업은 저마다 가치가 있다. 그래서 직업은 귀천이 없다고 한다. 정말 그럴까? 그래야 하지만 현실은 그렇지 않다. 나는 이 말이 규범적 역설이라고 생각한다. 사람들은 사실 직업에 귀천이 있다고 생각한다. 그런데 이런 생각은 바람직하지 않다는 것을 안다. 우선 귀천을 구분하는 기준이 분명하지 않다. 자본주의 사회에서는 돈을 많이 버는 직업을 높이 평가하는 경향이 있다. 그러나 돈을 많이 번다고 고귀한 건 아니다. 손님이 흥청대는 룸살롱 사장이 박봉을 받는 어린이집 보육 교사보다 더 귀한 직업이라고 한다면 고개를 끄덕일 사람이 별로 없을 것이다.

직업의 사전적 정의는 "생계를 유지하기 위하여 자신의 적성과 능력에 따라 일정한 기간 동안 계속하여 종사하는 일"이다. 그렇다면 사기꾼도 직업이 될 수 있는가? 친구 남편의 직업이 '은행원'인 걸 보면 그럴 수 있는 거 같다.

은행은 수수료를 먹고 자란다

금융사, 예컨대 은행은 기본적으로 부가가치를 창출해내지 않는다. 다만 나와 당신에게서 돈을 받아다가 그것을 융통할 따름이다. 그런데 신기하게도 돈을 번다. 그것도 왕창! CEO는 말할 것도 없고 행원들의 연봉은 또 얼마나 높은가? 대체 그 많은 돈이 다 어디에서 나는 것일까? 그렇다. 나와 당신의 호주머니다. 금융사가 이렇게까지 성장할 수 있었던 이유는 우리의 금융거래 총합의 수지가 항상 마이너스를 기록했기 때문이다. 다시 말해서 금융사는 우리에게 주는 돈보다 더 많은 돈을 빼앗아간다. 언제나 그렇다.

이렇게 조금만 따져보면 금융사의 수익원은 대출이자나 연회비 등 고객들에게서 거두는 각종 수수료임을 쉽게 간파할 수 있다. 보통 이런 식으로 돈을 벌어들이는 행위를 일컬어 '지대추구행위rent seeking behavior'라고 한다. 미국의 경제학자 조지프 스티글리츠Joseph Stiglitz는《불평등의 대가The Price of Inequality》에서 금융사가 어떠한 방법으로 돈을 벌어들이는지 알기 쉽게 설명하고 있다.

지대추구행위 가운데 가장 용납하기 힘든 것은 금융업자들이 가난하고 정보가 부족한 사람들을 돈벌이 수단으로 이용하는 행위다. 그들은 이들 집단을 겨냥한 약탈적 대출과 신용카드 관행 등을 통해 엄청난 돈을 벌어들였다. 가난한 사람 한 사람이 가진 돈은 소액이지만 가난한 사람들의 수는 매우 많고 소액이 쌓이고 쌓이면 대단히 큰돈이 된다.

결국 금융사가 지상 최대의 화두로 삼는 것은 '고객들에게 어떻게 더 많은 수수료를 받아낼까?'이다. 이런 고민의 결과로 탄생하게 된 것이 바로 각종 '파생금융상품'들이다. 재테크 전문가들은 파생금융상품을 다음의 말로 정의 내린다.

"외환·예금·채권·주식 등과 같은 기초자산의 가치 변동에 따라서 가격이 결정되는 금융상품."

나는 이 말을 다시 이렇게 정리한다.

"설명을 듣긴 했는데 어째 전혀 이해가 되지 않는 금융상품."

대부분의 사람은 'ELS'가 어떻게 운용되는지 모른다. '변액유니버셜보험'의 상품구조에 대해서도 모른다. 하지만 사람들은 예금이자가 어떻게 쌓이는지는 잘 알고 있다. 적금이자가 어떻게 붙는지도 잘 안다. ELS와 변액유니버셜보험이 바로 파생금융상품이다. 이것들은 '오직 고객으로부터 수수료를 받아낼 목적으로 만들어진 엉터리 금융상품'일 뿐이다. 이름도 멋지고 내용도 그럴 듯하지만 가입하고 보면 어째 실속은 하나도 없다.

증권사 '펀드'를 예로 들어보자. 고객은 펀드의 투자금을 100% 부담한다. 그리고 위험도 100% 떠안는다. 반면 증권사는 단 한 푼의 투자금도 부담하지 않는다. 일말의 위험도 떠안지 않는다. 그런데 증권사는 펀드 가입 고객들이 돈을 잃든 얻든 간에, 계속해서 수수료로 돈을 거두어간다. 즉 증권사는 어떻게든 돈을 벌어들인다. 파생금융상품의 수익구조는 대부분이 이렇게 고약하게 짜여 있다.

사람들은 대개 금융에 대한 이해가 많이 부족하다. 금융 거래, 예컨대 상품 가입을 일상으로 하지 않기 때문이다(부동산에 대한 이해가 부족한 이유 역시 마찬가지다). 반면 금융사는 금융에 대한 '빠꾸미'이다. 금융사는 이런 '정보(지식)의 비대칭'에 기대어서 고객들의 돈을 갈퀴로 긁어간다. 이에 관하여 조지프 스티글리츠의 말을 하나 더 살펴보자.

판매자는 지속적으로 시장 거래를 하고, 구매자는 일시적으로만 시장에 진입하기 때문에, 구매자보다 많은 정보를 가지고 있고 그 정보를 자신에게 이로운 방향으로 이용한다. 따라서 대개 판매자(파생상품의 설계자, 곧 금융사)는 고객으로부터 더 많은 돈을 뽑아낼 수 있다.

나는 금융사가 고객들을 상대로 돈을 얻어내는 행위가 이른바 '네다바이 사기질(말로 남을 교묘하게 속여 금품을 빼앗는 범죄)'과 근본적으로 다르지 않다고 생각한다. 각종 어려운 전문 용어들을 동원해서 사람들의 정신줄을 쏙

빼놓고는 얼렁뚱땅 동의를 얻어내어 기어코 파생금융상품에 가입시키니 말이다.

"진실, 더 들으면 저 일 못해요!"

금융사 소속의 컨설턴트들이 제아무리 똑똑하고 연봉이 높아도, 그들이 설령 아주 대단한 무엇일지라도, 결국 그들이 소속 금융사로부터 부여받은 일이라는 건 고객들로 하여금 더 많은 돈을 뜯어내는 것이다. 그런데 수많은 금융 컨설턴트는 자신의 이런 '나쁜 영업행위'를 자동차 영업사원들의 그것과 별반 다르지 않다고 여긴다.

이런 뻔뻔함은 보통 '무지'에서 비롯된다. 고객에게 파생금융상품을 권유하는 컨설턴트들 스스로가 그런 상품 구조에 대한 이해가 부족한 것이다. 믿기 힘든 이야기겠지만 현실이 정말로 그렇다. 언젠가의 일이다. 사석에서 시중은행의 몇몇 금융 컨설턴트들과 담소를 나눈 적이 있다. 그때 그들이 내게 몇 가지 금융상품들에 대한 조언을 구하기에 솔직하게 말문을 열었다.

"사실 여러분이 고객에게 권유하는 금융상품 대부분이 형편없습니다."

그리고 더 이야기를 이어나가려는 찰나, 한 여성 컨설턴트가 양손으로 자신의 귀를 틀어막으며 이렇게 외쳤다.

"그만 말하세요! 더 들으면 저 일 못해요!"

재테크 왕국에서 탈출하라

　우리가 금융에 가지는 지대한 관심은 사실 정부의 복지가 부족한 데에서 비롯된다. 가령 국민연금 하나만으로 은퇴 후의 생활을 충분히 영위할 수 있다면 우리는 개인연금 따위엔 추호도 관심을 갖지 않을 것이다. '10년 투자'니 '20년 투자'니 하는 장기투자 이론도 외면할 것이다. 의료복지 역시 마찬가지다. 만약 국민건강보험만으로 병원비를 모두 해결할 수만 있다면, 인터넷과 책을 뒤져가면서 밤 늦게까지 어려운 보험 공부를 할 까닭도 없다.

　금융과 복지가 차지하는 영역은 거의 겹친다. 정부의 복지가 후퇴하면, 딱 그만큼 금융사가 돈벌이할 공간이 늘어난다. 반대로 복지가 전진하면 다시 그만큼 금융사가 돈벌이할 공간이 줄어든다. 그래서 금융사는 재테크 담론에 이런 논조를 더한다.

　"정부가 펼치는 복지는 도무지 믿을 수가 없다."

실제로 영업 현장에 나가보면 금융사 소속의 컨설턴트들이 "2060년이면 국민연금 적립금이 고갈된다."면서 "정부의 연금지급 약속을 믿을 수가 없다."는 식의 말을 수시로 일삼는 것을 확인할 수 있다. 그들은 "국민연금 대안으로 개인연금 등의 파생금융상품이 반드시 필요하다."며 각종 브로슈어들을 꺼내어 상품 가입을 위한 설명에 열을 올린다.

하지만 "정부의 복지를 믿을 수가 없기 때문에 민간 금융사의 금융상품을 믿어야 한다."는 화법은 난센스이지 않을까.

재테크의 벽을 넘어
진짜 투자로

우리 생활이 쪼들리는 근본 까닭은 미시(생활)가 아닌 거시(정치, 문화 등)에 있다. 열심히 일해 번 돈을 아껴서 저축하는데도 삶이 팍팍하다면, 아니 저축은커녕 빚을 내어서 살아가야 한다면, 그 잘못은 결코 개인에게 있지 않다. 개인적 차원에서 할 수 있는 일이 더는 없기 때문이다. 무엇보다 상식적으로 생각했을 때, 성실히 노동하며 사는 보통의 사람들 다수가 돈에

국민연금, 정말 고갈될까?

적립금의 고갈이 국민연금 파탄으로 이어진다는 주장은 오해에서 비롯된 것이다.
국민연금은 개인연금처럼 자신이 납입한 돈에 이자가 붙는 금융상품의 개념이 아니다. 자식세대의 돈이 부모세대에게 곧장 흘러가는 직접부양의 개념이다. 즉 우리가 내는 국민연금은 일종의 세금이고 적립금은 다만 미리 쌓아둔 돈이다.

쪼들려 하는 현재 한국 사회는 결코 정상적인 사회가 아니다. 재테크에 담긴 자기계발적 논리는 바로 이러한 한국 사회의 비정상적인 작동시스템을 마치 정상인 것처럼 선전한다.

돈 문제를 돈 문제(이야기)로 다루는 것, 그것이 바로 재테크이다. 그러나 우리가 지금 당면한 돈 문제는 결코 돈 이야기 하나만으론 풀어낼 수 없다. 명확한 까닭이 있다. 돈 문제의 원인이 돈에 있는 것이 아니기 때문이다. 돈, 그것은 다만 결과일 따름이다.

예를 들어보자. 신체적 장애를 이유로 직장을 구하는 데 어려움을 겪는 이가 있다. 확실한 직장이 없는 그는 수입이 일정치 않기에 늘 돈 문제로 씨름한다. 지금 이 장애인이 당면한 돈 문제의 원인은 과연 돈 그 자체일까?

만약 당신이 보통 이상의 지적 능력을 가졌다면, 분명 어떤 식으로든 "아니다."라는 답을 했을 것이다. 그렇다면 따져보자. 지금 이 장애인이 겪는 돈 문제의 원인은 대체 누가 제공한 것일까? 바로 장애인 고용에 인색한 기업들이다. 그리고 장애인 복지정책에 미온적인 태도를 가진 정부다. 또한 잘못된 인식으로 장애인을 대하는 우리 사회의 의식 수준이다. 이 밖에도 돈이 아닌 다른 많은 것이 이 장애인을 가난의 구렁텅이로 밀어넣고 있다.

이렇듯 '돈 문제의 원인'은 돈이 아니다. 원인은 사회 · 정치 · 문화 따위의 아주 큰 개념들이다.

어쨌든 돈 문제는 결과이다. 결과로 결과를 수정할 수는 없는 노릇이다. 우리가 '재테크'라는 돈 이야기로 10여 년 넘게 사투를 벌였건만, 지긋지긋한 돈의 번민에서 아직까지 벗어나지 못한 까닭이 여기 있다.

그동안 우리는 돈이 없어 걱정일 때 은행과 증권 · 보험사의 컨설턴트들을 찾았다. 하지만 금융 컨설턴트를 찾을 게 아니라 시민·노동자 단체나 정당·청와대·국회 등에 가서 관련자를 만났어야 했다. 원인을 바꿀 수 있는 힘이 있는 바로 그곳으로 갔어야 했던 것이다. 우리 이제 그만 '재테크라는 허구의 담론'을 넘어서자. 그럴 때가 왔다.

PART 2

절대로
실패하지 않는
'월급 경영'의
원칙

나의 진짜 자산은 얼마?
대차대조표와 현금흐름표 작성하기

체스판은 가로와 세로 각각 8칸씩, 총 64개의 검고 하얀 칸으로 이루어져 있다. 당신과 내가 체스판을 사이에 두고 서로 마주앉아 있다고 가정해보자. 내가 느닷없이 각각의 칸 위에 쌀알들을 올려놓기 시작한다. 첫 번째 칸은 1톨, 두 번째 칸은 2톨, 세 번째 칸은 4톨, 네 번째 칸은 8톨… 당신은 이것을 마냥 지켜보고만 있다. 이제 질문이다.

"나는 과연 마지막 64번째 칸에 몇 톨의 쌀알을 올려놓아야 할까?"

답은 '9,223,372,036,854,775,808톨'이다.

그렇다. 아는 사람은 다 아는 너무나도 유명한 이 이야기는 재테크 전문가들이 복리의 위력을 설명하는 데 쓰곤 한다. 하지만 나는 어림짐작의 형편없음을 설명할 때 쓴다. 대부분의 사람은 64번째 칸의 쌀알까지 정확히 계산하려 하지 않는다. 어림짐작으로 때려 맞추려 할 따름이다. 그렇게 어림짐작한 결과, 사람들이 추론하는 64번째 칸에 놓일 쌀알의 개수와 실제로 놓이게 될 쌀알의 개수는 엄청난 괴리를 보인다. 사람은 근본적으로 숫자를 다루는 것에 서툴다. 그래서 누군가에게 사고의 한계를 경험하게 해줄 때는 숫자놀이가 으뜸이다. 못 믿겠는가? 암산을 해보자.

"2,546 곱하기 6,545 나누기 4,751은 몇인가?"

사람들은 숫자가 조금만 복잡해져도 답답함을 느낀다. 흡사 입영 통지서를 마주하는 것과도 같은 답답함에, 사람들은 늘 복잡한 숫자 앞에서 어림짐작이라는 '사고의 지름길'을 택한다. 당당하게 맞서 싸우기보다 슬쩍 피해가는 쪽을 선택하고 만다.

이러한 어림짐작은 우리의 재무활동을 지배한다. 매우 많은 사람이 자신의 가계재무 상태를 어림짐작으로만 파악한다. 예를 들면 이런 식이다.

'대충 이 정도쯤 빚이 있겠지.'
'어떻게든 될 거야.'
'이 정도면 먹고살만은 하잖아?'

이런 어설픈 어림짐작들은 실제 가계재무 상태와는 달라도 너무 다른 경우가 많다. 무릇 올바른 처방을 하기 위해서는 정확한 진단이 선행되어야 한다. 그런데 보통 사람들에게는 현재의 재무 상태를 개선하려는 '처방의 의지'만 있을 뿐, 재무 상태를 명확하게 파악하려는 '진단의 의지'는 없는 경우가 많다.

가끔씩 빚꾸러기인 주제에 신용카드를 긁어가며 흥청망청 물건을 사는 이들을 볼 때가 있다. 그들이 그렇게까지 호기 있게 신용카드를 긁을 수 있는 까닭은 다름 아니다. 자신의 재무 상태를 명확하게 파악하지 못하고 있기 때문이다. 또한 '이 정도면 살만하다.'라고 스스로를 속이고 있기 때문이다.

이런 이유로 재무 상태를 어림짐작하는 행위는 자기기만적인 성격이 짙다. 《마흔, 빚 걱정 없이 살고 싶다》를 쓴 심효섭 재무설계사도 어림짐작이라는 착각 속에서 살던 사람이었다. 그는 자신의 과거를 다음과 같이 회상했다.

수입의 많고 적음은 있었지만 여전히 돈을 벌고 있기에 빚 상환이 당장의 고통은 아니었다. 그저 내 인생의 기회까지 묵묵히 걸어갈 계획만 세웠다. '당장 굶어 죽는 것도 아닌데 열심히 살다보면 언젠가는 해결되지 않겠어?'라고 자위했는지도 모르겠다. 주머니에 현금이 별로 없다보니 일상의 소비는 신용카드라는 도깨비방망이를 휘두르며 살아왔다. 결제일이 다가오면 신경 쓰였지만 매달 그럭저럭 지낼 수 있었다. 내 빚이 줄어들지 않는다는 사실은 까맣게 잊은 채 말이다.

심효섭 씨는 원금은 손도 못 댄 채 이자만 상환하면서도 '살 만하다'며 스스로를 속이고 있었다. 심 씨와 같은 착각(또는 자기기만)에 빠진 이들이 부지기수다. 어쩌면 당신도 그런 사람 중의 하나일지 모른다.

대차대조표
만들기

재무 상태에 관한 어림짐작의 착각에서 벗어나려면 자신의 머릿속 어림짐작들을 실제와 맞추어보는 '현실 직시' 작업이 필요하다. 복잡한 작업은 아니다. 그저 작은 종이에 보유자산내역 등을 간단히 적기만 하면 된다.

그런데 어째 이걸 두려워하는 이들이 많다. '얼마가 나올지 모르는 신용카드 명세서를 열어보는 기분'이라나? 하지만 막연한 두려움은 금물이다. 자산의 실체를 명확하게 숫자로 파악하고 보면 생각했던 것보다 재정 상태가 훨씬 더 좋은 경우도 있다. 언제까지나 착각과 기만 속에서만 살아갈 수는 없지 않은가. 곪은 상처는 곧 터지게 마련이다. 마음의 준비가 되었다면, 종이와 펜, 계산기를 준비하자.

우선은 '대차대조표'를 만들 것이다. 이름이 거창하다고 해서 위축될 필요는 없다. 자신의 자산과 부채 내역을 종이에 적는 것이 전부다. 시장에서 살 품목을 적듯이 죽 나열하면 그만이다. 어떤 형식이 있는 것도 아니다. 종이의 가운데를 선으로 나눈 뒤에 왼쪽에는 자산의 이름과 금액을, 오른쪽에는 부채의 이름과 금액을 적기만 하면 된다. 단, 최대한 정확하게 적어야 한다.

자산		부채	
항목	금액(원)	항목	금액(원)
부동산	100,000,000	각종 대출	100,000,000
전세 보증금	270,000,000	차량 할부금	0
현금	5,000,000	신용카드 할부금	1,350,000
예·적금	45,000,000	친구에게 빌린 금액	0
각종 보험 환급금	300,000	통신요금	135,000
펀드	8,000,000	그 외 기타	-
주식	700,000		
보석류	3,500,000		
자동차 혹은 오토바이	34,000,000		
자전거	250,000		
카메라	750,000		
그 외 기타	-		
자산 총계	467,500,000	부채 총계	101,485,000
순 자산(자산 총계-부채 총계) = 366,015,000원			

자산 항목에는 다음과 같은 것들을 적으면 된다.

- 부동산 : 근처 공인중개사 사무소에 가서 현재 매매되고 있는 시세를 알아보자.
- 자동차·오토바이 : 인터넷으로 동일한 연식의 동일한 모델이 얼마에 거래되고 있는지를 확인하자.
- 전세 보증금, 현금, 예·적금, 각종 보험 해약 환급금, 펀드, 주식 : 현재의 평가금액으로 적는다.

- 반지 등의 보석류 : 금은방 등을 통해서 현재의 시세를 확인하자.
- 자전거 : 인터넷이나 자전거 가게를 통해서 시세를 확인하자.
- 카메라 : 역시 마찬가지 방법으로 시세를 확인하자.

등등…

자산 항목에 이런 것들을 죽 나열하다보면, 필연적으로 이런 궁금증이 인다.

'내가 소유하고 있는 것 중에서 환금성이 있는 건 다 적어야 하는 걸까?'

물론 모두 적을 필요는 없다. 환금성이 있는 것 중에서 돈이 좀 될 만한 굵직한 것들을 적으면 된다. 만약 가지고 있는 시계나 가방이 사치품이라서 중고 값이 좀 나간다면 자산 항목에 적자. 하지만 그렇지 않다면 적지 않아도 좋다.

부채 항목에는 다음의 것들을 적으면 된다.

- 모든 빚 : 정말로 모든 빚을 말한다. 주택담보대출, 전세자금대출, 신용대출, 학자금대출, 차량 할부금, 신용카드 할부금, 친구에게 꾼 돈 등 자신이 지닌 모든 빚을 적는다(재미있게도 우리의 대차대조표에서 '부채 항목'에 들어 있는 빚은 금융사의 대차대조표에는 '자산 항목'에 들어 있다).

다 적었다면 이제 '자산 항목의 총금액'에서 '부채 항목의 총금액'을 빼자(자산－부채). 그 결과가 당신이 현재 보유한 '순 자산'이다.

현금흐름표
만들기

가끔씩 대차대조표의 결과가 플러스로 나왔는데도 돈에 쪼들리는 사람들이 있다. 그런 사람들은 현금흐름이 좋지 못해서 그런 것이다. 흔히 농담조로 '돈맥경화'라고 부르는 현상이다. 현금흐름이 좋지 못한 이유는 보통 다음과 같다.

첫째. 아예 수입이 없다.
둘째, 수입이 있긴 있는데 너무 적다.
셋째, 수입은 적당히 있는데, 그 수입의 대부분을 부채상환 등의 이유로 소비한다.

반대로 마이너스인데도 현금흐름이 좋아서 돈에 쪼들리지 않는 사람들이 있다. 적당한 수입이 있는 이들이다. 혹은 부채의 규모가 아주 적거나(사회 초년생들이 이런 경우가 많다), 부채의 원금을 제외한 이자만 상환 중일 수도 있다(앞서 소개한 심효섭 씨의 사례가 여기에 해당된다).

이렇듯 대차대조표만 봐서는 자신의 현재 재무 상태를 완벽하게 파악할 수 없다. 그래서 '현금흐름표'를 추가로 작성하려고 한다. 현금흐름표는 한 달 동안 얼마의 돈이 어디서 어떻게 들어와서 어디로 어떻게 빠져나가는지를 한눈에 볼 수 있는 표다. 작성 방법은 대차대조표와 비슷하다.

종이의 가운데를 나눈다. 왼쪽에는 자신의 월 수입 내용과 금액을 적는

월 수입		월 지출	
항목	금액(원)	항목	금액(원)
급여	100,000,000	은행 대출이자 (5회차/24개월, 이자만 갚는 중)	100,000
이자 등 금융소득	270,000,000	신용카드 할부금 (1회차/10개월)	135,000
그 외 기타	-	통신요금	135,000
		예 · 적금	1,500,000
		보험료	52,200
		그 외 기타	-
월 수입 총계	3,200,000	월 지출 총계	1,922,200
순 월 수입(월 수입 총계-월 지출 총계) = 1,277,800원			

다. 오른쪽에는 월 지출 내용과 금액을 적는다. 보험료, 주택담보대출이자 상환, 통신비, 저축 등을 빼놓지 않고 적도록 한다.

처음 만드는 현금흐름표는 엉성하기 짝이 없을 것이다. 월 수입과 월 지출 항목을 어떻게 구분해서 써넣어야 할지가 애매하기 때문이다. 하지만 몇 번 수정하면서 작성하다보면 금세 자신의 스타일에 맞게 작성할 수 있게 될 것이다.

현금흐름표를 작성할 때 유의해야 할 사항이 하나 있다. 오른쪽 지출란 의 부채상환 금액을 적을 때는 그 옆에 부채상환 조건과 남은 스케줄을 함 께 적어야 한다는 것이다. 이렇게 하지 않으면 이자만 갚고 있는지, 원금도 함께 갚고 있는지, 또는 남은 원금(할부금)이 얼마인지 헷갈리기 쉽다.

이렇게 현금흐름표를 작성하고 나면 자신의 현금흐름 상태를 뚜렷하게 볼 수 있게 된다. 어디에서 얼마의 돈이 들어와서 어디로 어떻게 빠져나가는지를 단박에 알 수 있게 되는 것이다. 그 결과 어느 곳으로 돈이 헛되이 새어나가는지, 어느 곳의 지출을 줄여야 하는지도 한눈에 알 수 있다.

대차대조표와 현금흐름표가
당신의 현재 재무 상태!

이제 대차대조표와 현금흐름표를 나란히 놓아보자. 그리고 이 두 개의 표를 유심히 살펴보자. 누락된 것은 없는지, 잘못 쓴 것은 없는지를 검토하는 것이다(혹시 모르니 마지막으로 철저하게 하자). 만약 누락되거나 잘못 쓴 내용이 없다면 이제 이 표를 받아들이자. 이 두 개의 표가 당신의 현재 재무 상태다. 여기에 나와 있지 않은 수입이나 지출은 당신의 어림짐작이 불러온 착각이다.

5장

'빚 까기'가 진짜 투자의 **시작**이다

놀랍게도 사람들은 대출이자를
'빚(돈)이 아닌 것'으로 취급한다.
사람들에게 "빚이 얼마냐?" 하고 질문을 해보면 안다.
백이면 백, 대출 원금만을 답한다.
하지만 이자도 명백히 지불해야 하는
'돈'이고 '빚'이다.
나는 그런 사람들을 만날 때면 빚의 사전적 정의가
"남에게 갚아야 할 돈"이라는 사실을 일깨워준다.
그리고 다시 묻는다.

"당신이 갚아야 할 돈은
1,000만 원인가요? 1,100만 원인가요?"

빚쟁이에게
저축은 재앙이다

금융거래를 해본 적이 있는 사람이라면 '대출이자율이 예·적금이자율보다 훨씬 더 높다.'는 사실을 알고 있다. 요즘의 예·적금이자율은 1~2%대 수준이다. 그리고 대출이자율은 34.9%(법정최고이자율, 2014년 4월 1일 전에는 39%였다)까지다. 물론 대출이자율은 '담보의 유·무'와 '신용등급의 차이' 등에 따라서 천차만별이다. 하지만 어찌되었든 대출이자율이 예·적금이자율보다 높은 것은 사실이다. 따라서 빚이 있는데도 불구하고 저축을 하는 사람은 바보나 다름없다.

10%의 대출이자를 납입하면서 3%의 이자를 주는 예금에 가입한 사람이 있다고 가정해보자. 이 사람은 지금 앉아서 7%의 이자를 손해보고 있는 것이다. 복잡하게 생각할 필요 없다. 금융은 상식으로 접근하는 것이 옳다. 재무 상태를 개선하려면 우선 저축을 깨서 빚을 갚아야 한다.

이자도 빚이다

놀랍게도 사람들은 대출이자를 '빚(돈)이 아닌 것'으로 취급한다. 사람들에게 "빚이 얼마냐?" 하고 질문을 해보면 안다. 백이면 백, 대출 원금만을 답한다. 하지만 이자도 명백히 지불해야 하는 '돈'이고 '빚'이다.

예를 들어보자. 당신이 내게 연 10%의 이자로 1,000만 원을 빌렸다. 당신은 1년 뒤에 이자와 원금을 일시에 상환할 예정이다. 당신의 빚은 얼마일까? 그렇다. 1,100만 원이다. 이렇게까지 예를 들었음에도 가끔씩 이자도 빚이라는 사실을 납득하기 어려워하는 사람들이 있다. 이자와 원금을 합쳐서 생각하기가 그만큼이나 힘든 것이다.

나는 그런 사람들을 만날 때면 빚의 사전적 정의가 '남에게 갚아야 할 돈'이라는 사실을 일깨워준다. 그리고 다시 묻는다.

"당신이 갚아야 할 돈은 1,000만 원인가요? 1,100만 원인가요?"

이런 어처구니없는 사고는 반대로도 작용한다. '이자를 없는 돈 취급하는 경우'가 아니라 '원금을 없는 돈 취급하는 경우'가 있는 것이다. 앞서 소개한 심효섭 재무설계사의 사례가 그렇다.

사람들이 원금과 이자를 함께 계산하는 것을 얼마나 어려워하는지는, 주택담보대출을 받아 집을 사는 사람들에게서 여실히 드러난다. 대부분의 사람들은 빚으로 집을 살 때 앞으로 갚아야 할 이자의 총액을 따지지 않는다. 다만 한 달에 얼마씩 상환해야 하는지만을 따진다. 이런 사고에 기인하여 '겁 없이' 1억 원 이상의 고액 대출을 받게 되는 것이다.

하지만 정말 냉정하게 말해서 평범한 사람은 1년에 1,000만 원 모으기도 빠듯하다.

그런데 1억 원이라니! 대체 원금 상환이 가능하기는 할까? 아니나 다를까, 최근 한국은행이 발표한 어느 자료에 따르면 주택담보대출을 받은 사람들 중 80% 정도가 원금 상환은 뒤로 미룬 채 이자만 상환하고 있다고 한다.

'원금 상환 유예.'

이자 수익을 더 많이 거두어들일 수 있는 은행들만 신이 나는 상황이다. 이런 점을 감안하여 계산기를 두들겨보면, 실제로 보통의 사람들이 갚아야 하는 이자의 총액은 거의 원금 수준에 가깝다는 것을 알 수 있다. 만약 당신이 주택담보대출을 받은 당사자라면 차분히 책상에 앉아서 '납입해야 할 이자의 총액'을 계산해보자. 과연 당신의 집에 그만한 가치가 있을까?

줄 땐 '단리'로, 뺏어갈 땐 '월복리'로

요즘 사람들은 어느 정도 금융 공부를 해서 (이자에 이자가 붙는) 복리가 무엇인지는 잘 알고 있다. 재테크라는 말이 한창 유행이던 2000년대 중반에는 '월 복리적금'이 유행했다. 물론 '단리적금'보다는 이자를 덜 쳐주었다(단리적금은 연 이율이 4%, 월 복리적금은 연 이율이 3% 하는 식으로 판매가 이루어졌다).

어쨌든 사람들은 이제 복리가 무엇인지를 안다. 그리고 일반 적금이 단리라는 사실도 안다. 그런데 마이너스 통장이 복리라는 사실은 잘 모른다.

말 그대로다. 마이너스 통장은 복리다. 그리고 '월 복리'다. 당신이 오늘 연 이자 12%의 마이너스 통장에서 1,000만 원을 인출했다고 가정해보자. 이렇게 되면 다음 달에 빠져나가는 이자는 12%의 12분의 1에 해당하는 1% 이다. 즉 10만 원이 이자로 빠져나간다.

그다음 달에는 어떻게 될까? 1,010만 원의 1%인 101,000원이 빠져나간다. 그다음 달은 10,201,000원의 1%인 102,010원이 빠져나간다. 이런 식으로 계속해서 이자가 원금에 더해져 빠져나간다. 이것이 바로 은행이 그토록 선전하던 복리의 마법이다.

복리적금은 고작 해보아야 연 2~3%대의 이자를 주지만, 마이너스 통장은 그 몇 곱절의 이자까지도 받아간다. 앞서 살펴본 체스판의 복리 효과를 떠올려보자. 마이너스 통장은 그 정도까지는 아니지만, 확실히 그것과 비슷한 효과를 만들어낸다.

신용카드 현금서비스를 통한 '돌려막기' 또한 월 복리다. 당신이 A카드에서 연 이자 24%의 조건으로 100만 원 현금서비스를 받았다고 가정해보자. 이렇게 되면 당신이 다음 달에 갚아야 할 이자는 24%의 12분의 1에 해당하는 2%, 즉 2만 원이다. 당신은 그것을 원금에 더해 102만 원을 일시에 상환해야 한다. 하지만 애석하게도 당신은 102만 원이 없다. 그래서 B카드에서 102만 원을 현금서비스 받는다(B카드 역시 연 이율이 24%이다). 드디어 돌려막기가 시작된 것이다.

그런데 역시 다음 달에도 갚을 돈이 없다. 그리고 그다음 달에도, 또 그다음 달에도 없다. 결국 당신은 A카드에서 B카드로, B카드에서 C카드로,

다시 C카드에서 A카드로… 계속해서 '카드 돌려막기'를 한다. 이렇게 되면 마이너스 통장과 똑같은 패턴으로 이자가 쌓이게 된다.

투자인가?
투기인가?

투자수익률은 '불확실'의 영역에 놓여 있다. 수익률이 5%가 될지, 10%가 될지, 마이너스 50%가 될지는 투자금 회수 전까지 아무도 예측할 수 없다. 그러나 대출이자율은 '확실'의 영역에 머문다. 크게 변동하지 않고 처음의 약정 상태 그 언저리에 머문다. 그래서 투자를 통해 빚을 갚으려는 시도는 무모하다. 빚내서 투자하려는 시도 역시 마찬가지다.

전문가들이 권하는 레버리지 전략은 투자수익률이 확실의 영역에 머물 때, 그리고 그 확실한 수익률이 대출이자율보다 더 높을 때에만 설득력을 갖는다. 따라서 전문가들은 항상 자신들의 예측이 분명 맞아떨어질 것이며, 연 10% 이상의 수익률도 거뜬하다고 말을 풀어나간다(2000년대에는 거의 모든 전문가들이 투자 예상 수익률을 연 13~15%로 제시했다).

그러나 복잡계의 세상에선 감히 사람이 미래가격을 예측할 수 없다는 사실을, 우리는 이미 잘 알고 있다(그래서 흔히 주가 예측 따위를 '신의 영역'이라 부른다). 혹시라도 대출이자율 이상의 수익률을 거둘 수 있다는 자신감이 당신에게 있다면, 그것은 알량한 자기 과신이다. 설령 과거에 그런 수익률을 거두었던 적이 있다 하더라도, 과거의 성공이 미래의 성공을 담보하지는 못한다. 그것은 다만 우연이었을 뿐이다. 나는 이미 앞에서 이 점을 충분히 피력했다.

요컨대 이렇다. 빚이 있다면 투자도 저축도 다 미련한 행위다. 금융사에 이자를 상납하고 있다면 투자와 저축을 모두 철회해야 마땅하다. 그리고 빚 상환에 몰두해야 한다.

돈에 붙인 목적의 꼬리표를 떼라

나는 저축을 깨서라도 빚 갚기에 나서야 하는 이유를 이자율의 차이에서 찾아 설명했다. 이 논리는 명확하다. 하지만 어쩐지 쉽게 행동할 기분은 들지 않는다. 왠지 저축을 깨서 빚을 갚으면 손해 보는 것 같으니 말이다. 이런 기분이 드는 까닭은 '심적회계mental accounting'라고 불리는 우리의 엉뚱한 사고 시스템 때문이다.

우리는 돈이라고 해서 다 똑같이 취급하지 않는다. 우리는 돈의 가치를 각각의 의미와 목적에 따라 달리 생각한다. 간단한 예를 보자.

할머니가 임종의 순간 내 손에 용돈 1만 원을 쥐어주셨다. 이제 이 1만 원은 할머니의 유품이 되었다. 나는 그 돈을 항상 지갑에 품고 다녔는데, 어느 날 정신이 없어서 그 1만 원을 택배비로 치르고 말았다. 지금 뛰어가면 택배 기사를 불러세울 수가 있다. 과연 나는 어떻게 할까? 그렇다. 응당 뛰어간다. 그래서 그 1만 원을 돌려받고 다른 1만 원을 건네줄 것이다(분명 대부분의 사람도 이렇게 할 것이다).

경제학 이론과 일반 논리에 따르면 돈은 대체 사용이 가능하다. 즉 누구에게 어떻게 받았든 간에 돈은 결국 그냥 다 똑같은 돈이다. 그런데 나는 택배 기사에게 뛰어갔다. 그리고 할머니에게서 받은 1만 원을 돌려받았다. 마음속으로 '할머니에게 받은 1만 원은 쓰면 안 되는 돈'이라고 꼬리표를 붙여두었기 때문이다. 이런 식으로 마음속에 만들어두는 '가상의 회계장부'가 심적회계다.

이런 심적회계는 저축을 깨서 빚을 청산하는 행위에도 그대로 적용된다. 저축은 오직 저축의 목적만을 지닌 돈이니까 빚을 갚는 데 쓰면 절대로 안 된다고 여기는 것이다. 저축을 무조건 만기까지는 유지해야 한다는, 웃기는 괴논리 아닌가. 그러나 한편으로 이런 엄청난 편견은 우리를 강력하게 지배하고 있다. 이를 방증하는 사례가 바로 저축을 깨서 빚을 청산하는 것에 주저하는 지금 우리의 모습이다.

소심해야
돈이 쌓인다

많은 사람이 무단 횡단을 할 때, 살며시 그 대열에 합류하는 일은 그리 어렵지 않다. 하지만 다들 가만히 서서 신호를 기다리고 있는데, 혼자만 무단 횡단을 하기는 쉽지 않다. 빚도 이와 마찬가지다. 주위 사람들 모두가 빚을 지고 있다면 나 또한 빚지는 일이 그리 어렵지 않다. 그러나 주변에 빚을 진 사람이 한 명도 보이지 않는다면 빚지는 일은 매우 망설여지는 일이 된다.

주위를 둘러보자. 모두가 빚꾸러기들이다. 그 모두가 말한다.

"신용카드는 필수야."

"마이너스 통장은 당연히 있어야지."

"결혼하려면 빚 좀 질 수밖에 없지."

"자동차 살 때 돈 다 내고 사는 사람이 어디 있어? 할부로 사면 되지."

"대출 끼지 않고 집을 산다는 게 가능해?"

실제 우리 주변의 분위기가 이렇다. 언제부턴가 사람들은 빚지는 것을 별로 어려워하지 않고, 부끄러워하지도 않게 되었다. 빚은 이제 누구나가 지고 가는 외로움과 같은 것이 되었다. 빚 없는 사람이 특별한 사람으로 취급받는 이상한 시대가 된 것이다.

대체 누가, 언제부터, 무엇이, 왜, 어떻게? 이런 분위기를 조성하고 우리에게 빚을 권하고 있는 것일까?

5% 이자 빚내어
10% 수익 올리면 이득일까?

2000년대 초반부터 시작된 일이다. 재테크 전문가들이 사람들에게 빚내서 투자할 것을 권유하기 시작했다. '5% 이자로 빚내서 10% 투자수익을 올리면 남는 장사'라는 논리였다. 그들은 말했다. '빚도 자산'이라고. 사람들은 믿었다. '빚은 정말 자산'이라고. 하지만 조금만 생각해보면 전문가라는 자들은 언제나 이렇게밖에 이야기를 풀어나갈 수 없다는 사실을 알 수 있다. 까닭은 그들의 태생적 한계에 있다.

우리가 흔히 전문가라고 부르는 이들의 정체는 '업자'이거나 '영업사원' 또는 '이해관계자'들이다. 그들은 상품이나 물건이라고 불리는 것들을 팔아서 생계를 유지한다. 만약 빚에 쪼들리던 서민이 남은 생활비로 조금씩 빚을 갚기 시작하면, 그러니까 각종 금융상품이나 부동산 따위에 흘러갈 돈을 빚 상환에 사용하기 시작하면, 상품 따위를 팔아서 먹고사는 전문가들은 생활이 팍팍해진다. 결국 그들은 돈 봉투를 계속해서 집에 가져가기 위해, 어떻게든 사람들에게 '빚 갚는 사람은 바보'라는 인식을 심고 있는 것이다.

그래서 그들은 마땅히 빚 상환에 흘러 들어가야 할 돈을 주식이나 펀드, ELS나 부동산 따위로 흘러 들어오게 만든다(가계 빚 문제가 뜨거운 감자인 지금도 전문가들은 "전력을 다해서 빚부터 갚으라."라는 조언을 하지 않고 있다). 하지만 우리는 이제 경험을 통해서 알게 되었다. 대출이자율 이상의 투자수익을 올린다는 것이 말처럼 쉬운 일이 아니라는 사실을!

제3금융권의 대출심사가 느슨한 이유

금융사가 빚을 권하는 일은 당연한 행위다. 주지하고 있다시피 '우리가 납입하는 대출금의 이자는 모두 금융사의 수익'이 된다. 은행에 가면 행원들이 묻는다.

"신용카드는 안 만드세요? 마이너스 통장은요?"

보통 신용카드 유치를 위해서는 '할인 혜택'이라는 용어를, 마이너스 통장 유치를 위해서는 '비상금'이라는 용어를 사용한다. 신용카드와 마이너스 통장을 만들고 나면 재미있는 사실들을 알게 된다. 나도 모르는 사이에 '카드론(신용카드 대출)' 한도와 '리볼빙' 기능이 설정되어 있고, 알고보니 나는 '우수 고객'이 되어 있다(틈만 나면 전화해서 "우수 고객이니 한도를 상향해주겠다."고 한다).

사실 이런 건 애교다. 더 지독한 것은 따로 있다. 금융사가 너무나도 쉽게 대출을 해준다는 점이다. 생각해보자. 5,000만 원을 모으기는 대단히 어렵다. 게다가 시간도 오래 걸린다. 하지만 5,000만 원을 빌리기는 쉽다. 시간도 얼마 걸리지 않는다. 그저 약간의 서류만 준비하면 된다. 소액인 경우에는 아예 그런 서류조차도 필요 없다. 전화 한 통이면 'OK'이다.

금융사의 대출 심사는 생각보다 느슨하게 이루어진다. 어느 대부업체는 TV 광고에서 느슨한 대출 심사를 장점으로 홍보하기도 했다. 금융사는 돈 꾸는 사람이 돌려막기를 하려는지 어떤지 묻지도 따지지도 않는다. 대출 조건에만 맞으면 그만이다. 조건이 좋으면(담보가 있거나 신용등급이 높거나 직업이 안정적이거나 등) 싼 이자로 빌려주고, 조건이 나쁘면(담보가 없거나 신용등급이 낮거나 직업이 불안정하거나 등) 비싼 이자로 빌려준다. 어쨌든 대출은 이루어진다. 그 결과 돈을 갚을 능력이 되지 않는 사람들(대학생, 주부, 무직자)까지 빚꾸러기 대열에 합류하게 된다.

금융사가 이렇게까지 쉽게 돈을 빌려주는 까닭은 다른 데 있지 않다. 어떻게든 받아낼 자신이 있는 것이다. 그 자신감은 '지독한 채권추심'에서 나온다. 내 지인 중에 채권추심회사(보통은 '신용정보회사'라고 부른다)의 지점장이 있다. 그는 카드사 등에서 부실채권들(연체를 한 사람들)의 정보를 넘겨받아 추심업무를 대행한다. 물론 그가 직접 하는 것은 아니다. 그의 밑에 업자들이 수십여 명은 있다.

아마 한 번씩은 카드 연체를 한 경험이 있을 것이다. 그때 이런 내용의 문자를 받지 않았는가?

"고객님의 정보가 곧 신용정보회사에 넘어갈 예정입니다."

그때 우리의 정보가 넘어가는 곳이 바로 내 지인이 지점장으로 일하는 회사다.

아주 가끔씩 그의 회사에 놀러 갈 때가 있다. 그럴 때면 나는 채무자들이 무서워 마지않는, 평생에 한 번이라도 마주칠까 두려워하는, 그 악명 높은 채권추심업자들을 수두룩하게 본다. 놀랍게도 그들은 자신이 하는 그 채권추심이 악랄하기 그지없는 행위라는 사실을 잘 모른다. 그들은 그저 "다음 대선에서 누구를 지지하느냐?"와 같은 질문을 하는 여론조사 업체의 텔레마케터들처럼 열심히 전화를 걸어서 열심히 추심을 한다. 내가 지켜본 그들은 항상 그렇게 별스런 죄책감도 느끼지 않은 채 추심행위를 하고 있었다.

하지만 나를 더욱 놀라게 한 것이 따로 있었으니, 그런 업자들 중에 어린 대학생들의 수가 꽤 많다는 사실이었다. 한 학생은 게임하듯 추심을 했다. 채무자에게 모욕감을 주는 언사를 아주 얄밉게도 잘 쏟아냈다. 마치 어떻게 하면 채무자의 기분을 더욱 상하게 할 수 있을까를 연구하고 있는 듯이 보였다.

어쨌든 채권추심은 집요하게 이루어진다. 불법 대부업체의 추심은 '지독'하고 '악랄'하기까지 하다. 나는 상담을 청해오는 이들을 통해서 그 추심들을 간접적으로나마 많이 경험해보았다. 그들에게 채권추심이란 휴대전화 벨소리만 들려도 심장이 오그라들게 만드는 귀신과 같은 것이었다. 그들은 집에 있으면서도 없는 척하기 위해 저녁이면 불을 꺼놓아야 했고, 학교에 등교한 아이들의 안전을 매시, 매분, 매초에 걸쳐서 염려해야 했다.

금융사는 이렇게까지 해서라도 빚을 받아낼 수 있기에 사람들에게 마구잡이로 대출을 해준다. 금융사의 대출은 흡사 유흥업소의 '마이킹'과 같다. 마이킹은 '가불'을 일컫는 유흥업계의 은어다. 유흥업소 사장들은 아가씨들을 '되도록 오래 붙잡아두기 위해' 거액의 돈을 마이킹해준다. 보통 "가방 사라." "성형수술 해라." "집에 급한 빚이 있으면 먼저 해결해라." 하면서 돈을 빌려준다. 유흥업소 사장들이 마이킹에 말도 안 되는 수준의 높은 이자를 붙임은 물론이다. 그 이자가 원금에 더해진다. 그리고 다시 거기에 이자가 붙는다(그렇다, 복리이자다). 결국 마이킹은 아가씨들이 감당하지 못할 만큼 거대해진다.

금융사의 대출과 유흥업소의 마이킹의 공통점은 2가지다.

첫째, 돈 빌려주는 사람은 빌려갈 사람이 그 돈을 쉽게 갚지 못할 거란 걸 잘 안다.

둘째, 어떻게 해서든지 '그 이상'을 받아낸다.

많은 사람이 금융사의 쉽고 빠른 대출에 고마움을 느낀다. 돈이 필요할 때 빌려주기 때문이다. 그러나 나는 그것에서 금융사의 '도덕적 해이'와 '깡

채권추심업자, 그들이 알고 싶다!

내가 추심업무를 하는 사람들을 업자라고 부르는 데에는 다 그만한 이유가 있다. 바로 그들 각각이 개인사업자이기 때문이다. 학습지교사나 골프장캐디, 보험설계사 등의 고용 형태를 떠올리면 편하다. 이른바 '특수고용직 노동자'들이다. 그들은 아주 열악한 환경에서 일을 한다. 기본급은 전혀 없고, 오직 인센티브로만 돈을 번다. 채무자들에게 전화를 걸어서 "돈 좀 갚으라."고 윽박지른 다음에, 그렇게 해서 받은 돈의 일정 비율을 가져간다.

노동의 시각으로 봤을 때 채권추심업자들은 불안정한 고용 상태에 놓여 있는 힘없는 노동자들이다. 아마 이들에게 추심을 당하는 이들도 사정이 크게 다르지는 않을 것이다. 이런 이유로 나는 채권추심시장을 약자가 약자를 괴롭히는 '애처로운 시장'으로 규정짓는다.

패스러움'을 엿본다. 금융사가 애초에 심사를 잘해서 돈을 빌려주지 않았더라면, 아마도 지금의 많은 금융채무불이행자들은 금융채무불이행자가 될 기회조차 얻지 못했을 것이다. '기회조차 얻지 못한 사람들'은 상환 능력 이상의 아파트를 덜컥 계약하지도, 가족의 안녕을 건 주식투자를 하지도, 엉뚱한 사업을 벌이지도, 분수에 넘치는 소비를 하지도 않았을 것이다. 셰익스피어의 《베니스의 상인》에서 샤일록Shylock은 악惡이었다. 필요하다고 해서 마냥 빌려주는 것이 선善은 아니다.

빚의 규모가 클수록 높아지는 신용등급

"내 신용등급 무료 조회로 관리하세요."
"신용등급 관리 이렇게"
"신용등급, 제대로 알고 관리해야"
"신용등급 관리 어떻게 해야 하나?"

신용등급과 관련된 몇몇 신문·방송의 뉴스 제목이다. 다들 신용등급은 당연히 관리해야 한다는 식으로 말한다(아마 당신 역시 이러한 제목을 단 뉴스를 수도 없이 봤을 것이다). 하지만 정말로 당연히 신용등급을 관리해야 하는 것일까? 우리 한번 따져보자.

신용등급을 의식적으로 관리하는 행위는 가까운 미래에 대출이 발생할 것이라는 사실(혹은 발생할 가능성이 매우 높다는 사실)을 전제로 하지 않고서는 절대로 일어날 수가 없다. 즉 신문과 방송은 우리가 당연히 빚낼 것이라는 사실을 전제로 하고, 신용등급을 관리해야 한다고 말하고 있다. 따라서 위의 제목들 앞에는 다음과 같은 내용의 괄호가 숨겨져 있다고 봐야 한다.

"(어차피 빚을 지게 될 테니까) 내 신용등급 무료 조회로 관리하세요."

"(어차피 빚을 지게 될 테니까) 신용등급 관리 이렇게"

"(어차피 빚을 지게 될 테니까) 신용등급, 제대로 알고 관리해야"

"(어차피 빚을 지게 될 테니까) 신용등급 관리 어떻게 해야 하나?"

언젠가 사람들에게 괄호의 정체를 폭로한 적이 있다. 흥미롭게도 아무도 놀라거나 불쾌해하지 않았다. 그들은 이미 '빚은 누구나 지는 것'이라고 생각하고 있었던 것이다.

신용등급이란 대출받은 개인이 1년 동안 90일 넘게 연체할 가능성을 등급화한 것이다. 0점부터 1,000점까지 점수를 매기고, 다시 그 점수를 1등급부터 10등급까지로 나눈다. 시작은 5등급이나 6등급에서부터 한다(그래서 사회 초년생들이 대개 5~6등급이다). 그리고 누적되는 각종 신용거래 실적에 따라서 신용등급이 오르기도 하고 내리기도 한다. 7등급 이하는 저신용자로 분류된다.

여기서 문제가 시작된다. 놀랍게도 우리는 신용등급이 어떠한 방식으로 평가되는지를 전혀 모른다! 우리가 무지한 까닭은 황당하다. 신용평가회사들이 '비밀'이라며 신용등급 책정의 내막을 자세히 밝히지 않기 때문이다.

개인의 신용등급을 평가하는 신용평가회사는 '크레디트 뷰로Credit Bureau'라고 한다. 줄여서 CB라고도 부르는데, 한국의 CB는 오직 민간기업들뿐이다. 온 국민의 신용등급을 평가하는 곳이 신기하게도 정부기관이 아닌 것이다(나는 그들에게 내 신용등급의 평가를 허한 적이 없다. 그들은 대체 무슨 자격으로 나와 당신의 신용등급을 평가하는 걸까?)!

CB가 많은 만큼 평가하는 기준도 서로 다 다르다. 어떤 기준이 어느 회사에서는 마이너스 요인이 되지만, 또 다른 어느 회사에서는 그렇지 않은 경우도 있다. 그런데 설상가상으로 우리는 이 각각의 기준들이 어떻게 다른지도 모른다. 그저 CB들이 "당신의 신용등급은 OO등급이에요."라고 말해

금감원의 엉터리 '개인신용등급관리 10계명'
────────────────────────────────

몇 해 전 금융감독원이 '개인신용등급관리 10계명'이라는 제목의 엉터리 보도자료를 배포한 적이 있다. 내용은 다음과 같다.

1. 인터넷·전화 등을 통한 대출은 신중하게 결정하기
2. 건전한 신용거래 이력 꾸준히 쌓아가기
3. 갚을 능력을 고려해 적정한 채무규모 설정하기
4. 주거래 금융회사를 정해 이용하기
5. 타인을 위한 보증은 가급적 피하기
6. 주기적인 결제대금은 자동이체를 이용하기
7. 연락처가 변경되면 반드시 거래 금융회사에 통보하기
8. 소액이라도 절대 연체하지 않기
9. 연체를 상환할 때에는 오래된 것부터 상환하기
10. 자신의 신용정보 현황을 자주 확인하기

정말 이런 10계명 따위로 신용등급이 관리 가능할까? 만약 그랬다면, 지금 나와 당신이 1등급이 아닐 까닭이 없을 것이다.

지금 우리에게 정말로 필요한 건, 아니, 우리가 궁금한 건, CB들이 과연 어떠한 기준으로 개인의 신용등급을 평가 내리는지에 대한 명쾌한 텍스트다.

주면, 평가 방법이나 기준조차 제대로 알려지지 않은 그 수상한 등급을 군말 없이 받아들일 뿐이다. 이것이 우리가 실무 금융거래에서 접하는 신용등급의 모든 것이다.

신용등급에 따라서 대출이자율이 천장과 바닥을 오가는데도, 우리는 그것이 어떤 방법과 기준으로 평가되는지를 까맣게 모른다. 조금 아는 것이라고는 '연체는 절대로 하지 말아야 한다.'와 같은 '아나 마나 한 추상적인 정보'들뿐이다.

전문가들은 말한다.

"적당한 빚은 신용등급관리에 좋다." "신용카드와 마이너스 통장을 지혜롭게 활용하라." 즉, 빚을 지고 살라는 말이다.

여러 경험적 증거에 비추어보자면 빚의 규모가 클수록 신용등급이 올라간다. 그런데 어째 이건 너무 모순적이지 않은가. 상식적으로 따져보자. 빚꾸러기보다야 저축꾸러기가 더 높은 신용등급을 부여받아야 하지 않을까? 빚으로 살아가는 사람보다 빚내지 않고 저축하면서 사는 사람의 신용등급이 더 높아야 정상이 아니냐는 말이다. 그런데 CB들, 그리고 전문가들은 우리의 이런 아주 보편적인 상식을 통째로 전복시킨다.

그들의 논리에 따르자면, 우리는 신용등급을 위해서 그리고 언젠가 더싼 이자로 대출을 받기 위해서 거의 평생을 빚과 함께 살아가야만 한다. 정말이지 이상해도 한참이나 이상한 신용등급이 아닐 수가 없다.

'빚지고 부자되세요~'
광고에 속지 마라

무이자 무이자 무이자~ (누구 맘대로)
무이자 무이자 무이자~ (아무 이유 없어)
무이자 무이자 무이자~ (러시앤캐시)
무이자 무이자 무이자 무이자 무이자 무우이자~ (러시앤캐시니까)
러시앤캐시~

한 시대를 풍미했던 CM송이다. 아마 당신도 이 노래를 들어본 적이 있을 것이다. 나는 당시 깜짝 놀랐다. '이른바 제3금융권(대부업체)의 광고가 이렇게까지 인기를 끌 수가 있구나.' 싶었던 것이다. 그리고 다시 한 번 또 깜짝 놀랐다. 최민식, 한채영, 최수종 등 난다 긴다 하는 연예인들이 제3금융권의 광고에 등장했던 것이다. 예전에 카드사 광고인 주제에 "부자되세요."라고 외친 광고도 터무니없다고 생각했는데(카드를 긁어 빚을 지는 것과 부자가 되는 것이 대체 무슨 관계가 있단 말인가?), 러시앤캐시 광고는 거기서 더 나아간 셈이다.

'빚을 지라는 노골적인 광고'가 우리의 안방을 침범하기 시작한 지 이제 어언 10여 년이 지났다. 그 사이 대출 광고는 TV뿐만 아니라 전철과 신문, 인터넷 등을 통해 '물에 잉크가 퍼지듯' 사회 곳곳으로 퍼져나갔다. 10여 년 동안 매일같이 대출 광고를 접해서 그런가? 이제 더 이상 빚 권하는 광고가 놀랍지 않다. 아니, 오히려 친숙하다. 다만 우리 아이들도 나와 같은 느낌일까 봐 그것이 걱정이다.

　내가 요즘 혀를 끌끌 차면서 지켜보는 것이 있다. 금융사들이 주최하는 어린이 경제캠프다. 아이들이 경제캠프에서 하루 동안 배워오는 것은 무엇일까? 환율? 금리? 주식? 부동산? 아니다. 사실 아이들은 그곳에서 아무것도 배워오지 못한다. 아이들이 하루 동안에 이해할 수 있는 경제지식은 아무것도 없다. 설령 이해한다 치더라도 집에 돌아오면 곧 잊어버리고 만다. 그리고 집에서 부모와 함께 보내는 일상을 통해서 경제지식을 얻는다.

　이 중요한 순간에 부모가 아이들에게 가르치는 가장 흔한 경제지식이 바로 '신용카드의 전능함'이다. 부모들은 일상에서 무의식적으로 아이들에게 이런 메시지를 전한다.

　"돈이 없어도 얼마든지 물건을 살 수 있다."

　"빚을 내면 무엇인가를 갖기 위해서 힘들게 참지 않아도 된다."

　"빚은 좋은 것이다."

빚 권하는 사회에서
승자로 사는 법

'재테크적 빚 갚기.' 풀어 말하자면, 노동과 정치 문제를 제외한 빚 갚는 방법을 말한다. 여기에 접근하는 키워드는 2가지다. 하나는 '금융·부동산'이고 또 다른 하나는 '소비'다.

금융·부동산으로 빚을 갚는 방법은 숫자와 논리를 활용하는 것이다. 이 자율과 빚의 규모, 중도상환 수수료 등을 따진 후 보험과 적금, 펀드, 아파트 등을 정리하고 줄여서 빚을 갚는다. 소비로 접근하는 방법은 언어와 감성을 활용하는 것이다. 소비 행위가 어떠한 감성적 장치에 기반을 두고 일어나는지 파악해서 지출을 통제한다.

응당 후자가 효과적이다. 사람은 원래 숫자와 논리보다는 언어와 감성에 더 끌리기 마련이다. 규모의 차원으로 접근해도 후자가 더 낫다. 소비라는 주제는 우리 생활의 거의 모든 문제와 관련이 있다. 어쨌든 빚을 효과적으로 갚으려면 두 방법을 모두 활용해야 한다.

이번 장에서는 빚 갚기의 전반적인 방법을 살펴볼 것이다. 그에 수반하는 부동산과 보험의 운용 및 정리 방법, 그리고 소비를 줄이는 방법 등은 6, 7, 8장에서 다루도록 하겠다.

비상금을 만들어라

본격적인 빚 갚기에 앞서 먼저 해야 할 일이 있다.

첫째, '비상금'을 마련해야 한다. 3~6개월 치의 생활비를 준비하는 것이 좋다. 물론 보통의 가계에서 이만한 돈을 마련하는 게 쉬운 일만은 아니다 (3개월 치의 생활비만 하더라도 벌써 수백 만 원이지 않은가). 따라서 우선은 한 달분의 생활비만을 마련한다. 그리고 그 뒤에 빚을 갚아나가는 과정에서 천천히 그 규모를 늘린다.

비상금을 마련해야 하는 이유는 '빚 추가를 막기 위함'이다. 아이러니하게 들릴지 모르겠지만 빚을 갚는 과정에서 다시 빚을 지는 경우가 다반사다. 일반적으로 '비상사태'라고 생각되는 경우에 빚을 더 지게 되는데, 가장 대표적인 예가 가족이 아파서 수술을 하거나 입원을 할 때다. 빚을 줄여가다가 다시 빚지게 되어 '말짱 도루묵'이 되는 것만큼 빚을 갚아야겠다는 의지를 꺾는 일도 없다. 따라서 빚 갚기에 앞서서 반드시 비상금을 확보해야 한다.

비상금은 말 그대로 '비상시에 써야 하는 돈'이다. 그렇기 때문에 빠르게 꺼내 쓸 수 있는 곳에 보관을 해두는 것이 좋다. 비상금의 형태는 현금과 일반 입출식예금이 바람직하다(입출식예금과 비슷한 성격인 MMF도 상관없다. 중요한 것은 '빠른 환금성'이다).

비상금을 마련했다면 이제 그것을 '숨기자.' 분명히 말해둔다. '숨겨야 한다.' 비상금은 일상을 위한 돈이 아니다. 가족이 아프거나 도저히 월세를 낼 수 없는 상황처럼 긴급사태가 발생했을 때만 쓰는 돈이다. 사람은 어쩔 수 없는 견물생심見物生心의 동물이라, 대수롭지 않은 일을 비상사태로 규정지어 그 돈을 허망하게 써버릴 가능성이 농후하다. 그러므로 비상금을 다름 아닌 자신의 간사함으로부터 숨겨야 하는 것이다.

비상금을 입출식예금의 형태로 통장에 넣어두었다면, 이제 그 통장을 침대 속 깊이 숨기자. 현금 형태로 봉투에 담아두었다면, 장롱 밑 잘 보이지 않는 곳에 숨기자. 앞서 살펴본 '심적회계'의 힘을 빌리는 것도 한 방법이다. 비상금의 용도를 (통장 또는 봉투의) 겉면에 상세하게 적어놓고 그 외의 용도로는 절대로 사용하지 않는 것이다. '비상사태가 아니면 절대로 쓰지 마! 이 바보야!'라고 써놓는 것도 한 방법이다. 어쨌든 가장 눈에 띄지 않는 곳에 비상금을 숨기자.

비상금의 활용에는 중요한 포인트가 하나 있다. 빚을 갚는 과정에서 비상금의 일부를 썼을 때는 빚 갚기를 잠시 멈추고 그 비상금을 다시 원래 수준으로 되돌려 놓아야 한다. 그래야만 나중에 다시 비상사태가 발생했을 때 추가로 빚지는 일을 막을 수가 있다(잊지 말자! 이 부분은 매우 중요하다).

신용카드를
잘라라

둘째, '신용카드'를 자르자. 신용카드의 사용은 외상거래의 발생을 의미한다(결제가 한 달 후에 이루어지기 때문에 일시불로 사용해도 외상거래다). 외상은 곧 빚이다. 즉 신용카드를 지갑에 소지한다는 것은 언제든지 빚을 내겠다는 의지의 표현이다. 빚을 갚기로 마음먹었다면 (그것이 무이자든 아니든 간에) 절대로 추가적인 빚을 져서는 안 된다.

신용카드를 자르는 데에는 다음의 3단계 과정이 가장 이상적이다.

1단계 : 지갑에서 신용카드를 꺼낸다.
2단계 : 주방에서 가위를 가져온다.
3단계 : 가위로 신용카드를 자른다.

이 3단계 말고는 다른 어떤 단계가 추가되어서도 안 된다. 망설여서도 안되고 자를 수 없는 까닭을 떠올려서도 안 된다.

사람들이 일반적으로 제시하는 '신용카드를 자를 수 없는 이유(핑계)'는 다음의 3가지다.

"신용카드 혜택을 포기할 수 없다(나는 현명하게 신용카드를 쓰고 있다)."

"신용카드로 한 달을 앞당겨 살고 있기 때문에, 지금 자르면 정상적인 생활을 할 수 없다."

"만약의 사태에 대비해야 한다."

먼저 첫 번째 이유는 사람들이 가장 많이 드는 이유다. 다행히 나는 이 이유가 엉터리라는 사실을 입증하는 데에 큰 어려움을 느끼지 않는다. 지금 당신의 지갑에서 신용카드를 몽땅 꺼내보자. 그리고 종이와 펜을 준비하자. 이제 각각의 신용카드에 어떠한 혜택들이 있는지, 그리고 얼마만큼의 한도 와 횟수 제한을 두는지, 얼마의 전월 사용실적을 충족해야 하는지, 또한 그 전월 사용실적에 포함되지 않는 것은 무엇이 있는지를 적어보자.

몇 개나 적었는가? 만약 당신이 혜택을 잘 챙기는 사람이라면, 10개 이 상은 적었을 것이다. 그러나 혜택에 별 관심이 없는 사람이라면, 3~5개 정 도에 그쳤을 것이다. 이제 카드사의 홈페이지에 들어가서 해당 신용카드의 약관을 살펴보자. 그리고 당신이 그 혜택이라는 것을 정말 올바르게 적었는 지, 전월 사용실적과 사용한도, 횟수 제한 등을 모두 잘 외고 있었는지 확 인해보자. 필시 거의 다 엉터리일 것이다.

여기서 끝이 아니다. 어떤 신용카드든 혜택을 받으려면 반드시 카드사가 요구하는 일정량 이상의 실적을 채워야만 한다. 즉 소비의 양을 일정 수준 이상으로 유지해야만 한다. 그런데 이것은 자기 소비 규모의 하한선을 주체 자인 내가 아닌 객체자인 카드사가 설정하는 아주 우스운 모양새다.

가령 A라는 혜택을 받기 위해 쌓아야 할 전월 사용실적이 40만 원이라고 해보자. 이렇게 되면 한 달 생활비 30만 원으로도 충분히 생활할 수 있는 누 군가는 그 혜택을 위해서 굳이 10만 원을 더 추가로 써야만 한다. 어찌되었 거나 신용카드 혜택을 운운한다는 것은 소비의 양을 카드사가 정한 일정 규모 이상만큼 유지하겠다는 (아주 강력한) 소비의지 표현에 다름 아니다.

이제 두 번째 이유 "신용카드로 한 달을 앞당겨서 살고 있기 때문에 자르면 정상적인 생활을 할 수 없다."를 살펴보자. 현재 현금흐름이 엉망인 사람들이 드는 이유다. 이런 이들의 현금흐름을 살펴보면 현금이 도는 것이 아니라 빚이 돈다. 이런 종류의 '돈맥경화'를 해결하는 방법은 다음의 3가지다.

첫째, 저축과 보험 등을 깨서 다음 달에 돌아올 빚을 갚는다.
둘째, 조금씩 현금흐름을 개선해서 다음 달 또는 다다음 달에라도 신용카드를 자른다.
셋째, 당장에 신용카드를 자르고 한 달을 거의 무일푼으로 살아간다. 나는 보통 세 번째 방법을 권한다. 가장 빠른 방법이기 때문이다.

이제 마지막 세 번째 이유 "만약의 사태에 대비해야 한다."를 살펴보자. 이 이유는 그냥 말 그대로 '핑계'다. 비상금을 마련하면 당장에 해결될 문제이기 때문이다.
사실 신용카드 사용이 반드시 나쁜 것만은 아니다. 인터넷 결제사기를 막기 위한 수단(신용카드로 할부결제를 하면 나중에 사기라는 사실을 알게 되었을 때 취소할 수가 있다)으로 쓸 수도 있고 각종 포인트를 적립할 수도 있다.
하지만 '어느 날' '딱 한 번' 그 신용카드를 정해진 용도가 아닌 다른 용도로 쓰게 되면, 신용카드의 '실'은 '득'을 뛰어넘게 된다. 신용카드를 제아무리 잘 쓰는 사람이라도 그 혜택은 한 달에 4만 원을 넘기기 어렵다. 반면 신용카드로 한 번에 4만 원 이상을 낭비하기는 정말 너무나도 쉽다. 이런 저런 작은 이유를 핑계 삼아서 신용카드라는 이름의 빚을 생활에 들이기 시작하면 빚을 갚고자 한 처음의 굳은 마음은 힘을 잃고 만다.

냉정하게 따져보자. 우리가 신용카드라는 이름의 빚을 허락하는 이유와 핑계들은 사실 카드사들이 제시하는 혜택 따위가 아니던가? 카드사들은 이미 잘 아는 것이다. 혜택 등을 앞세워서 어떻게든 우리에게 신용카드를 쥐어주면 결국엔 우리가 그 신용카드를 긁어댈 것이라는 사실을 말이다.

당신이 경제활동을 하는 데 있어서 반드시 알아두어야 할 것(동시에 절대 잊지 말아야 할 것)이 있다. 사람은 그리 이성적으로 행동하지 않는다는 것이다. 사람을 움직이게 하는 동력의 태반은 감성이다. 누군가를 총알이 빗발치는 전쟁터로 이끄는 것은 전쟁에 참여함으로 인해서 얻게 될 각종 이득이 아니다. 이성 바깥에 존재하는 감성인 것이다.

소비도 이런 식으로 이루어진다. 당신이 나이키 운동화를 신는 이유, 내가 이마트에서 옷을 사는 이유는 모두 감성 때문이다. 매일, 매분, 매초에 감성을 통제할 수 있는 사람은 세상에 없다. 지독한 짠돌이도 어떤 때는 감성에 취해서 낭비를 한다. 이왕 빚을 갚기로 마음먹었다면 '어쩌다 하는 낭비'의 가능성을 아예 차단해버리는 것이 좋다. 그리고 그 차단의 방법 중 가장 손쉽고 대표적인 것이 바로 신용카드를 자르는 것이다.

작은 빚부터
갚아나가라

이제 본격적으로 빚을 갚을 차례다. 제일 먼저 무엇을 해야 할까.

일단 산적해 있는 빚의 상환 순서를 정하자. 이론으로 설명하기 좋아하는 사람들은 이자율이 높은 순서대로 상환하라는 조언을 한다. 그러나 그건 현실을 몰라도 너무 몰라서 하는 소리다. 빚을 갚는 데 중요한 건 이자율이 아니라 동기부여다. 승리 없는 싸움은 괴롭다. 지속할 수 있으려면 그 힘을 얻을 만한 작은 승리가 필요하다.

사람은 자신의 눈앞에서 빚이 사라지는 걸 똑똑히 지켜보아야만 지루한 빚 갚기를 지속해나갈 수 있다. 그렇기 때문에 (이론과는 다르게) 미상환 잔액이 적은 순서대로 빚을 갚아야 하는 것이다(예외가 없는 것은 아니다. 정말 말도 못하게 높은 이자율을 적용받는 빚이거나 중도상환 수수료 구간에 걸려 있는 빚, 혹은 마음속으로 간절히 갚고 싶은 빚이 있다면 순위를 조금 조정해도 된다).

앞서 만든 대차대조표를 참고해서 종이에 미상환 잔액이 적은 순서대로 빚의 목록을 적어보자. 가장 위의 목록부터 하나씩 없애면 된다. 이때 금융사 직원에게 빚을 다달이 갚는다고 말하는 것이 창피하다는 이유로 적금을 들어 목돈으로 상환하겠다는 생각은 하지 말자. 그건 이자율의 차이 때문에 가만히 앉아서 손해를 보는 짓이다. 이에 대해서는 앞에서 충분히 설명했다. 저축이나 펀드는 뒤도 돌아보지 말고 깨자. 보험도 해약하자. 이와 함께 소비도 줄이자. 그래서 빚을 상환할 돈을 마련하자. 이렇게 미상환 잔액이 적은 순서대로 빚의 수를 줄임으로써 다음의 2가지 이점을 얻을 수 있다.

첫째, 승리의 기분을 금방 맛볼 수 있다.

둘째, 현금흐름이 빠르게 개선된다.

첫 번째는 이미 앞에서 언급했으니 두 번째에 대해서 이야기를 해보겠다.

당신의 빚 목록이 A은행 1,000만 원, B은행 2,000만 원, C캐피탈 3,000
만 원, D캐피탈 4,000만 원이라고 가정해보자. 당신은 매달 A은행에 10만
원, B은행에 20만 원, C캐피탈에 30만 원, D캐피탈에 40만 원씩을 상환하
고 있다(쉽게 설명하기 위해서 든 예다). 한 달 빚을 갚는 데 매달 100만 원씩
쓰고 있는 것이다.

만약 당신이 내가 일러준 방법(미상환 잔액이 적은 순서대로 빚을 갚는 방법)
을 통해서 A은행의 빚 1,000만 원부터 해결한다면, 당신의 현금흐름에는 곧
장 월 10만 원의 여유가 생기게 된다. 이 10만 원을 어디에 써야 할까? 그
렇다. B은행의 빚을 갚는 데 써야 한다. 당신은 이제 B은행의 빚을 상환하
는 데 20만 원이 아닌 30만 원을 쓸 수가 있게 된다. 이렇게 30만 원씩 납
입해서 B은행의 빚을 모두 상환하게 되면, 당신의 현금흐름에는 월 30만 원
의 여유가 생기게 된다. 그러면 그 30만 원을 C캐피탈의 빚을 갚는 데 더하
는 것이다.

이렇게 하면 기존 월 30만 원씩이던 C캐피탈 빚의 월 상환금액이 무려
60만 원으로 2배가 늘어나게 된다(이 뒤로는 내가 따로 계산해주지 않더라도 당
신이 더 잘 알 것이다). 이렇게 미상환 잔액이 적은 순서대로 빚을 정리하다
보면 점점 현금흐름이 개선되어서 더욱 더 빠르게 하나하나의 빚을 해결할
수 있게 된다.

사람들이 채무불이행으로 치닫는 가장 큰 이유는 월 단위의 현금흐름이 빚 상환액을 감당하지 못하기 때문이다. 결국 빚을 갚는 데 가장 중요한 것은 현금흐름을 빠른 시간 내에 개선하는 것이다. 몇몇 전문가가 추천하는 이자율이 큰 순서대로 빚을 갚아나가는 방식은 현금흐름이 개선되는 데 걸리는 시간이 너무 길어서 빚 상환의 고통에서 빨리 벗어날 수가 없다. 하지만 내가 권하는 미상환 잔액이 적은 순서대로 빚을 갚아나가는 방식은 현금흐름이 아주 빠른 시일 내에 개선되어 빚 상환의 고통에서 하루라도 더 빨리 벗어날 수 있게 된다.

무조건
현금흐름 확보하라

금융상품을 해약하고 소비를 줄였음에도 현금흐름이 좀처럼 나아지지 않는 사람들이 있다. 기존의 소비 규모나 가입 중인 금융상품의 규모가 워낙 작았기 때문에 벌어지는 현상이다. 다시 말해서 개선의 여지가 별로 없었던 것이다.

이런 사람들의 현금흐름표를 살펴보면, 들어오는 거의 모든 수입이 빚을 상환하는 데 쓰이고 있다. 보통 '하우스 푸어'라고 불리는 사람들이 이런 부류에 속한다. 이런 상황에 놓인 사람들 대부분은 빚 목록의 맨 위에 놓인 가장 작은 규모의 빚도 해결하지 못하고 어려워하는 경우가 많다. 그래서 특단의 조치가 필요하다.

앞서 작성한 대차대조표를 다시 꺼내보자. 우리는 대차대조표를 작성할 때 자산의 항목에 소유한 물건들 중 환금성을 띤 물건들을 적었다. 그리고 그것들의 현재 중고시세도 적었다. 이제 그것들을 중고시장에 내다 팔자(어쩌면 당신은 내게 "지금 진심으로 하는 소리냐?"고 묻고 싶을 수 있다. 물론 내 말은 진심이다)!

이렇게 해서라도 현금흐름을 확보해야만 한다. 그렇게 하지 않으면 현금흐름이 꽉 막힌 사람들은 로또 따위로 어딘가에서 돈벼락이 떨어지지 않는 한, 절대로 빚을 갚을 수가 없다. 대차대조표상 중고 가격이 가장 큰 것부터 내다 팔자. 역시 자동차가 1순위일 것이다. 카메라와 가방, 시계 등도 내다 팔자. 이렇게 하면 적어도 빚 목록 맨 위에 놓인 빚은 해결할 수가 있을 것이다.

빛 못 갚는 건
범죄가 아니다

얼마 전 대구에서 벌어진 일이다. 한 20대 여성이 금은방 여주인을 화장실에 감금한 뒤(화장실이 밖에서 잠글 수 있는 구조였다고 한다) 귀금속들을 챙겨서 달아났다. 물론 금방 잡혔다. 언론을 통해 밝혀진 이 어설픈 강도질의 원인은 '사채'와 '카드빛'이었다. 강도를 저지른 20대 여성은 금융채무불이행자(일명 신용불량자)로 경찰 조사 결과 실제로 빛을 갚는 데 그 귀금속들을 사용했다고 한다.

이러한 사건은 사실 우리에게 익숙하다. 잊을 만하다 싶으면 한 번씩 터져 나오는 그저 그런 뉴스의 하나일 뿐이다. 많은 이가 이런 뉴스를 보며 다음과 같은 생각을 한다.

'그러게 왜 빛을 져서는…'

그러나 나는 다른 생각을 품는다.

'바보! 강도는 범죄인데…'

'빚을 못 갚는 것'은 범죄가 아니다. 열심히 갚으려 노력했건만 결국 갚지 못하는 사람에게까지 형법으로 그 죄를 물을 수는 없다. 그러나 안 갚는 것, 즉 아예 처음부터 갚을 생각이 없었던 것은 범죄다(사기죄에 해당된다). 그리고 위 사례의 여성처럼 금은방을 터는 강도질 역시 범죄다.

나는 이런 '빚에 의한 범죄'들이 늘 안타깝다. 빚을 갚기 위해 저지르는 범죄가 '어떻게든(설령 범죄를 저지르는 한이 있더라도) 빚을 갚고야 말겠다는 강력한 빚 상환의지'의 발현이라는 사실을 잘 알고 있기 때문이다.

만약 그들이 강도질 따위의 범죄 대신 "도저히 빚을 못 갚겠다!"라고 외치며 상환을 포기했더라면, 적어도 범죄자가 되는 일은 없었을 것이다. 그런데도 이들은 굳이 그 불편하고 어설픈 행동을 취해서 범죄자가 되고 만다. 이들은 대체 왜 이렇게 말도 되지 않는 일을 저지르고 마는 것일까?

돌려막기 전에 알아야 할 것들

이들의 비이성적 행위를 이해하려면 금융채무불이행자들의 공통된 특징을 알아야 한다. 그들은 대부분 금융채무불이행자가 되기 1년 정도 전부터 '돌려막기'를 시작한다. 어떻게든 빚을 갚아보려고 노력하는 것이다.

돌려막기를 통한 빚은 보통 '제1금융→제2금융→제3금융'의 경로로 쌓여간다. 은행 빚은 카드 빚으로 막고, 카드 빚은 제3금융과 불법 대부업체의 빚(이 둘을 일컬어서 통상 '사채'라고 부른다)으로 막는 것이다.

앞에서 살펴보았듯이 이런 돌려막기는 이자를 복리로 불린다. 게다가 은행에서 불법 대부업체 쪽으로 흘러가는 '하방경직성 돌려막기'는 이자율을 계속해서 올려서 복리 위험의 속도를 곱절 이상으로 증가시킨다(제1금융권의 이자율보다 제3금융권의 이자율이 더 높다는 사실은 당신도 잘 알고 있을 것이다). 결국 빚은 감당하지 못할 수준으로까지 커진다.

금융채무불이행자들의 또 다른 공통된 특징은 처음부터 사채를 이용하지 않는다는 것이다. 은행에서 내몰리고 카드사와 캐피털사에서 내몰려서 결국 마지막으로 가는 곳이 사채시장이다. 이들도 사채의 이자율이 무지막지한 수준이라는 것쯤은 잘 알고 있다. 다만 어떻게든 빚을 갚으려다보니 그곳에까지 흘러들어 가는 것이다.

사채에 다다르면 돌려막기는 결국 실패로 끝난다(그곳이 마지노선이다). 그리고 연체와 동시에 지독한 채권추심에 시달리게 된다. 추심업자들이 수시로 전화와 문자를 하는 것은 물론이거니와 기습적으로 집에도 찾아온다. 집에 없는 척을 하면 문 앞에 '압류'니 '경매'니 하며 겁을 줄 수 있는 문구란 문구는 죄다 적힌 쪽지를 붙여놓고 간다.

이런 추심은 늘 합법과 불법 사이를 위태롭게 오간다. 사실 차라리 이렇게 합법이라도 오가는 추심이라면 그건 양반이다. 불법 대부업체의 추심에 잘못 걸리면 그땐 정말이지 생지옥을 맛본다(죽은 개구리를 아이들의 가방에 넣었다는 사례에서부터 결혼식장에 찾아왔다는 사례까지 조금만 신경을 써서 살펴보면 우리 주위에 이런 끔찍한 사례들이 부지기수다).

바로 이런 지독한 추심이 금융채무불이행자들을 범죄로 내몬다. 강도질이라도 저질러서 빚을 갚겠다는, 정상의 정신 상태라면 결코 하지 않았을 이상한 결심을 '채권추심'을 겪으며 하게 되는 것이다(간혹 범죄가 아닌 자살을 택하는 이들도 있다). 이런 문제가 빈번하자 최근 금융감독원이 "독촉장, 협조문 등을 서면으로 보낼 경우에 채무자 외에는 그 내용을 알 수 없도록 해야 한다."라는 내용을 담아서 '채권추심업무 가이드라인'을 저축은행과 카드사, 캐피털사, 신용정보업체 등에 보냈다.

하지만 그래 보았자 결국은 구속력 없는 가이드라인일 뿐이다. 이런 어설픈 가이드라인 따위로 채권추심이 인간적인 모습을 갖출 수 있었다면 진작 갖추어졌을 것이다(금감원이 내려보낸 가이드라인의 내용은 이미 채권의공정한추심에관한법률에 명기되어 있는 사항들이다).

도저히 못 갚겠다면 이 방법을 써라

분명 도저히 빚이 안 갚아질 때가 있다. 물건을 내다가 팔아도 씀씀이를 극한으로까지 줄여도, 눈덩이처럼 불어난 빚에 꼼짝달싹 못할 때가 있다. 그럴 때는 어떻게 해야 할까? 돌려막기를 끝까지 해야 할까? 그래서 사채시장으로까지 흘러들어 가야 할까? 마지막에는 (지독한 채권추심을 못 이겨서) 강도질이라도 저질러야 할까?

사람들은 '빚은 반드시 갚아야만 하는 것'이라고 믿고 있다. 하지만 그렇지 않다. 이 믿음은 완전히 잘못된 것이다. 아니 날조되고 주입된 것이다. '반드시'라는 말에는 타협의 여지가 전혀 없다. 그 말에는 빚을 갚기 위해서는 절도나 강도, 심지어는 장기매매나 성매매까지도 해야 한다는 '절망의 논리'가 담겨 있다.

대체 누가 이렇게 천박하고 절망스러운 논리를 우리의 머릿속에 주입했을까?

누구나 실패할 수 있다. 하던 사업이 망할 수도 있고 다니던 회사가 문을 닫을 수도 있다. 회사에서 쫓겨날 수도 있다. 어쩌면 가족 중의 누군가가 갑자기 큰 병에 걸릴 수도 있다. 또는 엉뚱한 사기를 당할 수도 있다. 평범한 사람이 금융채무불이행자가 될 수 있는 경우의 수는 수십만 가지다. 그렇기에 나는 나를 비롯한 평범한 사람 모두에게 금융채무불이행자가 될 위험성이 충분히 내재되어 있다고 생각한다.

기업의 채무불이행 사태에 대해서 논해보자. 도무지 빚을 갚을 수 없는 지경에 놓이게 되면 기업은 법원에 '파산신청'이라는 걸 한다. 기업의 파산 진행 절차는 단순하다. 돈이 될 만한 것들은 모두 팔아서 채권자들에게 순위대로 나누어주고 기업은 채권·채무관계에서 손을 터는 것이다.

파산이 의미하는 것이 '재산을 모두 잃고 망하는 것'이기 때문이다. 물론 이렇게 되면 돈을 회수하지 못한 채권자들도 생기게 된다. 하지만 아무리 털어도 줄 돈이 없기에 그들이 채권을 회수할 수 있는 다른 방법은 없다.

파산제도는 기업가에게 컴퓨터의 리셋 버튼과 같은 기능을 선사한다. 다 털어버리고 제로(0)에서 다시 시작할 수 있게 해주는 것이다. 만약 이런 파산제도가 없다면, 즉 '한 번 실패가 죽을 때까지 실패'를 의미한다면, 기업가들이 과연 자유롭게 사업을 벌일 수가 있을까? 어림도 없다. 채권자들이 지옥 끝까지 쫓아가서 돈을 받아내려 한다면 대체 어느 기업가가 맘 놓고 사업을 벌일 수가 있겠는가? 결국 파산제도를 통해서 외치는 "나 망했어요!"란 "처음부터 다시 시작할래요!"를 의미한다. 그래서 기업들은 이런 파산제도를 적극적으로 활용한다.

다행스럽게도 이런 파산제도는 기업들만을 위해서 존재하지 않는다. 개인을 위한 파산제도도 있다. 열심히 한번 살아보려다가 실패해서 채무상환 능력이 '완전 불능상태'에 빠졌을 때, 그때 파산제도를 적극 활용하면 된다. 그리고 다시 시작하면 된다.

개인파산제도는 절망의 늪에 빠져서 모든 걸 포기하고자 하는 사람에게 다시 시작할 수 있는 용기를 준다. 희망 없는 돌려막기를 하는 누군가가 적시에 파산제도를 활용한다면, 적어도 범죄자가 되는 일(그리고 자살을 하는 일)은 생기지 않는다.

그런데 놀랍게도! 금융사들은 이런 개인파산제도에 '모럴 해저드moral hazard(도덕적 해이)'라는 수식어를 갖다붙인다. '돈을 빌렸으면 반드시 갚아야지, 왜 안 갚느냐.'는 식이다. 금융사들은 늘 이런 수식어를 통해서 개인파산제도를 활용하는 사람을 사기꾼쯤으로 몰고 간다. 그런데 이건 모순이다. 그렇게 주장하는 금융사들이 되려 파산제도를 통해서 사회적으로 큰 물의를 불러일으키고 있으니까 말이다(저축은행들의 파산행렬을 절대로 잊지 말자).

모럴 해저드라는 수식어가 더 어울리는 건 금융사들이다. 개인 몇몇이 파산을 해보아야 금융사들은 '전혀' 타격을 입지 않는다. 개인의 파산으로 인해서 금융사들이 잃는 돈은 그들이 보유한 자본의 규모에 비하자면 너무나도 미약한 수준이다. 게다가 금융사들은 돈을 빌려줄 때 미회수 가능성까지 고려해서 이자율을 상정하지 않는가.

하지만 반대로 생각해보라. 금융사들 중 하나라도 파산을 하면, 개인들은 아주 곡소리가 난다. 한 금융사의 파산으로 말미암아 개인들이 잃는 돈은 결혼자금일 수도, 노후자금일 수도, 어쩌면 전 재산일 수도 있다. 게다가 좀 더 따지고 들어가보면 "금융위기 때마다 금융사들을 살려주는 그 공적자금은 대체 누구 주머니에서 나온 것이냐?" 하는 물음에까지 도달한다. 결국 '모럴 해저드 수식어 전쟁'에서 불리한 위치를 차지하고 있는 쪽은 우리가 아닌 금융사들인 것이다. 그럼에도 그들은 꿋꿋이 개인파산자들에게 모럴 해저드라는 딱지를 붙인다. 이자수익을 한 푼이라도 더 올리기 위한 치밀한 전략이다.

만약 빚을 도저히 못 갚을 것 같다 싶으면 그냥 갚지 마라. 그리고 파산제도를 활용하라. 그래도 된다. 그러라고 있는 게 바로 개인파산법(채무자회생및파산에관한법률)이다. 갚을 수 없는 것을 갚으려 하는 사람만큼 미련한 사람은 없다.

대출의 원금, 또는 이자를 면제·감액해주는 제도를 일컬어서 '채무조정제도'라고 한다. 이런 채무조정제도는 운영주체에 따라서 크게 2가지로 나뉜다.

첫째, 신용회복위원회가 운영하는 '프리 워크아웃'과 '개인 워크아웃'이 있다(이때 신용회복위원회는 언뜻 이름만 들어서는 공적기관 같다. 하지만 실상은 전혀 그렇지가 않다. 신용회복위원회는 전국은행연합회, 손해보험협회, 생명보험협회 같은 금융기관들이 모여서 만든 사적 기관이다. 금융사들의 계모임을 떠올리면 편하다).

❀ 한눈에 보는 개인 채무조정제도 ❀

구분	공적 채무조정제도		사적 채무조정제도	
	개인파산	개인회생	개인워크아웃	프리 워크아웃
운영 주체	법원		신용회복위원회	
시행 시기	1962년 1월	2004년 9월	2002년 10월	2009년 4월
대상 채권	제한 없음(사채 포함)		협약 가입 금융기관(약 3,600개)	
대상 채무자 (신청 조건)	파산 원인 해당자	지급불능 또는 지급불능의 염려가 있는 봉급생활자 또는 자영소득자	대상 기관 최초 연체 90일 이상	2개 이상의 대상 기관 최초 연체 30일 초과 90일 미만
채무 범위	제한 없음	담보 채무 10억 무담보 채무 5억	담보 채무 10억 무담보 채무 5억	
채무 조정 수준	채무 전액	변제액이 청산 가치보다 커야 함. 5년 변제 후 남은 채무 전액	원금 채무 성격에 따라 최대 50% 감면 연체 이자 및 이자 전액 감면,	상환 기간 연장, 약정 이자율의 50% 감면
법적 효력	청산 후 법적 면책	변제 완료 시 법적 면책	사적 조정에 의해 변제 완료 시 면책	

보증인에 대한 효력	보증인에 대한 채권추심 가능		보증인에 대한 채권추심 불가	
은행연합회 '연체' 등 정보 해제 여부	면책 결정 시 해제	변제계획 인가 시 해제	신용회복 지원 확정시 해제	미등록
은행연합회 공공 정보 내용 (사유 코드)	파산으로 인한 면책 결정 (1201)	개인회생 절차 진행 중 (1301)	신용회복 지원 중 (1101)	미등록
은행연합회 공공 정보 삭제 시기	면책 결정 후 5년 경과 시 삭제	채무변제를 완료하거나 개인회생 인가 이후 최장 5년간 변제한 때 삭제	채무변제를 완료하거나 신용회복 지원 확정 이후 2년 이상 변제한 때 삭제	미등록
상환 기간	없음	최장 5년	무담보 채무 최장 10년, 담보 채무 최장 20년	
채무 조정 취소 사유	사기파산죄에 관하여 과산자에 대한 유죄 확정, 부정한 방법으로 면책, 채권자의 신청 또는 법원 직권으로 면책 취소	3개월 이상 납입 지연 등 변제 조건 미이행, 부정한 방법으로 면제, 이해관계인의 신청 또는 법원 직권으로 면책 취소	3개월 이상 납입 지연 등 변제 조건 미이행, 보유 재산 은닉	

둘째, 법원이 운영하는 '개인회생'과 '개인파산'이 있다.

앞서 내가 얘기한 것은 후자에 속하는 '개인파산'이다. 다른 채무조정제도를 제쳐두고 개인파산에 대한 이야기를 가장 먼저 한 이유는 다름 아니다. 개인파산이 채무를 벗어나기 위한 가장 강력한 제도이자, 사람들이 가장 잘못된 시선(모럴 해저드)으로 바라보는 제도이기 때문이다(오직 개인파산만이 부채 전체의 상환의무를 면제해준다. 반면 프리 워크아웃과 개인 워크아웃, 개인회생은 원금 일부만 감면하거나 이자 감면 등을 통해서 부채의 구조만을 조정해준다).

어떤 제도를 이용하려면 어떤 조건이 충족되어야 되는지 등에 대한 자세한 설명은 인터넷에서 쉽게 찾아볼 수 있다. 또는 앞 페이지의 '개인 채무조정제도 표'를 참고해도 좋다. 더 자세히 알고 싶은 사항은 신용회복위원회의 홈페이지www.ccrs.or.kr나 법원의 홈페이지www.scourt.go.kr를 참조하면 된다.

채권추심에 맞서는 방법

혹시 지금 절박한 심정으로 이 책을 읽고 있는가? 그렇다면 당신은 현재 채무상환 능력이 완전히 바닥난 사람일 것이다. 또는 곧 바닥나게 될 사람일 것이다. 그렇다면 부디 지금부터 인터넷을 뒤져서 채무조정제도에 대한 정보를 얻길 바란다. 그리고 그 제도들 중에서 당신에게 가장 잘 맞는 제도를 적극 활용하길 바란다.

당신에게 당부하고 싶은 말이 있다. 앞으로 당신은 어떤 제도를 활용하든, 얼마간은 지독한 채권추심에 시달리게 될 것이다(놀랍게도! 프리 워크아웃과 개인 워크아웃 제도를 이용하려면 얼마간의 연체기록이 있어야 한다. 프리 워크아웃은 30일 초과, 개인 워크아웃은 3개월 이상이다).

이미 추심을 당해봤다면 잘 알겠지만, 추심업자들은 돈을 받아내기 위해서라면 불법도 기꺼이 불사한다(정말 지독한 채권추심업자들은 파산과 회생절차를 밟고 있는 사람들도 추심한다). 법을 희롱하며 채무자를 미치도록 만드는 것, 그것이 바로 한국 채권추심시장의 현주소다.

내가 아직 햇병아리 금융 컨설턴트이던 꽤 먼 과거, 채권추심에 시달리던 내 친구 중의 하나는 "채권추심의 고통은 당해본 사람만이 안다."고 말했다. 그 친구는 툭하면 "죽고 싶다."고 했다. 추심업자들이 너무나도 많은 불법을 저지르고 있다는 사실을 그때 그 친구를 보며 알았다. 친구를 설득해서 통화를 녹취하고 우편물 등을 수거하여 불법의 증거들을 확보했다. 그리고 내용증명서와 고소장을 꾸며 적극적으로 대응했다.

그러자 죽을 것만 같던 그 추심이 조금은 견딜 만해졌다. 아마도 당신을 괴롭히는 그 추심업자들 역시 상당한 불법을 저지르고 있을 것이다. 당신도 나와 내 친구가 했던 것처럼 적극으로 대응하라. 그러면 조금은 살 만해질 것이다.

불법채권추심에 대응하는 방법을 친절하게 일러줄 시민단체를 소개하고자 한다. 민생연대www.minsaeng.org라는 곳이다. 그들에게 도움을 청하라. 많

은 도움이 되어줄 것이다. 또는 채권의공정한추심에관한법률을 바탕으로
한 아래의 '상황별 채권추심 대응 가이드'를 잘 살펴보면 불법을 저지르는
추심업자들에게 대처할 방안을 알 수 있을 것이다.

절박한 당신에게 마지막으로 당부한다. 절대로 약해지지 마라. 채무자는
범죄자가 아니다.

 '이럴 땐 이렇게!' 상황별 채권추심 대응 가이드

혹시 채권추심을 당하거나 당할 위기에 있는가?
아래의 사항을 어기며 채권추심을 하는 업자는 무조건 불법이다. 해당되는 항목이 있는지
하나씩 체크하며 확인해보자. 이제 더 이상 채권추심을 두려워할 필요 없다!

□ 업자가 채무확인서를 교부했는가?
  ▶ 당신이 채무확인서를 달라고 요청하는 경우 업자는 반드시 교부해야 한다. 위반 시
  2,000만 원 이하의 과태료에 처해진다.

□ 업자가 채권추심을 위임받은 경우, 위임받은 사실을 당신에게 서면으로 통지했는가?
  ▶ 업자는 위임받은 사실을 반드시 서면으로 통지해야 한다. 위반 시 1,000만 원 이하의
  과태료에 처해진다.

□ 동일한 채원에 대해 동시에 2인 이상의 업자가 추심을 위임받아 진행하고 있는가?
  ▶ 동일한 채원에 대해 2인 이상의 업자가 동시에 채권추심을 위임받을 수 없다. 위반
  시 1,000만 원 이하의 과태료에 처해진다.

□ 채무부존재를 다투는 소송이 진행 중인데, 당신이 채무불이행자로 등재되었는가?
  ▶ 업자는 채무부존재를 다투는 소송 시, 당신을 채무불이행자로 등재해서는 안 된다.
  위반 시 1,000만 원 이하의 과태료에 처해진다.

□ 업자에게서 폭행, 협박, 체포 또는 감금, 위계, 위력을 당한 적 있는가?
  ▶ 채권추심 시 폭행, 협박, 체포 또는 감금, 위계, 위력을 사용하는 것은 금지되어 있다.
  위반 시 5년 이하의 징역 또는 5,000만 원 이하의 벌금에 처해진다.

- 정당한 사유 없이 반복적으로 또는 야간(오후 9시부터 다음 날 오전 8시까지)에 추심업자가 방문한 적 있는가?

  ▶ 추심업자가 정당한 사유 없이 반복적으로 혹은 야간에 채무자나 관계인을 방문하는 행위는 금지되어 있다. 위반 시 3년 이하의 징역 또는 3,000만 원 이하의 벌금에 처해진다.

- 정당한 사유 없이 반복적으로 또는 야간(오후 9시부터 다음 날 오전 8시까지)에 추심업자가 말, 글 음향, 영상 또는 물건을 보낸 적이 있는가?

  ▶ 추심업자가 정당한 사유 없이 반복적으로 혹은 야간에 말, 글, 음향, 영상, 물건을 채무자나 관계인에게 도달하게 함으로써 공포심과 불안감을 유발하여 사생활 또는 업무의 평온을 심하게 해치는 행위는 금지되어 있다. 위반 시 3년 이하의 징역 또는 3,000만 원 이하의 벌금에 처해진다.

- 업자가 당신 외의 사람(보증인 포함)에게 채무에 관한 거짓 사실을 알린 적이 있는가?

  ▶ 채무자 외의 사람에게 채무에 관한 거짓 사실을 알리는 행위는 금지되어 있다. 위반 시 3년 이하의 징역 또는 3,000만 원 이하의 벌금에 처해진다.

- 업자가 당신 또는 관계인에게 금전의 차입, 그 밖의 유사한 방법으로 변제 자금을 마련할 것을 강요한 적이 있는가?

  ▶ 채무자 또는 관계인에게 금전의 차입, 그 밖의 유사한 방법으로 변제 자금을 마련할 것을 강요함으로써 공포심과 불안감을 유발하여 사생활 또는 업무의 평온을 심하게 해치는 행위는 금지되어 있다. 위반 시 3년 이하의 징역 또는 3,000만 원 이하의 벌금에 처해진다.

- 업자가 당신의 개인정보를 누설한 적이 있는가?

  ▶ 채무자의 개인정보 누설은 금지. 위반 시 3년 이하의 징역 또는 3,000만 원 이하의 벌금에 처해진다.

- 업자가 무효이거나 존재하지 않는 채권을 추심하겠다는 의사 표시를 한 적이 있는가?

  ▶ 무효이거나 존재하지 않는 채권을 추심하겠다는 의사를 표시하는 행위는 금지되어 있다. 위반 시 3년 이하의 징역 또는 3,000만 원 이하의 벌금에 처해진다.

- 업자가 법원, 검찰청 그 밖의 국가기관으로 오인할 수 있는 말, 글, 음향, 영상, 물건, 그 밖의 표지를 사용한 적이 있는가?

  ▶ 법원, 검찰청 그 밖의 국가기관으로 오인할 수 있는 말, 글, 음향, 영상, 물건, 그 밖의 표지를 사용하는 행위는 금지되어 있다. 위반 시 1년 이하의 징역 또는 1,000만 원 이하의 벌금에 처해진다.

□ 업자가 채권추심에 관한 법률적 권한이나 지위를 거짓으로 표시하는 행위를 한 적이 있는가?

▶ 채권추심에 관한 법률적 권한이나 지위를 거짓으로 표시하는 행위는 금지되어 있다. 위반 시 1년 이하의 징역 또는 1,000만 원 이하의 벌금에 처해진다.

□ 업자가 채권추심을 위하여 다른 사람이나 단체의 명칭을 무단으로 사용하는 행위를 한 적이 있는가?

▶ 채권추심을 위하여 다른 사람이나 단체의 명칭을 무단으로 사용하는 행위는 금지되어 있다. 위반 시 1,000만 원 이하의 과태료를 내야 한다.

□ 업자가 당신이 채권추심에 응하기 곤란한 사정(혼인, 장례 등)을 이용하여 채권추심 의사를 표시한 적이 있는가?

▶ 혼인, 장례 등 채무자가 채권추심에 응하기 곤란한 사정을 이용하여 채권추심 의사를 표시하는 행위는 금지되어 있다. 위반 시 2,000만 원 이하의 과태료를 내야 한다.

□ 업자가 당신의 소재 파악이 곤란한 경우가 아님에도 관계인에게 당신의 소재를 문의한 적이 있는가?

▶ 연락 두절 등 채무자의 소재 파악이 곤란한 경우가 아님에도 채무자의 관계인에게 채무자의 소재를 문의하는 행위는 금지되어 있다. 위반 시 200만 원 이하의 과태료를 내야 한다.

□ 업자가 정당한 사유 없이 수화자 부담 전화료 등 통신비용을 당신에게 내라고 한 적이 있는가?

▶ 정당한 사유 없이 수화자 부담 전화료 등 통신비용을 채무자에게 발생하게 하는 행위는 금지되어 있다. 위반 시 500만 원 이하의 과태료를 내야 한다.

□ 업자가 개인회생, 개인파산, 면책 후 법령으로 정하는 절차 외에 반복적으로 채무변제를 요구한 적이 있는가?

▶ 개인회생, 개인파산, 면책 후 법령으로 정하는 절차 외에 반복적으로 채무변제를 요구하는 행위는 금지되어 있다. 위반 시 500만 원 이하의 과태료를 내야 한다.

□ 업자가 엽서에 의한 채무변제 요구 등 채무 사실을 알 수 있게 하는 행위를 한 적이 있는가?

▶ 엽서에 의한 채무변제 요구 등 채무 사실을 알 수 있게 하는 행위는 금지되어 있다. 위반 시 500만 원 이하의 과태료를 내야 한다.

6장

부동산을 둘러싼 경우의 수 4가지

'분양 아파트는 피하라.'

왜?

'아파트 값이 너무 비싸기 때문'이다.

우리가 평생 사들이는 물건 중에서

가장 비싼 물건은 두말할 것도 없이 아파트다.

그런데 왜 우리는 그런 아파트를

그리도 대충 사들이는 걸까?

그러니까, 왜 아직 다 지어지지도 않은

아파트를 모델하우스만 한번 쓱

둘러보고는 계약하고, 오랜 기간에

걸쳐 돈을 납입하는 걸까?

잠깐의 호기로
전 재산을 잃는다

잘 알려져 있다시피 우리의 가계자산 중 80% 가까이는 부동산이 차지하고 있다. 당신의 가계자산 또한 그럴 것이다. 가히 전 재산이라고 불러도 무리가 없을 만큼이지 않은가. 인간 생활의 기본 3요소를 흔히 '의식주'로 꼽는다. 의, 식, '금융'을 3요소로 꼽는 사람은 없다. 즉 금융상품은 필수재가 아니다. 그러나 집은 다르다.

하늘을 나는 새들도 집(둥지)이 있는데 우리 주위에는 그 흔한 집 하나 없이 사는 이들이 얼마나 많은가? 2년마다 이사를 다니는 수고, 자꾸 변두리로만 내밀리는 속상함, 지하에서 곰팡이와 함께 사는 고통 등을 일컬어서 흔히 집 없는 설움이라고 한다. 사람들에게 직장에서 피땀 흘리며 일하는 까닭을 물어보면 대개 '집 없는 설움을 벗어나기 위함'이라고 답한다.

국민 3명당 1명꼴로 청약계좌를 보유하고 있는 나라가 바로 대한민국이다. 한국인들에게 집(장만)은 꿈이요, 또 중산층임을 입증하는 표식이다. 그래서 부동산(집) 문제를 바라보는 우리의 인식은 다분히 이념적이다. 다주택자를 대하는 적대적인 시선, 느낌, 태도가 가장 대표적인 예다.

하여간 분명한 사실 하나. 부동산(집)을 빼놓고는 가계재무문제(재테크)를 논할 수가 없다. 그러나 부동산만큼이나 정부(정치, 정책)의 역할이 지대한 자산도 없다. 단적으로 정부는 새 아파트의 평당 분양 가격의 상한을 정할 뿐만 아니라 1,700만 명에 이르는 주택청약제도 가입자들을 줄 세우고, 새로 분양받은 주택을 몇 년 내에 팔 수 있을지 결정한다. 수도권에서는 새로 공급되는 아파트의 80% 이상이 공공이 조성한 택지 위에 지어진다. 수익성을 결정짓는 용적률은 정부가 고유 권한을 가진 도시계획에 따라 정해진다. 사업지구별로 도로, 공원, 학교용지 등을 기부 채납하는 수준도 지방정부의 결정사항이다. 물론 정부 또한 시장의 요구와 기대를 완전히 무시할 수는 없지만, 어쨌든 정치적·정책적 판단에 따라서 부동산 가격을 좌우할 수단을 대단히 많이 가지고 있는 것은 사실이다.

따라서 이 책에서는 부동산에 관한 정치·정책적인 문제나 제언 등을 따로 다루지는 않기로 한다. 그것들에 손댔다가는 이야기가 걷잡을 수 없을 만큼 재테크에서 멀리 벗어나게 된다. 초점을 좁혀서 월급 경영에 맞춘 부동산(집)에 대해서만 이야기를 나눠보도록 하자.

삐끗하면 나락으로 떨어지는 부동산 투자

2000년대 초중반, 명실상부한 재테크의 황금기에는 주식투자만큼이나 부동산경매투자가 유행했다. 당시 아주 많은 이가 경·공매 학원에 다니며 등기부등본을 통한 권리분석법을 배웠다. 요즘도 그 유행이 완전히 식지는 않았는지 간간이 관련 서적이 나오고 학원도 눈에 띈다.

주식과 부동산 투자는 크게 보아 종목만 다를 뿐, 잘 들여다보면 투자법이 결국엔 한길로 통한다. 바로 레버리지 투자다. 이미 앞서 몇 차례 언급했지만, 레버리지 투자란 '5%로 빚을 내서 10%의 수익을 내면 5%가 남는 장사'라는 기적적인 논리에 기반을 둔 투자법이다.

이 전략은 투자수익률이 확실의 영역에 머물 때, 그리고 그 확실의 수익률이 대출이자율보다 더 높을 때에만 설득력을 갖는다. 주식 전문가들은 이 논리를 펴는 데 많은 노력을 기울인다. 과거의 실적들을 보여주기도 하고, 어째서 해당 주식이 오를 수밖에 없는지 그 근거를 쉼 없이 떠들어댄다.

그러나 부동산 전문가들은 그런 수고를 할 필요가 없다. 이미 한국 사람들의 머릿속에 깊게 뿌리내려 있는 '부동산 불패신화'가 있기 때문이다. 경·공매 학원에 스스로 발을 들이는 이들 중 태반은 부동산으로 돈을 잃을 거라는 생각은 꿈에도 하지 못한다.

대체 이 부동산 불패신화가 얼마나 대단한 것이냐, 대표적인 예가 한국만의 독특한 전세제도다. 전세제도는 오직 부동산 불패신화 하나에 의지해서 태어났다. 전세제도는 집값이 계속 오를 거라는 전제하에서만 가능하다.

10억 원에 산 집을 4억 원에 세놓았다고 해보자. 집주인은 4억 원을 다시 은행에 넣어둔다. 이럴 경우 집주인으로서는 나머지 6억 원에 대한 이자를 손해 본다. 게다가 집주인은 각종 세금 및 관리비 등도 부담해야 한다!

이런 비상식적인 일이 벌어지는 이유는 집값이 계속해서 올랐기 때문이다. 즉 전세를 끼고서라도 집을 미리 사두는 것이 이득이었던 것이다(고로 전세제도를 '집주인의 이자생활'로 풀이하는 몇몇 전문가들의 주장은 여지없는 오류다). 다시 말해서 전세제도는 가진 돈이 집값에 미치지 못하는 어떤 이가 은행 빚을 지지 않고서(즉 전세금을 받아서) 집을 사는 방법이다. 전세금이 그 어떤 이(집주인)에게 빚(전세금은 이자를 내지 않는 빚이다)임은 물론이다. 그러나 집값이 언제나 빠르게 올랐기 때문에 그가 손해를 보는 일은 없었다 (따라서 요즘 전세가 귀해지는 현상은 이 부동산 불패신화가 흔들리고 있다는 증거 이기도 하다).

"세입자가 낸 전세금으로 집값의 절반가량을 충당할 수 있기 때문에, 전세제도를 잘만 활용하면 돈이 별로 없어도 여러 채의 집을 장만할 수가 있다. 은행 대출까지 더하면 거의 공짜에 가까운 금액으로 집을 살 수가 있다."

이것이 부동산 전문가들이 내세우던, 아니 아직까지도 내세우고 있는 '부동산경매를 통한 레버리지 투자법'이다. 이 투자법의 엔딩은 다음과 같다.

"빚내어 산 여러 채의 집값이 오르면 모두 팔아서 커다란 시세차익을 얻는다. Good job!"

앞서 잠시 언급한 적 있는 《나는 쇼핑보다 경매투자가 좋다》의 저자 박수진이 딱 이런 식으로 부자가 되었다고 알려져 있다. 박수진의 통장을 실제로 확인해본 적이 없기에 나는 그녀가 정말로 부자인지 아닌지를 알지는 못한다. 하지만 만약 그녀가 정말로 그런 '위험천만한' 투자를 통해서 부자가 된 것이라면, 그녀는 《노인과 바다》를 쓴 작가 원숭이이거나 러시안룰렛에서 살아남은 행운아일 뿐, 그 이상도 그 이하도 아니다.

앞으로 계속해서 언급하게 되겠지만, 부동산의 '모든 문제'는 값이 너무 비싸다는 데 있다. 주식투자야 5,000원 미만의 소액 주식들도 많으니 레버리지 효과 따위 바라지 않고 고스톱을 치듯이 소액으로도 즐길 수 있다.

그러나 부동산은 그게 거의 불가능하다. 최소 수천만 원이 필요하고, 제대로 좀 하려면 수억 원 이상이 필요하다(부동산 투자세계에서는 1~2억 원이 소액투자다). 부동산(집)을 온통 빚내어 사들이는 그런 투자법이라니! 이렇기에 조금만 삐끗해도 바로 회복 불가능의 상태로 빠져버리는 것이다.

'경매푸어' 인천 일가족 자살사건 풀스토리

낙찰가 80% 빚내 '올인' 집 15채 대출금 막다가…

지난 10월 30일 인천의 한 빌라에서 일가족 3명이 자살했다. 이 가족은 목숨을 끊으면서 생활고 때문에 세상을 떠난다는 유서를 남겼다. 마지막 집세와 공과금을 남기고 죄송하다며 떠난 '송파 세 모녀 사건'처럼 또다시 생활고를 비관한 자살이 이어지자 많은 사람들이 안타까워했다. 그런데 경찰 수사 중 사망한 부부명의로 된 아파트와 빌라가 무려 15채나 있었다는 사실이 드러났다. 이 부부는 경매에서 빌라 등을 낙찰받으며 무리하게 투자를 하다 빚 독촉에 시달려왔던 것으로 알려졌다. 인천 일가족 자살 사건의 속사정은 무엇인지 그 전말을 따라가봤다.

평범한 직장인이었던 이 아무개 씨(51)는 2000년대 중반부터 건강이 나빠지면서 회사생활이 힘들어졌다. 그러나 이 씨는 부인 김 아무개 씨(45)와 딸(13)의 생계를 책임져야 하는 가장이었다. 이 씨가 눈을 돌린 것은 부동산 경매였다.

2007년부터 이 씨는 직장을 그만두고 본격적으로 부동산 경매 사업에 뛰어들었다. 아파트나 빌라를 경매로 싼값에 사서 집값이 오르면 팔 생각이었다. 자금이 여유롭지 않았던 이 씨는 평균 7000만 원 이하의 주택 위주로 낙찰받았다. 제2금융권에서는 경매 낙찰가의 80%까지 대출이 가능했다. 이 씨는 1000만 원 정도만 가지고도 경매를 받을 수 있었다.

이 씨가 경매에 뛰어든 2007년은 경매시장이 좋을 때였다. 이 씨도 '일확천금'은 아니지만 조금씩 수익을 내기 시작했다. 경매가 생계수단이 된 이 씨는 경매로 낙찰받은 집을 담보로 대출을 받고 그 집을 싸게 전세 놓으면서 소유 주택을 늘려갔다. 이러한 방식으로 2013년까지 이들 부부는 이 씨의 명의로 아파트와 빌라 11채, 부인 김 씨의 명의로 4채를 소유할 수 있었다. 겉으로 보면 이 씨 부부는 빌라와 아파트 15채를 소유한 중산층이었다.

그러나 이 씨 부부의 속사정은 달랐다. 이 씨 부부는 적은 자본금으로 경매를 낙찰받느라 제2금융권에서 9억 원의 대출을 받아 이자를 내고 있었다. 부동산 경기가 2008년을 기점으로 침체되면서 이 씨 부부가 소유한 집값도 하락했다. 집을 팔려면 오히려 손해를 감수해야 하는 상황이었다. 월 300만 원에 달하는 이자를 갚는 것도 점점 어려워졌다.

이 씨는 이자를 갚기 위해 2012년부터 서울의 한 폐기물 처리업체로 출근하기 시작했다. 성실했던 이 씨는 1년 만에 정직원이 됐고, 200만 원가량의 월급을 받을 수 있었다. 하지만 한 달 이자를 갚기에는 턱없이 부족한 금액이었다. 이 씨 부부는 마이너스 통장을 만들어 생활비를 해결해야 했다.

상황이 점점 안 좋아지면서 이 씨 부부는 자신들이 살던 집을 내놓고 경매로 받은 빌라로 들어갔다. 부인 김 씨도 아파트 관리사무소에서 일을 하며 남편에게 힘을 보탰지만 이자를 감당하기엔 역부족이었다. 결국 지난 9월 부인 김 씨는 다니던 직장을 퇴직했고, 생활고는 더욱 극심해졌다.

부인 김 씨는 마이너스 통장과 보험 대출금의 만기일이 다가올 때마다 극심한 스트레스를 받았다. 빚을 갚지 못하면 연말에는 집이 넘어가는 상황까지 왔다. 빚 독촉의 압박에 시달리던 부인 김 씨는 급기야 지난 9월 한 차례 자살시도를 하기도 했다. (…)

위 내용은 2014년 11월 12일자 〈일요신문〉에 실린 '인천 일가족 3명 자살사건'에 관한 기사 일부다. 역시나 레버리지 투자법을 활용해 부동산경매를 했다가 실패한 것이 자살의 원인이었다고 한다.

전세 vs 집 구입,
상황별 옳은 선택

부동산 전문가들이 돈을 벌어들이는 방식은 주식 전문가들과 완전하게 일치한다. 이런저런 분석법에 의거한 예측으로 강연 또는 컨설팅을 하거나 땅 또는 건물을 팔아서 돈을 챙긴다. 즉 그들이 파는 것도 결국엔 예측이다. 역시나 예측의 경우의 수는 이렇게 3가지다.

1. 오른다.
2. 떨어진다.
3. 오늘과 비슷하다.

물론 '3. 오늘과 비슷하다'가 가장 확률이 높다(그 이유에 대해서는 이미 앞에서 설명했다). 그러나 시장에서 인기를 얻으려면(전문가 대접을 제대로 받으려면) '1. 오른다'나 '2. 떨어진다'를 주장해야 한다. 두 주장에서 사람들이 불안을 느끼기 때문이다.

사람은 보통 2가지 필요조건에 따라서 뉴스를 찾는다.

첫째, 뉴스가 그 사람과 관련이 있어야 한다.
둘째, 그 사람의 상황이 불확실해야 한다.

부동산(집)은 첫 번째의 요소를 기본으로 충족하고 있다. 그래서 언론은 흥행을 위해 두 번째 요소를 자극한다. 하루는 '1. 곧 오를 것'임을 주장하는 전문가를 초대해서 이야기를 들어보고, 또 다른 하루는 '2. 곧 떨어질 것'이라고 주장하는 전문가를 초대해서 이야기를 들어보는 것이다. 그리고 또 어떤 날은 특집으로 두 전문가들을 한자리에 초대해서 난장토론을 벌인다. 그러면 불안이 야기된다.

이것이 늘 양극단의 주장을 펼치는 전문가들이 TV와 신문에 등장하는 까닭이다. 방송 등을 통해서 얼굴이 알려지면 '없던' 권위가 (갑자기) 생겨난다. 그 권위로 인해 사람들은 그들의 주장에 더욱 귀를 기울이게 되고 언론은 (역시) 흥행을 위해서 다시 그들을 찾는다. 이름하야 상부상조요, 짜고 치는 고스톱이며, 공생의 사이클이다.

이런 시끌벅적 요란 통에 그들의 예측이 실은 과거부터 지금까지 계속해서 틀려왔다는 냉정한 사실이 가려진다. 권위라는 허울은 대중의 눈을 멀게 한다. 아무도 인터넷을 켜고 그들의 과거 예측이 얼마나 적중했는지를 확인하지 않는다. 다만 추종할 따름이다.

언론은 그들의 족적을 추적해서 점수를 매길 수 있는 능력까지도 충분히 갖추고 있지만, 그랬다가는 대부분의 경제 프로그램을 폐지해야 하기 때문에 그냥 능친다. 지금까지의 시장 상황이 딱 이렇게 돌아가고 있다.

누누이 말하지만 미래가격에 대한 예측은 허망하다. 주식시장이 앞으로 어떻게 될 것인지, 부동산시장의 전망이 과연 어떨지는 아무도 '실력으로' 맞출 수가 없다. 수십 명의 노벨경제학상 수상자를 배출한 미국에서 서브프라임모기지 사태가 터졌다는 사실을 잊지 말아야 할 것이다!

부동산 전문가의
엉터리 예측

사람의 지식은 별수 없이 유한하다. 반면 무지는 필연적으로 무한하다. 즉 전문가라고 해서, 박사라고 해서, 평생을 연구만하고 공부만 했다고 해서 세상 모든 것을 알 수는 없는 노릇이다. 그러나 특정 분야의 전문가로 취

왜 부동산 뉴스를 열심히 봐도 '내 집 마련'은 남의 일일까? ─────────

언론이 전파하는 부동산 담론의 대부분은 '중산층 이상의 집 가진 사람들'을 위한 것이다. 대표적인 것이 바로 '부동산시장 정상화'와 '거래 활성화' 따위의 속칭 '부동산 주류담론'들이다.

무주택자들 입장에서야 집값이 떨어지는 것이 좋은 일일 테다. 즉 무주택자들의 부동산시장 정상화와 활성화란 집값이 떨어지는 것이다(누가 뭐라 해도 서울의 집값은 이미 보통 사람들의 구매력을 한참이나 뛰어넘었다).

그러나 유주택자들의 입장에서 본다면 정반대다. 그리고 주지하고 있다시피 언론의 99% 이상은 후자의 입장을 대변하고 있다.

급받고 있는 몇몇 사람은 이 명명백백한 진리를 수용하질 못한다. 그래서 전혀 모르는 주제를 질문받았을 때에도 '감히 아는 것처럼' 답을 하곤 한다. 그들에겐 '모르는 것을 모른다고 말할 수 있는 용기'가 부족하고, 바로 그 부족함이 그들보다 유명하지 않은 내가 신랄하게 그들을 비판할 수 있는 좋은 빌미를 제공해준다.

그런데 거의 모든 분야를 막론하고 '모르는 것을 모른다고 말할 수 있는 용기 있는 전문가'들은 사람들에게 인기가 없다. 일반적으로 사람들은 확실하고 단호하며 단정적인 화법을 쓰는 전문가를 더욱 능력 있는 전문가로 여기는 경향이 있다.

예컨대 2명의 의사가 있다고 해보자. 첫 번째 의사가 말한다.

"당신과 같은 환자를 많이 보아왔습니다. 그런데 정확히 어디가 잘못되었다고는 말씀드리기가 어렵군요. 여러 가지 치료제가 있는데, 우선 A 치료제를 써봅시다. 그것이 당신 같은 케이스의 환자에게 조금 더 효과가 있는 것으로 알려져 있습니다. 우선 한 달간 써보고 효과가 없으면 다른 치료제로 바꿔보도록 합시다. 다음 달에 뵙도록 하겠습니다."

이번엔 두 번째 의사가 말한다.

"당신과 같은 환자를 많이 보아왔습니다. 원인이 무엇인지 정확히 말씀드릴 수 있습니다. 당신과 같은 증상에는 B 치료제가 특효입니다. 처방전을 써드릴 테니 약국에서 약 타서 가시고요. 한 달 후에 다시 오세요. 반드시 효과가 있을 겁니다!"

어느 의사가 마음에 드는가? 이런 질문을 하면 대부분 두 번째 의사를 고른다. 이런 탓에 용기 있는 전문가들은 늘 인기가 없다(게다가 전문가 취급을 받지 못할 때도 있다).

어차피 경우의 수는 4가지다

부동산시장에선 늘 '오른다'와 '떨어진다'라는 각각의 주장을 펴는 전문가들이 팽팽히 힘을 겨룬다. 그리고 그들의 싸움을 부동산(집) '보유자(유주택자)'와 '비보유자(무주택자)'라는 상이한 성격의 대중이 관심 갖고 지켜본다.

부동산시장을 재테크적으로 바라보면 재료는 결국 이 4가지가 전부다. 즉 전문가들이 재테크 컨설팅 및 제언을 해줄 수 있는 경우의 수는 다음의 4가지뿐이다.

재테크적인 관점으로 바라보았을 때(집을 투자의 수단으로 바라보았을 때) 주택 보유자(유주택자)들이 전문가들의 예측에 귀를 기울이는 까닭은 매매차익을 얻기 위한 '매도 타이밍'을 가늠하기 위함이다. 주택 보유자들은 1-1 '오른다(↑)'의 경우에는 '매도 보류(더 오른 뒤에 팔아야 하므로)'를, 1-2 '떨어진다(↓)'의 경우에는 '매도(차익실현 또는 손해를 줄이기 위해)'의 행동을 취한다.

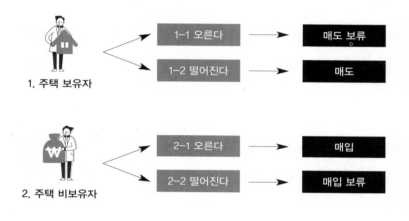

비보유자(무주택자)들은 반대로 움직인다. 2-1 '오른다(↑)'의 경우에는 '매입(더 오르기 전에 사야 하므로)'을, 2-2 '떨어진다(↓)'의 경우에는 '매입을 보류(더 떨어진 뒤에 사면 되니까)'한다.

수많은 숫자들과 그래프, 이론들이 이 4가지의 선택지를 위해 존재한다. 그러나 이 4가지는 '부동산 가격의 예측이 가능하다.'는 신기루와도 같은 전제하에서만 성립이 가능한 것이다. 한 비보유자(무주택자)가 아파트 값이 곧 떨 거라는 전문가들의 예측을 믿고 매입을 했다고 해보자. 그런데 이내 가격이 떨어진다면? 이번에는 보유자(유주택자)가 매도를 보류했다고 해보자. 역시 또 값이 떨어진다면?

이런 경우 투자 실패로 인한 수천, 또는 수억 원의 손실에 대한 책임은 대체 누가 져야 할까? 바로 거래 당사자다. 전문가들은 예측을 팔아서 돈을 벌어들일 뿐, 그에 관한 모든 책임에서 완전히 자유롭다. 그런 무책임한 이들의 예측이 성실에 기반을 둘 리 만무할뿐더러(세상에서 당신보다 당신의 돈을 더 소중히 여기는 사람은 없다) 계속해서 강조하듯이 '미래 가격의 예측이 실력이나 분석으로 가능하다.'는 전제는 애초에 성립조차 할 수 없는 허상이다. 요컨대 전문가들의 예측에 기댄 전 재산을 건 거래(부동산 거래)는 매우 어리석은 일이 아닐 수가 없다.

그럼 어떻게 해야 하는가? 행동지침의 기준을 바꿔야 한다. 기존 부동산 거래의 의사결정에 가장 영향을 미치는 요소가 전문가들의 예측이었다면 이제는 엉터리인 그것들을 완전히 무시하고 시선을 '정말 중요한 곳'인 가계의 현 재무상황으로 돌려야 한다. 즉 부동산(집) 값을 아무도 예측할 수 없다는 진실을 전제로 현재 가계의 자산과 부채, 수입과 지출을 기준으로 하여 부동산 거래의 여부를 결정짓는 것이다. 이럴 경우 위의 '4가지 경우의 식'은 다음과 같이 다시 쓰이게 된다.

슬쩍 보면 알겠지만, 가계 재무구성 중 '빚(주택담보대출)의 규모'를 기준으로 한 식이다. 자세히 살펴보자. 주택 보유자의 경우 1-1 '(빚 상환) 가능 – 매도 보류'와 1-2 '(빚 상환) 불가능 – 매도 후 2(주택 비보유자)로 이동'이다.

대차대조표와 현금흐름표를 작성함으로써 얻어지는 대표적인 긍정의 효과는 역시 가계 재무구성을 거짓이나 착각 없이 진실하게 직시할 수 있다는 점이다. 그 효과는 여기에서도 십분 발휘된다. 집값의 차후 행방을 배제한 채로 주택담보대출금 등의 빚 상환만을 놓고 따져보자. 과연 그것이 갚을 수 있는 수준인가?

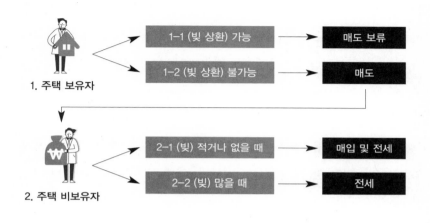

※ 주택 보유자와 비보유자의 '빚 규모'에 따른 행동 유형 ※

1. 주택 보유자
- 1-1 (빚 상환) 가능 → 매도 보류
- 1-2 (빚 상환) 불가능 → 매도

2. 주택 비보유자
- 2-1 (빚) 적거나 없을 때 → 매입 및 전세
- 2-2 (빚) 많을 때 → 전세

이건 정말 간단하고도 쉬운 질문이다. 종이(대차대조표와 현금흐름표)에 쓰인 숫자만을 토대로 빚 상환이 가능한지 따지면 된다. 만약 가능하다면(지금 여기서의 가능은 '능히 가능'을 말한다) 집을 그대로 보유하면 된다. 하지만 그것이 불가능하다면(극한 상황을 전제로 가능한 것이라면, 그것은 불가능하다고 보자) 집을 팔자(집을 팔면 무주택자가 되므로, 2 주택 비보유자[무주택자]로 이동한다).

이게 끝이다. 정말이지 '지당한 말씀'이 아닐 수가 없다. 이런 행동지침은 논리나 재테크라고 부르기에도 과분한 그냥 상식이다. 하지만 이 상식은 '미래가격의 예측이 가능하다.'는 미신에 의해서 사람들의 머릿속에서 설 자리를 잃은 지 이미 오래되었다.

사실 보유는 쉽다. 다만 매도가 어렵다. 그것도 정말로 엄청나게 어렵다!

행동경제학은 그에 대한 까닭을 손실 회피 성향이나 확증 편향, 매몰 비용 오류 등의 여러 가지 이론들로 설명한다. 하지만 그런 것들을 굳이 여기까지 끌어들일 필요도 없이, 지금 우리 곁의 하우스푸어 57만 가구들이 매도가 얼마나 힘든 것인지를 생생하게 입증하고 있지 않은가. 상식에 근거한 과감한 결단이 필요하다.

이제 주택 비보유자의 경우, 2-1 '(빚) 적거나 없을 때 – 매입 및 전세'와 2-2 '(빚) 많을 때 – 전세'를 살펴보자. 이 역시 상식에 근거한다. 집을 살 때 빚을 전혀 내지 않아도 되거나(물론 그런 사람은 거의 없겠지만), 조금만(원금 상환 시점의 월 상환금액을 기준으로 현재의 현금흐름에 무리가 되지 않을 정도의 수준) 내도 된다면 '매매'든 '전세'든 간에 무엇이든지 상관 없다.

그러나 빚을 많이 내야 한다면(원금 상환 시점의 월 상환금액을 기준으로 현재의 현금흐름에 심히 부담이 되는 수준) 매입을 포기하고 '전세'로 버티는 것이 최상이다.

분양 아파트는 피하라

'분양 아파트는 피하라.'

왜?

'집(아파트)값이 너무 비싸기 때문'이다. 우리가 평생 사들이는 물건 중에서 가장 비싼 물건은 두말할 것도 없이 집(아파트)이다. 그런데 왜 우리는 그런 집(아파트)을 그리도 대충 사들이는 걸까? 그러니까, 왜 아직 다 지어지지도 않은 아파트를 모델하우스만 한번 쓱 둘러보고는 계약하고, 또 오랜 기간에 걸쳐 돈을 납입하는 걸까?

다 지어진 아파트를 꼼꼼히 둘러보고 충분히 고민한 후에 사도 후회하는 판국인데, 참으로 신기한 노릇이 아닐 수 없다. 휴대폰이나 옷, 가방을 살때는 이리저리 비교도 잘하고 따져보기도 잘하는 우리지만, 유독 수억 원을 호가하는 집(아파트)을 살 때만은 그러질 않으니, 참으로 아이러니하다.

나는 이러한 까닭을 '다원적 무지에 의한 동조현상(군중심리)'으로 풀이한다. 그냥 남들이 다 그렇게 하니까 나도 똑같이 하는 것이다. 예컨대 이런 식이다.

최근 애인과 극장에서 영화를 본 적이 있다. 엔딩 크레디트가 올라가기에 끝난 줄 알고 일어났다. 그런데 사람들이 요지부동하는 것이 아닌가! 요즘 영화는 엔딩 크레디트 뒤에 후속 이야기를 예고의 형식으로 삽입하는 것이 유행이라던데, 그것인가 싶어서 다시 자리에 앉았다. 그리고 영상이 다시 시작되기만을 인내심을 갖고 기다렸다. 그런데 세상에! 그 길고 긴 기다림 뒤에 아무것도 없었다! 상영관에 불이 환하게 켜졌고 청소도구를 든 직원들이 들이닥쳤다. 그제야 우리는 머쓱하게 웃으며 자리에서 일어났다. 주위를 둘러보니 무려 3분의 2 정도의 관객이 남아 있었다.

그때 그 많은 사람은 왜 엔딩 크레디트를 끝까지 구경했을까? 그들 모두가 그 영화의 스텝이었던 걸까? 그러니까 엔딩 크레디트에 자신의 이름이 나오는 걸 확인하기 위해서였을까? 아니면 영화의 감동이 가시질 않아서 감히 일어날 수가 없었던 걸까? 혹은 엔딩 크레디트를 영화만큼이나 좋아하는 걸까? 설마 갑자기 다리가 저려왔나? 농담이다.

우리 커플처럼 그들도 남들이 앉아 있으니까 따라 앉아 있었을 뿐이다. 상영관 안의 관객들(군중)은 서로가 서로에게 의지했고 그 서로는 엔딩 크레디트 뒤에 무엇이 있는지에 대해 무지했다. 이 일은 내가 생활에서 겪은 '동조 현상의 부작용' 중 가장 웃긴 일이기도 하면서 가장 최근의 일이기도 하다.

군중에 대한 동조(모방)는 부족한 정보를 보완하기 위한 일종의 대중적 처방이다. 객관적인 정보가 전무한 진공의 상황에 놓였을 때 남들이 하는 행동을 따라하면 별 무리 없이 일을 마칠 수 있는 경우가 많다.

낯선 동네에서 줄이 길게 늘어선 식당을 들어가거나 남들이 많이 사서 읽은 베스트셀러를 구매하는 경우가 그렇다. 그러나 앞서 살펴본 극장에서의 일화처럼, 동조의 대상을 잘못 선택하는 실수를 범하면(알고 봤더니 동조의 대상 역시도 우리처럼 무지하다면), 그 결과는 전혀 원치 않은 다른 방향으로 나아갈 수도 있다. 그 원치 않은 결과가 다만 10분 정도의 시간낭비일 뿐이라면, 우리는 그것을 호탕하게 웃으며 받아들일 수 있겠지만, 만약 그 부작용이 수천만 원, 또는 수억 원의 손실이라면 우리는 절대로 그럴 수 없을 것이다.

나는 이미 앞서 복날의 개 이야기를 통해 "확률을 기준으로 한 판단에는 확률 그 자체보다 사건의 발생 규모가 더 중요하다."는 조언을 한 바 있다. 이 조언은 부동산 거래(투자, 매매)에도 어김없이 적용된다. 역시 계속 강조하지만 '불행히도 집은 너무나도 비싸다.'

부동산 거래에 있어서의 잘못된 선택이 일으키는 부정의 효과는 가족 구성원 전체의 생활을 바닥으로 추락시키고도 남는다. 그런 큰 거래에 있어서의 위험요소는 줄이고 또 줄여도 부족하다. 그런데 아직 채 다 지어지지도 않은 아파트를 모델하우스만 보고 덜컥 계약을 한다?

어쩌면 그런 행동은 '잘은 모르지만 남들이 다 그렇게 하니까 괜찮겠지.'라는 아주 어리석고 무책임한 자세일 수도 있다.

무주택자의 전세 활용법

무주택자인데 빚이 있다, 아마도 가장 많은 이가 놓인 상황일 것이다. 매매를 위해 빚을 많이 내야 한다면 전세로 버티는 것이 '최상'이다. 여기에는 2가지 명확한 이유가 있다.

첫째, 사회가 너무 불안하기 때문이다.

정확히 말해서는 노동환경이 불안정하기 때문이다. 자가소유는 보통 '주택담보대출에 기반'하여 이루어진다. 그리고 그 '대출의 상환'을 위해서는 안정적인 소득과 일자리가 필수다. 하지만 현재 한국의 노동시장은 그러한 조건을 전혀 충족하고 있질 못하다. 장기간의 현금흐름이 보장되어 있지 않은 상황에서의 무리한 주택담보대출은 '쥐약'이나 다름없다(노동 이야기만 나오면 재테크는 이렇게나 작아진다).

둘째, 위험 회피를 위함이다.

집을 소유하게 되면 감가상각(집도 자동차와 같은 물건이다)을 포함한 집값의 모든 가격변동을 책임져야 한다. 마지막으로 강조한다. 집은 정말 너무나도 비싸다. 앞으로 집값이 어떻게 될 줄 알고 그 큰 위험을 오롯이 떠안는단 말인가? '전문가들의 예측이 다 엉터리'라는 진실에 기반을 두어 집값을 '예측 불가능의 영역'으로 상정하게 되면, 전세는 집 없는 설움이 아닌 집값 변동에 의한 위험을 회피할 수 있는 아주 매력적인 수단으로 재조명된다.

게다가 전세로 살면 각종 세금 및 유지관리 비용도 들지 않는다. 우리는 이를 일컬어 일거양득 또는 님도 보고 뽕도 딴다고 하지 않던가? '집값이 계속 오른다.'는 판타지와 같은 전제만 걷어내면 전세는 집주인에게 엄청나게 불리한 제도다. 그러므로 전세 매물을 찾기 어렵다고 쉬이 매매로 돌아서지 말고 '최대한 전세로 버티는' 위험 관리 차원에서의 전략적인 자세가 요구된다(마냥 "집을 사야 한다."는 논조만 반복하는 무책임한 언론의 선전은 무시하자).

7장

보험 가입에도 '선수'가 있다

당신은 감기 치료비 6,000~7,000원을 보장받자고
보험에 가입하는가? 혹시라도 부담하게 될지 모를
'수천만 원의 재앙적 의료비'가 두려워서
보험에 가입하는 것이 아닌가?
재무학에서는 보험 가입행위를 '위험의 전가'라는
말로 표현한다.
감히 보유할 수 없을 만큼의 큰 위험이니
보유하지 않고 보험사에게로 떠넘긴다는 뜻이다.
그런데 많은 보험사가
보험금을 제대로 지급하지 않는다.
그뿐인가.
넘겼던 위험을
다시 가입자에게 되돌려준다.
코미디도 이런 코미디가 따로 없다!

최고의 보험 전략,
적게 내고 많이 타라

보험을 게임이라고 가정해보자. 두 팀이 게임을 펼친다. 한 팀은 '우리'고 또 다른 한 팀은 '보험사'다. 서로 최대의 이익(돈)을 얻기 위해서 노력한다. 각 팀이 구사할 수 있는 최선의 전략들을 살펴보자.

먼저 우리의 전략이다.

우리는 최대의 이익을 얻기 위해 다음의 전략을 펼쳐야 한다. "보험료는 적게, 보험금은 많이." 단순하다. "내는 돈은 적게, 받는 돈은 많이." 이것이 우리가 구사해야 할 핵심 전략이다. 우리는 보험가입 시점과 사고발생 시점을 최대한 근접하게 조작해야 한다. 즉 보험에 가입하자마자 암에 걸리거나 차에 치여야 하고 몸이 회복되기가 무섭게 또다시 똑같은 일을 반복해야 한다. 그러면 우리는 최대의 이익을 얻을 수가 있다. 응당 얼토당토않은 전략이다. 하지만 실제 우리 주위에는 이런 식의 전략을 구사하는 작자들이 몇 있다. TV 뉴스에도 가끔씩 나온다. '보험 사기꾼'이라는 이름으로.

이제 보험사의 전략을 살펴보자.

보험사가 최대의 이익을 얻으려면 다음의 전략을 구사해야 한다. "받는 돈은 많이, 주는 돈은 적게(보험료는 많이, 보험금은 적게)." 보험사는 청약서나 약관 등에 여러 함정들을 파놓아야 한다. 그래서 보험료를 꾸준히 받다가 언젠가 우리가 보험금 지급을 요청했을 때 그것들을 이용해서 단칼에 지급 거절의사를 밝혀야 한다. 이렇게 마땅히 주어야 할 보험금을 주지 않았을 때 보험사는 꿀 같은 이익을 얻게 된다. 그리고 그것의 규모가 커질수록 이익도 커진다.

실제로 보험사는 이런 식의 전략을 탁월하게 구사하고 있는 것으로 유명하다. 2012년에 발표된 업계의 한 자료에 따르면, DGB생명(구 우리아비바생명)이 100건 중 10건 정도(9.48%) 보험금을 지급하고 있지 않은 것으로 나타났고 KB생명은 100건 중 5건 정도(4.63%) 보험금을 지급하고 있지 않은 것으로 나타났다. 정도의 차이만 있을 뿐 현재 모든 보험사들이 보험금의 지급을 어느 정도는 거절하고 있다.

나는 지금부터 보험사와 우리의 이해관계가 반대라는 사실을(나는 이미 앞서서 금융사와 우리의 이해관계가 모순된다는 점을 설명했다), 또 보험이라는 게임의 룰이 우리에게 매우 불리하게 조직되어 있다는 사실을 설명하고자 한다(우리는 '최대의 이익을 얻기 위한 최선의 전략'을 구사할 수가 없는 반면, 보험사는 그럴 수가 있다).

사고(보험금의 지급사유) 발생 후에 취할 수 있는 각각의 선택사항들을 따져보면 이 불평등이 얼마나 큰지 명료하게 다가온다. 우리가 암에 걸렸다고 가정해보자. 이 경우 우리가 취할 수 있는 선택은 오직 '보험사에게 보험금의 지급을 요청하는 것뿐'이다. 반면 보험사는 그것을 승낙할 수도 있고 거절할 수도 있다!

이렇게 우리가 보험을 통해서 얻게 될 언젠가의 이익(돈)은 전적으로 보험사의 선택에 달려 있다. 결국 칼자루를 쥔 것은 보험사다. 우리는 보험이라는 게임에서 절대로 승리할 수 없다. 그래서 보험은 '비극'이다. 이제 보험사가 어떤 방법으로 보험금 지급의무를 져버리는지를 살펴보자.

자필서명 없는 보험계약은 무효다

보험사가 보험금 지급을 회피할 때 쓰는 방법은 밤하늘의 별만큼이나 많다. 내가 이미 알고 있는 방법들만 설명하려 해도 책 두 권 이상의 분량은 나올 것이다. 그렇기 때문에 가장 대표적인 방법 3가지만 살펴보도록 하자. 지난 내 경험에 의하면 이 3가지는 나름의 순서에 입각한다.

우선 첫 번째다.

보험사는 보험금 청구가 들어오면 가장 먼저 청약서상의 서명이 피보험자의 것인지 아닌지를 확인한다. 그 뒤 그렇지 아니한 보험계약을 무효로

처리한다. 보험계약은 상법의 규정을 따른다. 상법 제731조(타인의 생명의 보험) ①항은 "타인의 사망을 보험사고로 하는 보험계약에는 보험계약 체결 시에 그 타인의 서면에 의한 동의를 얻어야 한다."고 명기하고 있다. 그러 니까 '계약자와 피보험자가 다른 보험계약일 경우' 청약서에 피보험자의 자 필서명이 없다면 그 보험(계약)은 무효인 것이다. 2003년 11월 20일자 〈머 니투데이〉 기사를 살펴보자.

> 김 모 씨는 아들의 이름으로 대한생명 '그랑프리보험(보험금 2억 1,000만 원)' 과 '오케이안전보험(보험금 1억 원)'에 가입하면서 아들의 서명 없이 보험에 가입했다. 그러다 아들이 열차에 치여 사망했는데, 대한생명은 이 보험계약 청약서들에 자필서명이 없다는 이유로 보험금 지급을 거절했고, 대법원(2003 년 7월 판결)까지 상고해 보험금을 지급하지 않았다.

김 모 씨는 청약서에 아들의 서명을 누락했다가 마땅히 받아야 할 보험 금 3억 1,000만 원을 받지 못했다. 많은 부모가 그렇듯 아마 김 모 씨가 아 들을 대신하여 서명을 했을 것이다. 분명 그는 자신이 '고작 서명 하나 때문 에' 대법원까지 가는 소송을 겪게 되리라고는 꿈에도 상상치 못했을 것이다.

1996년 11월, 계약자와 피보험자가 다른 보험계약일 때 피보험자의 자필 서명이 누락됐다면 상법상의 원인 무효라는 대법원의 확정판결이 있었다. 당 시 가계 내 살림을 책임지는 아내들이 보험계약에 있어서 가족의 서명을 대 신하는 것이 일반적이었던 터라 판결 이후 사회적으로 엄청난 파장이 일었다.

결국에 빗발치는 해약전화를 감당하지 못한 보험사들이 동년 12월 "현재 유지되고 있는 계약에 대하여 보험가입자에게 피해가 가는 일이 없도록 책임을 질 것"이라는 내용을 담은 보험사 사장단의 결의문을 일간지에 게재하는 것으로 사건을 마무리 지었다.

그렇다면 그 후로 피보험자의 자필서명이 없는 보험계약과 관련한 분쟁은 없었을까? 천만의 말씀이다. 위의 김 모 씨의 사례를 통해서 짐작할 수 있듯이 그 후로도 보험사들은 꾸준하게 피보험자의 자필서명 미필을 이유로 보험금 지급을 거절해 왔고 이와 관련한 각종 민원과 소송들이 지금까지 끊이질 않고 있다.

보험사 사장단의 결의문 발표까지 있었는데 도대체 무엇이 문제였을까? 바로 그 결의문이 문제였다. 상법 제731조 ①항은 '강행규정强行規定', 즉 당사자의 의사 여부와 관계없이 강제적으로 적용되는 규정인지라 결의문이 아무런 법적 효력을 발휘하지 못했던 것이다. 법무팀까지 꾸리고 있는 보험사들이 이 사실을 몰랐을 리 만무하다. 결국에 결의문은 하나의 '쇼'였던 것이다. 그렇다면 만약 계약자와 피보험자가 같은 보험계약이라면 그때에도 상법 제731조 ①항이 적용될까?

2010년 2월, 대법원은 "그렇다."는 내용의 확정판결을 내렸다. 덕분에 피보험자의 자필서명이 없는 보험계약이 다시 한 번 사람들의 관심을 끌게 되었고, 그때 보험사들이 '자필서명 확인서'라는 카드를 꺼내 들었다. '피보험자가 자필서명을 하지 않았다 하더라도 보험계약에는 아무런 문제가 없다.'는 내용을 담아서 보험사가 발급을 해주는 것인데, 이 역시 1996년 12월 보험사 사장단 결의문과 마찬가지로 아무런 법적 효력이 없다. 그리고 이와 함께 피보험자의 자필서명을 '보완'하는 서비스도 생겨났다. 하지만 상법 제

731조 ①항에는 타인(피보험자)의 서면에 의한 동의를 보험계약 체결 시에 받아야 한다고 명기하고 있기에, 이 역시도 아무런 법적 효력이 없다(아무래도 보험사들은 우리 소비자들이 어지간히 우습게 보이나보다).

내용을 정리하자면 이렇다. 피보험자가 자필서명을 하지 않은 보험계약은 '확인서'를 받았든, 피보험자가 서명을 '보완'해 '추인追認'을 했든 확정적으로 '무효'다. 무효라는 것은 보험계약이 처음부터 존재하지 않았다는 것을 뜻한다. 결국 지금 당신이 서명이 온전치 못한 보험 상품을 가졌다는 것은 쓰레기를 갖고 있는 것과 같다. 혹시 그런 보험계약이 있는가? 어떻게 해야 할까? 그 대처법을 일러주겠다.

지금까지 납입했던 보험료와 '소정의 손해배상금'을 보험사에 청구하라. 처음부터 존재하지도 않았던 계약이기 때문에 계약이 실효가 되었든, 보험금을 수령했든, 약관대출을 받았든 상관이 없다. 받은 것이 있다면 상계相計를 하면 그만이다.

'보험업감독업무시행세칙'에서는 무효 보험계약에 대한 보험사의 여러 손해배상책임 규정을 명기하고 있다. 보험금 지급사유가 발생하지 않은 경우에는 "이미 납입한 보험료와 보험료를 납입한 날의 다음날부터 반환일까지의 기간에 대하여 회사의 보험계약대출이율을 연단위 복리로 계산한 금액"을 손해배상금이라 명기하고 있고, 보험금 지급 사유가 발생한 경우에는 "이미 납입한 보험료와 그 사유에 해당되는 보험금에 상당하는 금액"이라고 명기하고 있다. 쉽게 말해 보험금을 지급받은 적이 없다면 이자가 손해배상금인 것이고, 보험금을 지급받은 적이 있다면 그 보험금이 손해배상금인 것이다.

보험사들이 워낙 아전인수에 능해서 기납입 보험료와 손해배상금을 받아내는 것이 그리 녹록하지만은 않을 것이다. 그렇다고 무효인 보험계약을 위해 매달 10여만 원의 보험료를 납입할 수는 없는 노릇이다. 역시 방법은 하나뿐이다. 모두 받아내라.

보험계약 시점이 너무 오래되어서 보험계약청약서를 분실했을 수도 있다. 그럴 때는 보험사가 보관하고 있는 '보험계약청약서의 원본을 대조필한 사본'을 요청하면 된다. 당신을 위해 내 블로그blog.naver.com/kubonki에 '보험계약청약서의 원본을 대조필한 사본'과 '기납입 보험료와 손해배상금을 요청하는 내용증명서'를 올려두도록 하겠다. 과거에 내가 실제로 사용했던 것들이다. 부디 유용하게 쓰길 바란다.

고지의무,
어디까지 알려야 할까?

이제 두 번째 방법을 살펴보자.

보험사는 다음으로 청약서의 '고지의무 위반사항'들을 확인한다. 소비자는 보험에 가입을 하기 전에 자신의 병력病歷과 직업 등을 청약서에 기입해서 이를 보험사에게 알려야 하는데(보험사가 그것을 살펴보고 보험가입을 받아들일 것인지 말 것인지를 결정한다), 이를 일컬어서 '고지의무'라고 한다.

보통의 청약서에는 "최근 5년 이내에 의사로부터 진찰·검사를 받고 그 결과 입원, 수술, 정밀검사(심전도, 방사선, 건강진단 등)를 받았거나 계속하여 7일 이상 치료 또는 30일 이상 투약을 받은 적이 있습니까?" "최근 3개월 이내에 의사로부터 진찰·검사를 통하여 진단을 받았거나 그 결과 치료, 입원, 수술, 투약을 받은 사실이 있습니까?" 따위의 질문들이 20가지 정도가 명기되어 있다.

이때 보험설계사에게는 '고지수령권'이 없기 때문에 관련 내용을 아무리 말로 설명해봐야 소용없다. 고지의무 사항은 반드시 청약서를 통해서 보험사에 직접 전달하여야만 한다. "고지의무 사항을 설계사에게 말했다."고 해봤자 고지를 제대로 했다는 증명은 되지 않는다. 이와 관련해 2011년 5월 18일자 〈프레시안〉 기사를 살펴보자.

A씨는 5살 난 자녀 이름으로 2008년 한 민영의료보험 상품에 가입했다. 보험사 측이 가입 시 자녀의 병력을 묻자 A씨는 2006년에 자녀가 감기로 통원치료를 받고 입원한 적이 있다고 보험사에 알렸다. 당시 의사는 아이가 감기로 열이 나서 경기를 일으켰다는 사항 외에 다른 병명을 알려주지 않았고 A씨는 자녀의 병력을 대수롭지 않게 생각했다.

문제는 2009년 자녀가 병원에서 '우측 근위 요골 호산구성 육아종' 판단을 받고 나서다. A씨는 보험금 지급을 청구했지만 보험사는 "의료기록에 의하면 폐렴으로 입원한 것을 비롯하여 천식 등으로 지속적인 통원 치료를 받아온 것이 확인돼 계약 전에 알릴 의무(고지의무)를 위반했다."며 갑자기 계약을 해지했다.

A씨의 사례는 고지의무 위반에 관련된 아주 흔한 사례이다. 보험사는 언

제든지 우리가 기억하지 못하는 과거의 작은 알약 성분 하나까지도 찾아내어 보험금의 부지급 사유로 둔갑시킬 수가 있다.

보험사는 보통 청약서를 통해서 과거 5년 이내의 병원 방문사실 등을 묻는다. 하지만 생각해보자. 과연 5년 이내의 그 모든 것들을 모두 기억해내서 진단, 검사, 치료, 투약 등의 사실을 하나도 빠뜨리지 않고 글로 옮길 수 있는 사람이 세상에 존재하긴 할까? 어제저녁에 먹은 반찬이 무엇이었는지조차 헷갈리는 것이 사람이다. 뻔하다. 우리는 누구 할 것 없이 청약서의 고지의무 사항을 제대로 기입하지 못했다. 보험사가 과연 그 흠들을 나중에 가만히 내버려 둘까?

2012년에는 금융감독원이 나서서 "고지의무 위반에 관련된 민원이 지속적으로 증가하고 있다."라며 관련 보도자료를 배포하기에까지 이르렀다. 자

고지의무 위반을 최대한 피하는 보험 가입법 ─────────
보험사는 언제든지 과거의 작은 질병 하나를 가지고 보험금의 지급을 거부할 수 있다. 이런 상황을 최대한 피하기 위해서 고지의무를 제대로 이행하는 보험 가입법을 살펴보자.

1. 청약서의 '질문표'에 과거 질병을 기재하라.
단순히 보험설계사에게 과거 병력을 알리는 것만으로는 충분하지 않다. 반드시 관련 내용을 청약서의 질문표에 기재해야 고지의무를 이행했다고 볼 수 있다.
다만 보험사의 전화마케팅(TM)을 통해 보험 계약을 맺을 때는 보험사 상담원의 질문이 청약서의 질문표를 대체하므로 상담원의 질문에 사실대로 답하면 된다.

2. 5년간의 진료기록이나 의료비 사용내역을 열람하라.
본인의 과거 병력이나 치료경력을 기억하기 어렵다면, 국민건강보험 홈페이지www.nhis.or.kr에서 5년간 진료기록을 열람하거나 국세청 연말정산간소화 홈페이지www.hometax.go.kr에서 의료비 사용내역을 조회하는 방법을 사용하라. 다소 번거롭지만 고지의무 위반으로 보험금을 못 받는 것보다는 낫다.

료에 의하면 2009년에 1,908건이던 고지의무 위반에 관련된 민원이 2010년에는 전년 대비 5.6%가 감소해서 1,802건이 발생했고, 2011년에는 전년 대비 23.8%가 증가해서 2,231건이 발생했다.

보험사, 법의 허점을 노린다

마지막 세 번째 방법이다.

만약 고지의무 사항마저 건드릴 수가 없다면, 보험사는 그때 소비자를 상대로 "보험금을 지급해줄 의무가 없다."는 내용의 '채무부존재확인소송'을 제기한다. "적정 입원일수를 초과해서 입원했기 때문에 보험금을 지급해주지 못하겠다." "진단 내용이 사실과 다르다." 등 소송의 이유는 다양하다.

소송이 통상 2년 이상으로 장기화된다는 점을 악용한 괴롭힘이다. 이렇게 소송이 시작되면 당장의 치료비와 생활비가 급한 소비자는 언제 끝날지 모르는 소송의 여러 비용들까지 함께 부담해야 한다. 반대로 보험사는 법원의 판결이 내려지기까지 (합법적으로!) 보험금을 지급해주지 않아도 된다.

병원과 법원을 2년 이상 오갈 만큼 지독한 소비자는 그리 많지 않다. 시간이 어느 정도 흐르고 몸과 마음이 만신창이가 된 소비자에게 보험사 직원이 다가간다. 그리고 말한다.

"송사 3년이면 집안 거덜 나는 거 아시죠?"

그는 적당한 선에서 합의를 보자며 약속된 보험금에 훨씬 못 미치는 금액을 제시한다. 말이 좋아 합의지 내용은 거의 협박이나 다름없다. 그러나 당장에 돈이 급한 소비자는 이 제안을 쉽게 거절하지 못한다. 다음은 2014년 4월 30일자 〈연합뉴스〉에 소개된 관련 사례다.

> 보험사들이 고객을 상대로 지나치게 소송을 많이 제기하는 것이 아니냐는 지적이 나오고 있다. (…) 노모(42) 씨는 2011년 전기공사 작업을 하다가 5m 높이에서 추락해 척추골절상을 입었다. 수술을 받은 노 씨는 병원으로부터 후유장해 3급의 장해진단서를 발급받아 2003년에 가입한 교보생명 종신보험의 재해상해 특약으로 장해보험을 청구했다.
> 그러나 교보생명은 노 씨가 제출한 진단서를 인정하지 않고, 3차례에 걸쳐 노씨에게 다른 병원의 장해진단서를 발급받아 제출하기를 요구했다. 교보생명은 "노 씨에 대한 자체 조사를 진행해 후유장해 3급이라고 볼 수 없는 동영상 등의 증거와 정황을 포착했다."며 보험금 지급 거부 사유를 설명했다.
> 교보생명은 보험사기 혐의로 경찰에 조사를 의뢰했으나 노 씨는 결국 증거 불충분으로 무혐의 처분을 받았다.

이 기사의 제목은 "보험사들, 고객에 '사기혐의' 소송 남발"이다. '남발'이라는 단어가 어울릴 만큼이나 보험사들이 소송을 즐기고 있다. 이 점은 수치로도 확인이 가능하다. 금융감독원이 2013년 7월에 김용태 의원(새누리당)에게 제출한 '보험사별 소송 현황' 자료에 의하면, 2008년부터 당해년도 상반기까지 5년간 16개의 손해보험사와 23개의 생명보험사가 무려 30,642건의 소송을 진행했다. 하루 평균으로 따지자면 16건이 넘는다.

보험 들기 전에
꼭 확인해야 할 것들

보험설계사들은 다음의 4가지를 '이상적인 보험의 조건'으로 든다.

첫째, 충분한 보장
둘째, 폭넓은 보장
셋째, 장기간 보장
넷째, 적정한 보험료

그들이 주로 하는 일은 위의 4가지 조건에 맞는 보험을 발굴하고 설계하는 것이다. 그래서 그들의 수고는 어디까지나 '헛수고'다. 위의 4가지가 조건으로서 온전한 힘을 발휘하려면 '반드시 보험사가 보험금을 지급해줄 것'이라는 명제가 '참'이어야 하기 때문이다.

그러나 앞서 살펴보았듯이 이 명제는 결코 '참'이 될 수가 없다.

보험사는 절대로 당신 편이 아니다

당신에게 《이솝 우화》에 나오는 '늙은 사자와 현명한 여우 이야기(이하 여우 이야기)'를 들려주고 싶다.

늙은 사자가 한 마리 있었다. 류머티즘 관절염 때문인지 어째 사냥을 하기가 점점 힘에 부치는 사자였다. 어느 날 한 가지 꾀를 내었다. '그래! 아프다고 거짓 소문을 내어서 병문안 온 동물들을 잡아먹자!' 사자가 아프다는 소문이 순식간에 온 숲으로 퍼져나갔다. 토끼, 사슴, 너구리… 여러 동물들이 앞 다투어 병문안을 왔다. 그렇게 모두 사자의 일용할 양식이 되어 주었다. 하루는 여우가 병문안을 왔다. 그런데 어라? 굴로는 들어오지 않고 밖에서만 안부를 묻는 것이 아닌가? 사자가 물었다. "여우야, 너는 왜 굴 안으로는 들어오지 않는 거니?" 그러자 여우가 답했다. "굴 안으로 들어간 동물들의 발자국은 보이는데, 나온 발자국은 보이지가 않아서요."

이제 이 이야기를 해제해보자. 여우는 필시 굴 앞에서 다음의 2가지 가능성과 마주했을 것이다.

첫째, (굴 안에서 나온 동물들의 발자국이 없는 것을 보니) 병문안을 온 동물들 모두 사자에게 잡아먹혔다.

둘째, (굴 안에서 나온 동물들의 발자국이 없는 것을 보니) 병문안을 온 동물들 모두는 아직도 안에 머물고 있다. 혹은 굴에 출구가 따로 있다.

　첫째의 가능성은 최악의 상황, 즉 '죽음'을 의미한다. 그리고 둘째의 가능성은 최상, 다시 말해서 '삶'을 의미한다. 여우는 굴 앞에서 고민했다. 햄릿처럼 '죽느냐 사느냐, 그것이 문제로다!' 하는 저울질 끝에 첫째의 가능성에 무게를 더 두었다. 상황을 최악으로 상정한 것이다. 그렇게 여우는 굴에 들어가지 않았고, 결국 삶을 이어나갈 수 있게 되었다.
　여우 이야기에 담겨 있는 교훈은 명확하다.

　"목숨이 날아갈 수도 있을 만큼의 중대한 현안이 불확실의 상태에 놓여 있을 경우 반드시 그 가능성을 최악으로 상정해야 한다."

　실제로 이 교훈은 많은 경우에 있어서 유용하다. 남한과 북한의 군사전략을 예로 들어보자. 북한이 남한에 미사일을 쏘지 않을 수도 있다. 하지만 남한은 북한이 언제든지 미사일을 쏠 수도 있다는 가정하에 전략을 수립해야 한다. 그렇지 않으면 북한이 정말로 미사일을 쏘았을 경우 속수무책으로 무너지는 것 말고는 다른 방법이 없을 것이다.
　이제 이 교훈을 우리가 가입 중인 보험으로 가져와보자. 그리고 앞서 살펴본 몇 가지 보험금 부지급 사례들을 떠올려보고 따져보자. 우리는 과연 보험사의 보험금 지급약속을 어떠한 자세로 대해야 하는 것일까?

병에 걸리거나 다쳐서 몸이 상하는 것을 '신체적 손해'라고 하자. 그리고 이것을 다시 '1차적 위험'이라는 말로 규정해보자. 이제 이것에 의한 의료비, 즉 '금융적 손해'를 2차적 위험이라고 하자. 보험은 바로 이 '2차적 위험(금융적 위험)'을 헤지hedge하기 위한 수단이다. 식으로 표현하자면 다음과 같다.

그런데 계속 살펴본 대로 이 2차적 위험은 보험사가 보험금을 지급해 주지 않을 상수常數에 의해서 완전 헤지perfect hedge가 되질 않고 불완전 헤지imperfect hedge의 상태에 머물게 된다. 그러니까 2차적 위험이 다시 '보험금의 부지급'이라는 '3차적 위험'으로 번지게 되는 것이다. 이것을 식으로 표현하자면 다음과 같다.

언젠가 나는 보험사의 보험금 부지급이 두려워서 같은 내용의 보험을 여러 보험사에 중복해서 가입해둔 이를 만난 적이 있다. 시흥동의 은행나무사거리에서 작은 마트를 운영하고 있는 여 사장이었는데, 내게 "계란을 한 바

구니에 담을 수는 없다."면서 자신의 보험증권들을 자랑스럽게 보여주었다. 하지만 그녀처럼 해보아야 3차적 위험은 계속해서 '같은 이름의 다른 차수의 위험'으로 번질 뿐이다. 다음과 같은 식이다.

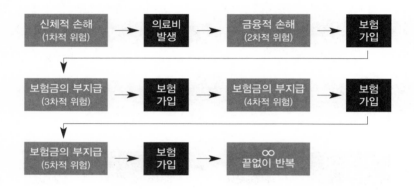

감기 치료비 6,000~7,000원 보장을 받자고 보험에 가입하는 것이 아니다. 언젠가 혹시라도 부담하게 될지 모를 '수천만 원의 재앙적 의료비'가 두려워서 보험에 가입을 하는 것이다. 이런 이유로 재무학은 보험의 가입행위를 '위험의 전가'라는 말로 표현한다. 감히 보유할 수 없을 만큼의 큰 위험이니 보유하지 않고 보험사로 떠넘긴다는 뜻이다. 그런데 보험사가 보험금의 지급의무를 져버린다? 넘겼던 위험을 다시 되돌려준다? 코미디도 이런 코미디가 따로 없다.

보험의 딜레마,
현명하게 빠져나오는 해법

　보험에 가입을 하지 않자니 미래의 언젠가 발생할 의료비가 두렵고, 가입을 하자니 보험금을 지급받지 못할까 봐 걱정이다. 그래도 다른 뾰족한 방안이 없기에(보험사가 보험금을 지급해줄 가능성도 존재하기에) 결국엔 보험에 가입하게 된다.

　보험금 부지급에 대한 불안감에서 벗어나는 가장 확실한 방법은 역시 수천만 원의 현금을 의료비 용도로 따로 저축해두는 것이다. 현금은 보험처럼 질병과 사고의 종류, 당사자가 누구인지에 대한 여부를 따지지 않기 때문에 보험보다 그 효율이 높다. 그러나 그런 현금이 실제로 우리에게 있었다면 보험의 가입 이유 역시 존재하지 않았을 것이다. 즉 그건 몇몇 부자들이나 취할 수 있는 아주 특별한 방법이다. 돈에 쪼들려 살아가는 보통의 우리는 어쨌거나 보험에 가입을 하는 수밖에 없다.

　따라서 우리에겐 보험의 가입방법과 요령 등에 대한 이른바 금융 지식이 반드시 필요하다(잠시 후에 이를 살펴보도록 하겠다). 그러나 또 그것들을 제 아무리 많이 습득해 각종의 보험들로 무장을 한다 하여도 보험사가 보험금을 지급해주지 않을 위험은 여전히 그대로 존재한다. 그래서 보험가입은 어쩔 수 없는 딜레마다. 과연 이 딜레마를 벗어날 수 있는 해법은 없는 걸까? 물론 있다. 이제부터 그것을 살펴보자.

알수록 돈 버는 상식, 민영보험 vs 국민보험

보험 가입의 딜레마에서 벗어나는 가장 좋은 방법은 의료비를 없애는 것이다. 그렇다면 어떻게 의료비를 없앨 수 있을까?

민간이 운영하는 병원들을 모두 국유화한다면 어떨까? 의료비를 없애는 가장 확실한 방법이지만, 우리는 지금 이 방법이 거의 판타지에 가깝다는 사실을 잘 알고 있다. 우리에겐 더 현실에 가까운 방법이 필요하다. 그 논의를 위해 다른 방향으로의 보험 이야기를 시작해보자.

우리는 운영주체가 다른 두 종류의 보험에 가입 중이다. 하나는 내가 지금까지 계속 '보험'이라고 일컬었던 '민영의료보험'이고 또 다른 하나는 이제야 말하기 시작하는 '국민건강보험'이다. 전자의 운영주체는 보험사(민간)이고 후자는 정부(국가)다. 우리가 일상에서 '보험'이라고 부르며 크게 관심을 두는 것은 역시 전자다. 후자는 사람들의 관심에서 거리가 멀다. 정부가 가입을 강제하고 있는 터라 선택의 문제를 고민하지 않아도 되기 때문이다.

이런 이유로 당신은 내가 지금까지 민영의료보험을 그냥 보험이라고 이야기했음에도 국민건강보험과 헷갈려 하지 않았을 것이다. 다만 지금부터는 두 보험의 명확한 구분을 위하여 '보험'을 '민영의료보험'이라고 정확하게 부르도록 하겠다. 이제 두 보험이 우리의 일상에 어떻게 작동하는지 살펴보자.

"병원비 많이 나왔어." "병원비가 걱정이야." "병원비는 어쩌지?"

우리가 일상에서 흔히 쓰는 말이다. 우리는 '병원비'라는 단어를 진찰료와 입원료, 식대비 등을 모두 더한 개념인 '총 진료비'의 개념으로 쓰지 않는다. 어찌된 영문인지 살펴보자.

'총 진료비'는 크게 '건강보험급여(요양급여)' 부분과 '비급여' 부분으로 나뉜다(다만, 국민기초생활보장 수급권자 등을 위한 '의료급여'는 본 책에서 다루지 않는다). 그러므로 총 진료비는 아래의 그림과 같다.

| 건강보험급여(요양급여) | 비급여 |

왼쪽의 건강보험급여(요양급여) 부분은 '공보험인 건강보험이 보장을 해주는 부분'이다. 오른쪽의 비급여 부분은 건강보험이 보장을 해주지 않는

부분이다(대표적인 비급여 항목으로는 선택진료비, 미용 목적의 성형수술비용, 상급 병실료 등이 있다). 건강보험급여(요양급여) 부분은 다시 '①본인부담금' 부분과 '②보험자부담금' 부분으로 나뉜다. 아래의 그림과 같다.

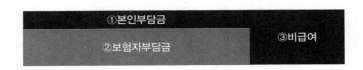

이 중 우리(환자)가 부담하는 영역은 검정색으로 표시된 '①본인부담금'과 '③비급여'이다. '②보험자부담금' 영역은 건강보험(공단)이 부담을 한다. 이는 병원에서 발급받은 진료비 영수증을 보면 쉽게 확인할 수 있다. 진료비 영수증을 살펴보자. 별표(*)가 되어 있는 굵은 글씨의 칸을 주의 깊게 살펴보면 된다.

진료비 영수증에 쓰인 용어에 입각해서 말을 하자면, 현재 우리가 '병원비'라고 부르는 것의 정체는 '진료비총액(①+②+③)'이 아닌 '환자부담총액(①+③)'이다. 다시 말해서 언젠가 누군가의 입을 통해 들었던 "병원비가 많이 나왔어."라는 한숨 섞인 말은 "총 진료비에서 건강보험이 보장을 해주는 부분 중 '②보험자부담금'을 제외한 나머지의 진료비, 즉 '①본인부담금'과 '③비급여'가 많이 나왔어."라는 말과 같다.

국민건강보험공단의 자료에 따르면, 현재 국민건강보험의 평균 의료비 보장수준은 약 62% 정도라고 한다(2012년 기준). 우리가 걱정하는 병원비(의료비)는 국민건강보험이 보장해주지 못하는 나머지 38%다. 이것을 그림

환자등록번호	환자성명	진료기간		야간(공휴일)진료

진료과목	질병균(DRG)번호	병실	환자구분	유형보조	영수증번호(일련번호)

항목		*요양급여((①+②)	*비급여((③)	금액정산내역	
필수항목	진찰료			*진료비총액④ ((①+②+③)	
	예약 진찰료				
	입원료				
	식대			*환자부담총액⑤ ((①+③)	
	투약 및 조제료				
	주사료				
	마취료				
	처치 및 수술료				
	전액 본인부담				
선택항목	정신 요법료				
	초음파 진단료				
	CT 진단료				
	MRI 진단료				
	PET 진단료				
	기타				
계		*①+②	*③		
*본인부담금①					
*보험자부담금②					

으로 표현하자면 다음과 같다.

보험자부담금 62% (국민건강보험의 보장수준)	본인부담금 38%

검은색으로 표시된 부분(본인부담금 38%)이 병원비의 정체다. 우리는 미지의 영역에 놓인 저 38% 때문에 민영의료보험에 가입을 한다.

자, 국민건강보험과 민영의료보험을 비교해보자. 국민건강보험 가입자는 '직장가입자(사업장의 사용자 및 근로자, 공무원 및 교직원, 피부양자)와 '지역가입자(직장 가입자를 제외한 자)'로 나뉜다. 본 책에서는 직장가입자만 다룬다. 5인 가족이 있다고 가정하자. 가족의 구성원은 직장인 A, 그의 아내 B, 어린 자녀 셋(C, D, E)이고 아내는 주부라고 하자.

• **[민영의료보험]** 민영의료보험은 가입된 사람(피보험자)만이 혜택을 누릴 수가 있다. 즉 A의 가계 구성원 모두가 민영의료보험을 통한 보장을 받으려면 최소 다섯 장의 '보험증권'이 필요하다.

• **[국민건강보험]** 국민건강보험은 가입자의 구성원 중 돈벌이가 없는 자를 '피부양자'라는 말로 묶어서 (공짜로) 동일한 혜택을 부여해주고 있다. 즉 직장인 A만 '의료보험증'이 있으면 족하다.

• **[민영의료보험]** 모름지기 보험으로 이윤을 창출하려면 받은 보험료보다 줄 보험금이 더 적어야 한다. 둘의 사이가 멀어질수록 이윤의 크기는 커진다. 이런 이유로 하여 민영의료보험은 언더라이팅underwriting(청약서의 고지의무 사항이나 건강진단 결과 등을 토대로 하는 보험가입 심사 과정)을 통해서 '나이든 사람'과 '아픈 사람'의 가입을 막는다. 보험금 지급률을 적극적으로 관리하려는 것이다.

실제 2009년에 국민건강보험공단이 21,182명의 사람들을 대상으로 조사를 벌인 결과, 나이가 많을수록 민영의료보험의 가입률이 떨어지는 것으로 나타났다. 다음 페이지의 표를 살펴보자.

60~70세부터는 가입률이 50% 밑으로 떨어지더니 70~80세에 이르러서는 15% 밑으로까지 떨어진다. 그러더니 급기야 80세 이상에 가서는 가입률이 2% 미만으로까지 떨어진다. 나머지 연령대의 가입률이 70~80%대인 것

국민건강보험법상 피부양자는 누구일까?

'국민건강보험법'은 다음의 사람들을 피부양자로 규정하고 있다.
- ①배우자
- ②직계존속(배우자의 직계존속을 포함한다)
- ③직계비속(배우자의 직계비속을 포함한다)과 그 배우자.
- ④형제·자매
- ①, ②, ③, ④ 중 국민건강보험의 (직장) 가입자에게 주로 생계를 의존하는 사람으로서 보수나 소득이 없는 사람.

	미가입		가입		전체(명)
	가구원수(명)	%	가구원수(명)	%	
10세 미만	424	17.76	1,963	82.24	2,387
10~20세	824	27.88	2,131	72.12	2,955
20~30세	842	34.65	1,588	65.35	2,430
30~40세	696	21.50	2,541	78.50	3,237
40~50세	683	20.29	2,684	79.71	3,367
50~60세	638	24.04	2,016	75.96	2,654
60~70세	1,152	50.04	1,150	49.96	2,302
70~80세	1,247	85.18	217	14.82	1,464
80세이상	380	98.45	6	1.55	386

출처 : 《민영의료보험의 합리적 관리방안》, 국민건강보험공단

에 비하자면 정말이지 초라한 수치가 아닐 수가 없다. 60세 이상이 가입 중인 보험의 대부분이 이른바 '장례비보험'이라는 사실까지 고려한다면, 조사 결과는 가히 눈물겨울 정도다.

• [국민건강보험] 국민건강보험에는 언더라이팅이 없다. 즉 나이든 사람과 병든 사람의 가입 모두를 허락한다.

검진서비스의 차이
: 없음 vs 있음

- [**민영의료보험**] 건강검진서비스의 제공 : 없음.
- [**국민건강보험**] 건강검진서비스의 제공 : 있음.

국민건강보험에서 제공하는 암 검진서비스만을 소개해본다. 만 30세 이상의 여성(피부양자 및 세대원은 40세 이상)은 2년마다 자궁경부세포 검사를 받는다. 만 40세 이상의 여성은 2년마다 유방촬영검사를 받고, 만 40세 이상의 남녀는 2년마다 위장조영검사와 위내시경검사 중 원하는 한 가지의 방법을 선택해서 받는다(증상의 여부와 관계없이 받을 수 있다). 또한 만 40세 이상의 남녀 중 C형 간염바이러스 등에 감염되어 있는 사람은 초음파 검사와 혈액검사를 받는다. 마지막으로 만 50세 이상의 남녀는 분변잠혈반응검사 FOBT를 받는다(이 밖의 사항들이 궁금하다면 국민건강보험 홈페이지www.nhic.or.kr 에 접속해서 확인해보면 된다).

보험금 지급률
: 보험료 이하 vs 보험료 이상

- [**민영의료보험**] 민영의료보험의 보험료는 '보험료〉보험금'의 식을 따른다.

민영의료보험은 우리가 낸 보험료의 총액을 초과해서 보험금을 지급해 줄 수가 없다. 그것은 손해를 의미하기 때문이다. 다시 말해 민영의료보험 의 지급률은 100%를 넘길 수가 없다(아쉽게도 민영의료보험의 보험금 지급률 을 정확하게 확인할 방법은 없다. 보험사들이 영업기밀이라며 자료를 공개하지 않 는다).

• [국민건강보험] 국민건강보험은 민영의료보험과 정반대다. 국민건강 보험은 우리가 낸 보험료보다 받는 보험금이 훨씬 더 크다. 식으로 표현하 자면 '보험료〈보험금'이다.

어떻게 이런 식이 가능할까? 국민건강보험의 보험료를 가입자만 부담하 지 않기 때문이다. 직장가입자가 절반인 2.995%를 부담하고, 사용자(회사) 가 나머지 2.995%를 부담한다(2014년 기준). 그리고 여기에 국고지원금이 일부 더해진다(직장가입자+사용자+국고지원금). 이렇게 3가지 색의 보험료가 더해져서 국민건강보험의 보험금 지급 여력이 가입자가 낸 보험료의 총액 보다 훨씬 더 커지게 되는 것이다.

국민건강보험공단의 자료에 따르면, 2011년 한 해 동안 가입자가 납입한 국민건강보험의 보험료 합계는 약 19조 8,000억 원이었다고 한다(직장가입 자+지역가입자). 그리고 국민건강보험이 가입자에게 지급한 총 보험금(급여 비)은 약 35조 8,000억 원이라고 한다. 가입자가 낸 돈의 거의 2배(180%)를 돌려주고 있는 것이다.

그럼 이제 효율에 입각해서 냉정하게 따져보자. 소비자의 입장에서는 과연 두 보험 중 어느 보험에 보험료를 납입하는 것이 더 이득일까?

정리해보면 우리는 현재 국민건강보험을 통해서 총 진료비의 62%를 보장받고 있다. 이와 함께 건강검진 등의 서비스도 누린다. 게다가 그 혜택을 돈벌이가 없는 몇몇의 피부양자들과 함께 누린다. 그리고 이런 모든 혜택들을 누리면서 우리가 납입하는 총 보험료는 월급의 2.995%뿐이다.

국민건강보험 혜택
2배로 누릴 수 있는 방법

복기해보자. 우리가 일상에서 '병원비'라고 부르는 것은 국민건강보험이 보장하지 않는 다음의 검은색 부분이다.

보험자부담금 62% (국민건강보험의 보장수준)	본인부담금 38%

이 그림을 다음과 같이 바꾸면 어떨까?

보험자부담금 100% (국민건강보험의 보장수준)

지금까지처럼 '낸 돈보다 더 적게 돌려주는 민영의료보험'에 돈을 쏟아붓

지 말고, 그 돈의 일부를 효율이 더 높은(낸 돈보다 더 많이 돌려주는) 국민건강보험으로 돌리는 것이다. 그래서 지금의 62% 수준인 국민건강보험의 보장률을 100%로 만들어서 의료비를 없애는 것이다.

정부가 보장률을 높인다면 어떻게 될까

사실 이와 관련한 주장은 시민단체와 진보정당을 중심으로 꾸준하게 제기되어 왔던 내용이다. 지난 18대 대선에서는 상황이 급진전하여 민주통합당(현 새정치민주연합) 문재인 후보가 "연 100만 원 초과분의 병원비는 모두 국민건강보험으로 보장 가능하게 해주겠다."며 '100만 원 상한제'라는 이름의 공약을 내거는 상황에까지 이르게 되었다. 가구당 평균 3만 원씩의 국민건강보험 보험료를 더 걷으면 실현 가능하다는 계산에서 나온 공약이었다. 하지만 대선에서 민주통합당은 패하였고 국민건강보험 보장률 수준은 아직까지도 60% 초반대에 머물고 있다.

지금의 정부는 국민건강보험의 보장률을 높일 수 없는 까닭을 '재원의 부족'으로 설명한다. 그러나 이러한 설명은 어쩐지 석연치 않다. 국민에게 '낸 돈보다 더 적게 돌려주는 민영의료보험에 보험료를 낼 것인지, 낸 돈보다 더 많이 돌려주는 국민건강보험에 보험료를 낼 것인지'에 대한 의사를 묻는다면, 거의 모두가 후자를 택할 것이 불을 보듯 뻔하기 때문이다.

정부가 스스로 나서서 "민영의료보험에 내고 있는 10여 만 원의 보험료

중에 일부를 국민건강보험으로 돌리면 병원비를 100% 해결할 수 있습니다."라는 내용의 선전을 펼치기만 하면 된다. 도로명 주소 따위의 별것 아닌 홍보에는 그렇게도 적극적이었던 정부가 유독 국민의 건강과 직결된 국민건강보험 보장률 수준 확대에 대한 홍보에는 나 몰라라하고 있다. 이유가 무엇일까? 복잡하게 얽혀 있는 각종 이해관계 때문이다.

국민건강보험의 보장수준을 우리가 원하는 수준까지 확대하려면 비급여 항목들을 요양급여 항목으로 편입시켜야 한다. 그런데 현재 수많은 병원이 MRI 등 비급여진료를 통해서 돈을 벌어들이고 있다. 그 병원들이 과연 가만히 있을까? 또 민영의료보험의 운영주체인 보험사는 어떨까? 국민건강보험의 보장율이 100%가 된다는 것은 결국 거두어들이던 보험료 수입의 많은 부분을 포기해야 한다는 걸 의미한다. 보험사들이 그 엄청난 수입이 증발하는 걸 마냥 바라만 보고 있을까? 내가 보았을 때 지금의 정부는 이런 각종의 이해관계들을 풀어낼 재간도, 의지도 없어 보인다.

이렇게 미지의 의료비를 해결하는 해법까지 살펴보았다. 논리는 간단하고 말은 쉽다. 하지만 현실화하는 방법이 쉽게 보이지 않는다. 어쩌면 우리가 살아 있는 동안엔 이루어지지 않을 수도 있다(그래도 언젠가는 이루어질 거라 믿는다).

결국 이렇게 우린 어쩔 수 없이 다시 '보험게임'으로 돌아온다. 역시 지금 당장 우리에게 필요한 것은 '민영의료보험 가입방법론'이다. 이제부턴 민영의료보험에 어떻게 가입할 것인지를 살펴보자. 지금부턴 다시 민영의료보험을 '보험'이라고 줄여서 부르도록 하겠다.

절대 손해 보지 않는
보험 가입법

"제일 어려운 금융상품이 뭐예요?"

가끔씩 받는 질문이다. 1초도 망설이지 않고 답한다.

"보장성 보험(이하 '보험')이요."

그러면 사람들이 다시 묻는다.

"옆집 순이네 엄마도 파는 게 보험인데 그게 뭐가 어려워요?"

몰라서 하는 소리다. 보험은 '이걸 과연 금융상품이라고 불러도 되는 것일까?' 싶을 정도로 일반적인 금융상품의 범주를 초월해 있다. 보험이 계약의 목적을 사람의 신체에 두고 있기 때문이다. 지금 내 책상 위에 나뒹구는 '아무 보험약관'의 '아무 페이지'나 펼쳐서 읽어보겠다.

호지킨병, 여보포성(결절성) 비호지킨림프종, 림프, 조혈 및 관련 조직의 기타 및 상세 불명의 악성 신생물

보험 약관의 대부분을 차지하는 것이 바로 이런 식의 난해한 의학적 용어들이다. 나머지는 거의 다가 '청약철회'니 '효력 발생'이니 하면서 법률적인 용어들이 채운다. '약관 대출'이 어떻고 '이자율'이 어떻고 하는 금융적인 요소들은 채 10%도 안 된다(나는 왜 보건당국이 아닌 금융당국이 보험사를 감독하는지가 늘 의아하다). 이처럼 보험은 금융과 의료, 법률이 뒤엉킨 흡사 짬뽕과도 같은 금융상품이다. 따라서 타인에게 자신을 보험 전문가로 소개하려면 이 셋에 대한 이해가 충분해야만 한다. 그런데 내가 아는 한, 한국에는 아직까지 그런 사람이 없다.

하지만 실로 많은 이들이 '보험 설계사', 즉 '보험 권유인'을 '보험 전문가'로 취급한다. 명백한 오류다. 이런 논리대로 사고를 전개하자면, 아파트 정문 앞에서 백화점상품권을 들이밀며 신문 구독을 권유하는 얼굴 그을린 어느 아저씨는 언론 전문가가 되어야 한다. 대형마트의 작은 부스 안에서 신용카드 가입을 권하는 파마머리 아줌마 또한 여신금융 전문가가 되어야 한다. 하지만 우리는 일상에서 이 둘을 해당 산업의 전문가로 취급하지 않는다.

그런데 유독 보험 권유인(보험 설계사)만은 전문가로 인식되어 있다. 아마도 그들이 자신의 타이틀을 FC\ :sup:`Financial Consultant`나 FP\ :sup:`Financial Planner` 따위로 폼 나게 바꿔 부르며 전문가 행세를 하고 다니기 때문일 것이다. 그러나 고양이가 이름을 호랑이로 바꿨다고 해서 진짜 호랑이가 되는 것은 아니듯 우리가 어떻게든 그들을 어떤 전문가로 불러야 한다면, 보험 전문가가 아닌, '보험권유 전문가'라고 불러야 마땅할 것이다.

최소한의
보험료만 내라

앞서 설명한 '위험의 식'을 다시 떠올려보자.

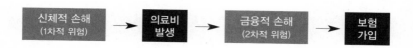

이 중 금융적 손해(2차적 위험)에 집중해보자. 금융적 손해의 상황은 우리 주위에 산적해 있다. 자동차가 고장날 때, 집주인이 전세금을 올릴 때, 냉장고가 멈출 때, 운동화가 다 닳았을 때, 자녀가 대학에 들어갈 때, 결혼을 할 때 등 이런 삶의 금융적 손해 상황들을 '일상적 금융손해(위험)'라고 부르도록 하자. 보험은 바로 그런 수많은 일상적 금융손해(위험)의 상황 중에서도 '신체적 손해에 의해 파생하는 의료비 등의 손해'를 헤지하기 위한 특별한 수단이다.

생각해보자. 일상적 금융손해의 총규모를 놓고 보았을 때(자동차가 고장날 때, 집주인이 전세금을 올릴 때, 자녀가 대학에 들어갈 때 등의 모든 상황들을 다 더해보자), 그 안에서 의료비 등이 차지하는 수준은 얼마가 될까? 꽤나 미미할 것이다. 우리는 일반적으로 '신체적 손해에 의한 일상적 금융손해'는 보험으로, 나머지의 다른 모든 일상적 금융손해(위험)들은 저축으로 헤지를 한다.

1. 신체적 손해에 의한 일상적 금융손해 ⟶ 보장성 보험

 2. '1을 제외한' 나머지의 모든 일상적 금융손해 ⟶ 저축

크게 나쁜 식은 아니다. 이제 이 식을 염두에 둔 채로 답해보자.

"가계의 재무구성에서 보험과 저축 중 무엇의 규모가 더 커야 할까?"

응당 저축의 규모가 훨씬 더 커야 한다. 그런데 반대로 하고 있는 가계가 '너무나도' 많다. 전세금을 올려줄 때, 자녀들이 대학에 들어갈 때, 그 부족분을 빚으로 때우는 우리의 이상하고도 고질적인 습관은 바로 이런 '거꾸로 재무구성'에 기인한 바가 크다. 가계의 보험료 합은 (언제나) 저축의 합보다 '월등히' 작아야 한다(보험료의 합〈저축의 합). 그것이 올바른 재무구성이다.

잘 든 실손보험, 열 정액보험 안 부럽다

보험은 크게 '실손형보험'과 '정액형보험'으로 나눌 수 있다. 보험금의 지

급방식에 따른 분류다. 실손형보험은 개인이 병원이나 약국 등에서 실제로 쓴 돈(①본인부담금 + ③비급여)의 80~90%를 보상해주는 보험이다. 만약 개인이 부담하는 10~20%가 연간 200만 원이 넘는다면, 그 나머지 금액도 보상을 해준다. 정액형보험은 계약 당시에 약속되었던 사건에 대해서만 정해진 보험금을 지급해준다. 가령 '암 진단 시 3,000만 원 지급'을 약속하는 보험계약이라면, 해당 사건이 발생했을 때 약속된 보험금(3,000만 원)을 지급해준다.

실손형보험은 '포괄적 보장방식'을 취하고 있다. 반면 정액형보험은 '열거적 보장방식'을 취한다. "약관에 적혀 있는 이것저것들을 제외한 나머지 모두를 보장해줍니다."라고 약속하는 것이 실손형보험이라면, "약관에 적혀 있는 이것저것들만을 보장해줍니다."라고 약속하는 것이 정액형보험이다. 어구漁具로 비유하자면 실손형보험은 '그물'이고 정액형보험은 '작살'이다.

만약 당신이 내게 "둘 중 무엇부터 가입을 해야 하냐."고 묻는다면 나는 잠시의 망설임도 없이 "실손형보험"이라고 답할 것이다. 이는 2가지 이유 때문이다.

첫째, 실손형보험이 정액형보험보다 보장의 범위가 훨씬 더 넓다. 실손형보험은 정액형보험의 보장범위를 거의 다 포괄한다. 정액형보험이 주로 다루는 암, 뇌출혈, 급성심근경색증 따위의 질병을, 실손형보험은 거의 모두 보장해주고 있다. 고로 '신체적 손해(1차적 위험, 질병·사고)'의 종류가 무궁무진하기 때문에, 그리고 그 많은 질병과 사고 중에서 무엇이 당신에게 닥쳐올지 모르기 때문에 당신은 보장의 범위가 더 넓은 실손형보험에 우선

가입해야 한다.

둘째, 실손형보험은 의료비의 규모와 관계없이 실제 사용액(①본인부담금 + ③비급여)의 대부분을 보상해준다. 앞으로 당신이 쓰게 될 의료비가 미지의 영역에 놓여 있기 때문에, 정해진 돈만을 지급해주는 정액형보험보다는 실제로 쓴 돈의 대부분을 보상받을 수 있는 실손형보험에 우선해서 가입하는 것이 훨씬 더 유리하다.

언뜻 생각해보면 '실손형보험'이 '정액형보험'보다 더 나은 것 같다. 그러나 깊게 생각해보면 그렇지만도 않다. 실손형보험은 의료적인 성격의 보험이다. 우리는 실손형보험으로 발등에 떨어진 불(실제로 쓴 의료비 ①본인부담금 + ③비급여)을 끈다. 정액형보험은 발등 외의 곳에 떨어진 불을 끄는 데 쓰는 보험이다.

암 등의 심각한 병에 걸렸을 경우에 대부분의 사람은 경제활동을 유지하질 못한다. 자의든 타의든 하던 일을 그만두게 되는 것이다. 생계를 책임지는 가장이 위중한 병에 걸려 경제적 능력을 상실하게 되면(또는 사망하게 되면), 남은 가족의 살길 또한 막막해진다. 그때 정액형보험을 통해서 미리 약속된 진단비 등을 지급받아 상실된 생활비를 보존한다. 이것이 정액형보험이 암, 뇌출혈, 금성심근경색증 등 심각한 병들을 위주로 개발되어 있는 까닭이다(정액형보험은 금융적인 성격을 띠고 있다). 다만 두 보험의 쓰임새가 상이할 따름이다.

그렇기 때문에 "어떤 보험이 좋다." 또는 "어떤 보험은 별로다."라고 구분지어서 말할 수는 없다. 그러나 정액형보험보다는 실손형보험에 우선해서 가입해야 한다고는 말할 수가 있다. 따져보자. 발등에 떨어진 불부터 끄는 게 순서 아니겠는가?

　우리는 실손형보험과 정액형보험의 성격에 대한 위 서술을 통해서 '위험의 식'을 다음과 같이 한 단계 더 개선할 수 있다.

　신체적 손해(1차적 위험)는 두 개의 서로 다른 방향으로('의료비 발생'으로 흐르는 화살표 ①과 '실직 또는 사망'으로 흐르는 화살표 ②로) 따로 또는 동시에 나아간다. 화살표 ①로의 흐름이 앞서 살펴본 위험의 식이다(①로의 흐름은 의료적인 성격을 지니고 있다). 나는 거기에 화살표 ②를 더한 위험의 식을 '구체적 위험의 식'이라고 부르고 있다(②로의 흐름은 금융적인 성격을 지니고 있다).
　우리는 이 구체적 위험의 식을 통해서 우리가 미리 준비해야 하는 손해와 위험의 정체가 무엇인지, 그리고 그것들을 헤지하기 위한 성격의 보험은 과연 무엇인지를 가시적으로 파악할 수가 있다. 실손형보험과 정액형보험의 쓰임을 비교함으로써 얻은 결론은 다음과 같다.

　"생계를 책임지는 가장이 아니라면(즉 주부나 아이들은), 보험은 실손형보험 하나로 족하다."

예전엔 실손형보험을 가입하려면 사망보험이나 암보험 등 원치 않는 다른 보험도 같이 가입했어야 했다(이른바 '끼워팔기'였다). 하지만 2013년 1월부터는 그것들을 배제한 채로 실손형보험에만 단독으로 가입할 수가 있는 상품들이 판매되기 시작했다. 이로 인해서 우리가 보험료를 절약할 수 있게 되었음은 물론이다. 30살 남자 기준으로 월 1만 원 정도면 가입할 수 있다.

종신보험 가입은
손실의 지름길

'사망보험'은 피보험자가 사망했을 때 보험금이 지급되는 보험을 총칭하는 말이다. 사망보험의 가입 이유는 명확하다. '생계 책임자의 사망에 의한 가계파산을 막기 위함'이다. 막내자녀까지의 대학졸업비용을 계산해서 보험금을 산정하는 것이 일반적이다. 막내자녀까지 대학을 졸업해서 자녀들이 모두 사회의 주 구성원으로서 활약을 하게 되면, 가계가 어떻게든 굴러간다는 논리에서다.

사망보험은 정액형보험의 형태로 판매가 이루어지고 있다. 계약 당시에 피보험자가 사망하게 되면 얼마의 사망보험금을 지급할지를 정하고, 실제로 그러한 사건이 발생하면 보험사가 정해진 만큼의 사망보험금을 지정된 '수익자(보험금을 받는 자)'에게 지급한다.

사망보험은 '종신보험'과 '정기보험'으로 나누어진다. 종신보험은 이름 그대로 피보험자의 사망 시기에 관계없이 종신終身에 걸쳐서 사망보험금을 지급해주는 보험이다. 정기보험은 계약 당시에 정定해놓은 기期간 내에 피보험자가 사망을 해야만 사망보험금을 지급해주는 보험이다.

이 밖의 사망보험으로는 '변액變額보험'과 'CICritical Illness보험'이 있다. 변액보험이란 납입 보험료 가운데 '일부'를 주식이나 채권 등에 투자해 그 운용실적에 따라 보험금 및 해약환급금이 변동하는 보험을 말한다. 금액額이 변變한다 하여 변액보험이라고 부른다. 종신보험의 형태로 판매가 이루어지고 있다. 피보험자의 사망 시점에 투자운용실적이 좋으면 계약 당시에 약속했던 사망보험금(기본사망보험금)에 변동보험금(투자운용실적이 반영된 계약자 적립금이 예정적립금을 초과하는 경우에 발생하는 보험금)을 더해서 준다(기본사망보험금+변동보험금). 투자운용실적이 좋지 않아도 기본사망보험금은 보장해준다. 보험료는 일반 종신보험과 큰 차이가 없다.

CI보험이란 암, 심근경색, 5대 장기(심장, 신장, 간장, 폐장, 췌장) 이식 수술 등 고액의 치료비가 드는 치명적Critical 질병Illness이 발생했을 때 사망보험금의 50~100%를 선지급하고, 사망 시에는 잔액(보험가입금액 − 선지금금액)을 지급해주는 보험이다. 변액보험과 마찬가지로 종신보험의 형태로 판매가 이루어지고 있으며, 현재 판매되는 모든 사망보험 중에서 보험료가 가장 비싸다. 또한 일반 종신보험에 비해 설계사 수당이 좋아 현장에서 적극적인 영업이 이루어지고 있는 상품이기도 하다.

하지만 보험사가 '치명적 질병'의 정의를 대단히 보수적으로 하고 있는 터라 "보험금 받기가 하늘의 별 따기다." "죽기 직전으로까지 아파야만 보험금이 나온다." 등의 혹평이 쏟아지고 있는 보험이기도 하다.

종신보험의 콘셉트는 다음의 명제로 정리된다.

"어차피 사람은 한 번 죽는다. 따라서 종신보험을 가입해두면 반드시 사망보험금을 수령할 수 있다."

그리고 이 콘셉트는 다시 다음과 같이 해석된다.

"사망보험금을 언제 수령하느냐가 문제일 뿐 '받을 수 있느냐? 없느냐?'는 문제도 아니다."

보험설계사들이 사람들에게 종신보험의 가입을 권유하며 펼치는 가장 전형적인 화법이다. 그리고 사람들이 맹신하고 있는 종신보험에 대한 미신이기도 하다. 하지만 경우를 막론하고 종신보험보다 정기보험이 낫다. 이유는 다음의 3가지를 들 수 있다.

첫째, 종신에 걸쳐서 사망을 대비할 필요가 없다.

사망보험금의 필요 이유는 아직 다 성장하지 못한 자녀들 때문이다. 자녀들이 모두 대학을 졸업한 후에 사회의 주 구성원으로서 활약하는 시기가 찾아오면, 사망보험금이 지니고 있던 본래의 취지는 빛을 잃는다. 보통 가장이 60~70세가 되면 사망보험이 그 필요 이유를 상실한다.

둘째, 종신보험이 정기보험보다 보험료가 2배 이상 비싸다.

종신보험의 보험료는 정기보험보다 2배 이상이 비싸다. 다음은 실제 설계 사례다.

- 조건 : 30세 남성, 사망보험금 1억 원, 만기는 70세 그리고 종신, 납입 방법 및 기간은 월납 20년.
- 정기보험(무배당 ACE 스탠다드 정기보험) 보험료 : 월 55,000원
- 종신보험(무배당 ACE 종신보험) 보험료 : 월 137,600원

두 보험 간의 월 보험료 차액은 82,600원이다. 20년 납입기준이니까 총 차액은 19,824,000원이다. 종신보험에 가입해도 자녀들의 대학졸업을 지원해줄 수 있고, 정기보험에 가입해도 자녀들의 대학졸업을 지원해줄 수 있다. 그런데 종신보험은 비싸고 정기보험은 싸다. 이것만으로 미루어보았을 때, 사람들은 종신보험보다는 정기보험에 더 많이 가입해야 정상이다. 하지만 현장의 상황은 정반대다. 보험설계사들이 고객들에게 수당이 더 높은 종신보험의 가입을 종용하고 있기 때문이다. 위 설계 사례의 수당은 다음과 같다. 종신보험 827,400원, 정기보험 330,000원. 본 수당은 보험계약이 24개월간 유지된다는 조건하에서 보너스 등의 다른 변수 등을 제거한 단편적인 수당이다.

셋째, 종신보험의 비싼 보험료를 20년 이상에 걸쳐서 매월 납입한다는 것은 여간 힘든 일이 아니다.

"사망보험금을 언제 수령하느냐가 문제일 뿐 '받을 수 있느냐? 없느냐?' 는 문제도 아니다."라는 말은 보험설계사들이 종신보험을 권유하며 펼치는

전형적인 화법이다. 많은 이가 이 화법에 끌려 저렴한 정기보험을 뒤로한 채 비싼 종신보험에 가입한다. 산술적으로는 분명히 맞는 말이다. 그러나 실제로는 완전히 틀린 말이다.

2010년에 발간된 보험연구원의 《생명보험 상품별 해지율 추정 및 예측 모형》에 따르면, 종신보험을 9년 이상에 걸쳐서 유지한 계약자의 비율은 겨우 40%밖에 되질 않는다. 10명 중 약 6명이 9년 안에 종신보험과 '안녕'을 고하는 것이다. '평생보장'을 논하는 종신보험치고는 어째 너무나도 초라한 유지율이 아닐 수가 없다.

2007년 금융감독원이 국회에 제출한 자료에 따르면 수치는 더욱 심각해진다. 해당 자료는 "종신보험의 10년 유지율이 (고작) 29%"라고 설명한다. 10명 중에 약 7명이 10년 안에 종신보험과 이별하는 것이다.

먼저 살펴본 보험연구원의 발간자료에서는 재미있는 현상이 하나 목격된다. 종신보험의 해지 건수가 1년 차와 2년 차 사이에 눈에 띄게 집중되어 있다. 분석 기간(2000~2008년) 내의 연 평균 해지율이 14.3%인 데 반해, 1년 차와 2년 차의 해지율은 각각 연 22.5%와 연 18.2%다. 3년 차와 4년 차, 그리고 5년 차의 해지율은 각각 연 10.4%, 연 8.5%, 연 7.4%이니 이것이 과연 얼마나 높은 수치인지를 쉽게 가늠해볼 수가 있다. 보험연구원은 이 같은 현상에 대해 다음의 해석을 내놓는다.

일반적으로 보험회사가 신계약 수당을 12~24개월 내에 분급한다는 점을 감안할 때 수당 지급이 종료된 시점 이후에 해지율이 급증한 것으로 판단된다.

흥미롭다. 결국 '보험설계사의 수당 때문'이라는 것이다. 훌륭한 분석이라고 생각한다. 나도 같은 입장이니까 말이다. 많은 이들이 설계사들의 유려한 화법에 넘어가 무리한 수준의 종신보험에 가입을 한다. 그리고 한참이지나서야 보험료가 감당키 힘든 수준이었다는 걸 깨닫는다. 결국은 도저히 안 되겠다 싶어서 해약을 좀 할라치면 보험설계사가 득달같이 달려와서 만류한다.

현장에서의 모습이 실제로 그렇다. 실로 많은 이들이 종신보험의 보험료 납입을 버거워하고 있다. 보험료 하나만 놓고 보자면 결코 이해가 되질 않는다. 그러나 '하나만 놓고 보자면 힘들지 않아 보이는 것들'을 모두 따져보면 금세 고개가 끄덕여진다. 예컨대 각종 대출금 이자와 공과금, 식비와 아이들의 학원비 등 이런 생활에 쓰이는 모든 비용이 보험료와 더해져서 통장의 돈을 휘발시키지 않는가. 언젠가 '아차!' 싶을 때 가장 먼저 메스가 가해지는 건 결국 보험이다. 당장의 효용이 기대되질 않기 때문이다.

보험업계의 통설은 "종류를 막론하고 보험을 10년 이상 유지하는 사람은 10명 중의 1명이다."라고 한다. 나는 이 통설이 각종 보고서에 적힌 수치들보다 훨씬 더 사실에 가깝다고 본다. 업계 내에서 속칭 '가라'라는 것이 어떤 식으로 만들어지는지를 훤히 알고 있는 사람들끼리 통하는 말이기 때문이다.

장기불황을 논하고 있는 요즘이다. 수많은 가계가 경기가 조금만 나빠져도 약간의 흑자에서 엄청난 적자로 전환하고 있다. 과연 이런 가계들이 10여만 원의 보험료를 20년 이상에 걸쳐서 매달 납입할 수 있을까? 나는 아주 회의적이다.

설사 20년 이상 보험료를 납입할 자신이 있다 하더라도 종신보험의 가입은 지양되어야 한다. 그 자신감이라는 것이 자기 과신에 기반을 둔 경우가 많기 때문이다. 나는 나의 첫 번째 책 《당신이 재테크로 부자가 될 수 없는 이유》를 통해서 자기 과신에 의한 계획이 어떻게 망가지게 되는지를 설명한 적이 있다.

어떤 사람이 10일 후에 있을 애인과의 기념일을 맞아 1,000마리의 종이학을 접는다고 생각해보자. 아마도 그는 이런 생각을 할 것이다. '남은 날이 10일이고, 종이학은 1,000마리니까 1,000마리에서 10일을 나누자. 그래! 하루에 100마리씩만 접으면 기념일까지 1,000마리의 학을 모두 접을 수 있겠어.'
우리들이 세우는 대부분의 계획이 1,000마리의 종이학을 접겠다는 그의 계획과 같은 방식으로 세워진다. 그래서 우리는 그의 애인이 기념일에 1,000마리의 종이학을 받지 못하게 될 것이라는 사실도 쉽게 짐작할 수 있다.
당신은 과거에 이미 이런 식의 계획을 수도 없이 세웠고 지키지도 못했다. 하지만 앞으로도 이런 계획을 계속해서 세울 것이다. 당신은 언제나 자기 자신에게 너무나도 자신 있으니까.

종이학 접기만 놓고 보자면 계획은 너무나도 간단하다. 하지만 우리는 삶을 온통 종이학 접기만으로 채울 수는 없다. 우리에겐 종이학 접기 외에도 수많은 다른 계획이 즐비하다. 그것들이 종이학 접기와 한데 뒤엉켜 카오스chaos를 만들어낸다. 계획들이 예측 불가능의 영역으로 빨려 들어가는 것이다.
자신에 차서 무리하게 계획을 세우고 그 계획의 대부분을 실현하지 못하는 것, 행동경제학은 이러한 현상을 일컬어서 '계획오류planning fallacy'라고 부른다. 생전의 피터 드러커는 다음의 말을 자주했다.

"모든 일은 잘못되기 마련이다."

현대 사회의 복잡성을 표현해낸 촌철살인이지 싶다.

한치 앞도 모르는 세상이다. 그래서 모든 계획에는 융통성이 필요하다. 그런데 어째 이놈의 보험계약은 조금의 융통성도 허락하질 않는다. 두 달만 보험료를 연체하면 바로 '실효失效'가 된다. 보통 보험계약이 20년 이상의 초장기 계획이라는 점을 감안해볼 때, 소비자들에게 어지간히도 불리한 조건이 아닐 수가 없다.

사람들이 간과하고 있는 것이 바로 이 부분이다. '20년 이상의 초장기 계획인 보험료 납입계획'을 종이학 접기를 계획했던 어떤 이처럼 원시적으로만 접근한다. 보험설계사들은 사람들의 이러한 '생각의 오류'를 집요하게 공략한다. 보통 다음과 같은 식의 화법을 구사한다.

"한 달에 OO원이면 하루에 O원입니다. 술자리만 줄여도 종신보험에 가입할 수가 있죠."

혹시 지금 납입 중인 종신보험의 보험료가 빠듯하게 느껴지는가? 그렇다면 당신은 절대로 그 계약을 끝까지 유지하지 못할 것이다. 자고로 '먼 길을 떠나려면 짐을 가볍게 짊어져야 하는 법'이다. 단언컨대 중간 어딘가에서 그 큰 짐을 내려놓게 될 것이다.

상해·사망보험은 따로 가입하라

피보험자가 사망했을 때 보험금이 지급되는 보험, 즉 사망보험 말고 살아 있을 때 질병에 걸리거나 다쳤을 때(상해)에 보험금을 지급받는 보험을 일컬어서 '질병·상해보험'이라고 한다. 현장에서는 암보험, 상해보험, 재해보험, 건강보험 등 여러 이름으로 판매가 이루어지고 있다. 모두 정기보험 형태로만 개발이 이루어져 있다(현재 출시되어 있는 종신보험은 사망보험이 유일하다).

사망보험은 사망보험을 주계약으로 하는 종신보험 등에 진단, 수술, 입원 등을 보장해주는 질병·상해보험을 특약으로 더해 가입하는 것이 일반적이다. 그러나 역시 설계사의 수당 때문에 그리 권유되고 있을 뿐, 바람직한 가입방법은 아니다. 조금만 살펴보면 질병·상해보험만 따로 가입할 수 있는 상품들이 많다. 생계 책임자라면 혹시 모를 소득상실을 대비하기 위해서 암 보험 등의 '질병·상해보험'에 가입해두는 것이 좋다.

가족 유형별
최고의 보험 설계 사례

지금까지 여러 보험 상품들(실손형보험, 종신보험, 정기보험과 질병·상해보험)의 특징을 살펴보았다. 다음의 3가지는 앞서 살펴본 내용의 핵심만 정리한 것이다.

1. 가장(생계를 책임지는 이)이 아니라면 보험은 '(단독)실손형보험' 하나로 족하다.
2. 가장(생계를 책임지는 이)이라면 혹시 모를 소득상실을 대비하기 위해서 암 보험 등의 '질병·상해보험'에 가입해두는 것이 좋다.
3. 사망보험금을 목적으로 보험에 가입할 것이라면 종신보험보다는 '정기보험'이 낫다.

생계 책임자인 남편, 전업주부인 아내, 학생인 아이가 있는 3인 가정을 기준으로 보험을 설계해보면 다음과 같다.

남편 : 단독실손형보험 + 질병·상해보험 + (사망보험[정기보험])은 필요에 따라 가입)
아내 : 단독실손형보험
아이 : 단독실손형보험

만약 부부가 30대 후반이고 아이가 초등학생이라면 총 보험료는 10만 원을 넘지 않아야 한다(남편, 아내, 아이의 단독실손형보험이 각각 1만 원대, 남편의 질병·상해보험이 2만 원대).

여기에 제시된 방법에 따라 보험을 설계 및 정리하려면, 기존에 가입 중이던 보험을 상당 부분 해약해야 한다. 그러나 보험의 해약이 말처럼 쉬운 일만은 아니다. 지금까지 납입했던 보험료가 아깝기도 하고 설계사와의 친분 등이 마음에 걸리기도 한다. 어쩌면 이 책에서의 내 설명이 상세하지 못해서 행동을 취하는 데 크게 도움이 되지 않을 수도 있다.

보험료를 줄여야 하는 사실에는 공감을 하나 그 자세한 방법론 또는 용기가 부족해서 쉽게 행동을 취할 수 없다면, 구본기재정안정연구소www.kubonki.com의 '보험이란 무엇인가 아카데미'가 참고가 될 것이다.

가장 싼 실손보험상품을 찾는 방법 ─────────────────────────
보험회사별 단독 실손보험 보험료는 아래의 사이트에서 비교할 수 있다. 꼼꼼하게 비교해보고 자신의 경제 상황에 가장 잘 맞는 상품에 가입하도록 하자.
· 생명보험사의 상품 : 생명보험협회 홈페이지www.klia.or.kr → 공시실 → 상품비교공시
　　　　　　　　　　→ 상품비교
· 손해보험사의 상품 : 손해보험협회 홈페이지www.knia.or.kr → 공시실 → 상품비교공시
　　　　　　　　　　→ 실손의료보험 → 보험료 비교공시

8장

새는 월급으로 목돈 굴린다

내가 당신에게 루이뷔통 가방을 하나 선물했다 치자.
당신은 지금 디자인이 아주 마음에 든다.
그런데 이런! 가방 손잡이 부분의 로고가 대문자가 아닌
소문자로 'louis vuitton'이라고 적혀 있다!
그렇다. 소위 말하는 '짝퉁'인 것이다.
화가 난 당신이 내게 와서 따진다.
"이봐요.. 이 소문자 로고를 좀 봐요.. 짝퉁이잖아요!"
"그 소문자 로고는 짝퉁이라서 그런 게 아닌데요?
오히려 그 제품은 VVIP들에게만 판매되는 한정품이에요."
자, 당신의 기분은 어떤가? 안도했는가?

그렇다면 당신은
가방의 실체를 가진 것이 아니다.
허상을 욕망했을 뿐!

악마의 유혹,
소비 욕망을 잡아라

앞서 말했다시피 현금흐름표란 한 달 동안 얼마의 돈이 어디서 들어와서 어디로 빠져나가는지를 일목요연하게 적은 표이다. 현금흐름표를 통해서 어림짐작으로만 생각하고 있던 지출 내용과 규모를 숫자로 파악하게 되면, 무엇을 얼마나 줄여야 할지가 쉽게 눈에 들어온다.

책상이나 식탁에 앉아서 현금흐름표를 가만히 살펴보고 있노라면 '전화를 이리 많이 썼었나?' '외식을 참 많이 했네…' 등의 생각이 떠오르기 마련이다. 그리고 그런 생각들 뒤에는 어김없이 '앞으로 이 부분을 이렇게 줄여야겠다.'는 지출 개선을 위한 아이디어가 이어진다.

그렇다면 종이와 펜을 다시 준비하자. 그리고 '예산표'를 작성하자. 과거형인 현금흐름표를 미래형으로 다시 고쳐 쓴 걸 예산표라고 한다. 다음 달의 현금흐름을 상상하여 적으면 된다. 쓰는 방식은 현금흐름표와 같다. 자, 이제 이 예산표의 내용에 따라서 다음 달의 지출을 행하면 된다. 이것만 잘 지키면 필요 이상으로 지출하는 일은 없을 것이다.

예산표는 보통 미래에 벌어질 여러 일들과 가능성 등을 고려하며 이성적인 상태에서 작성이 이루어진다. 그러나 그것을 실현하는 소비 행위는 감성적이며 비이성적이다. 바로 이 차이에 의해서 예산표가 무참히 '예산표에만' 머물곤 한다. 예산표를 유용한 것으로 만들려면 비이성을 이성으로 제어하려는 노력, 다시 말해서 소비 충동을 억제하는 '의지력'이 필요하다.

사람은 매일 각종의 충동들과 싸우며 살아간다. 가령 길을 걷던 어떤 이가 낯선 이성에게 성욕을 느끼는 것은 충분히 일어날 수 있는 일이다. 그러나 그가 올바른 정신 상태의 사람이라면 곧장 의지력을 발동하여 당장의 성욕을 억누를 것이다. 예산표의 실행 또한 이와 마찬가지의 원리로 이루어진다. 예산이 빠듯한 당신이 '그 이상의 돈'을 쓰고 싶을 수는 있겠지만, 의지력을 발동하여 그 욕구를 참아야 한다. 의지력을 잃지 않는 데 도움이 될 만한 몇 가지 방법들을 소개한다.

'특별한 물건'의 힘을 빌려라

의지력을 연구하는 심리학자로 잘 알려진 켈리 맥고니걸Kelly McGonigal은 의지력에 있어서 가장 중요한 것이 "내가 진정으로 원하는 것이 무엇인지를 기억하는 힘"이라고 말한다. 각종 유혹(충동)에 맞닥뜨릴 때 그러니까 게으름을 피우고 싶을 때, 술을 마시고 싶을 때, 예산을 초과하는 돈을 쓰고 싶을 때, 살빼기, 술 끊기, 빚 청산하기와 같이 자신이 진정으로 달성하고자 하는 목표를 떠올리는 힘이 필요하다는 것이다.

나는 사람들에게 진정으로 원하는 것이 무엇인지를 기억해내는 요령을 다음과 같이 전하곤 한다.

"특별한 물건의 힘을 빌리세요."

예컨대 이런 식이다. 소비 충동이 일어날 때 왼손의 결혼반지를 바라보는 것이다. 그리고 연상해내는 것이다. '그래, 빚을 갚기로 아내와 약속했지!'

특별한 물건은 무엇이 되어도 상관없다. 휴대가 간편하고 동기부여를 일으킬 수 있는 것이라면 어떤 것이든 좋다. 지갑에 든 가족사진이어도 좋고 지갑 그 자체여도 좋다. 휴대전화에 든 아이들의 사진이나 메모, 또는 명언이어도 좋다. 일견 유치한 것 같지만 우리에게 필요한 건 바로 이런 디테일이다 (냉장고 문 앞에 늘씬한 배우의 사진을 붙여놓는 다이어터의 심정을 떠올려보라!).

돈 모으고 싶은 환경

맥고니걸에 따르면 의지력을 잃지 않기 위해서는 "의지력을 어떻게 잃고 왜 잃는지를 이해해야 한다."고 한다. 그녀는 자신의 책 《왜 나는 항상 결심만 할까?The Willpower Instinct》를 통해서 금연과 다이어트를 예로 들어 다음과 같이 설명했다.

유혹에 대처하는 능력이 강하다고 낙관하는 흡연자들은 금연을 시도하더라
도 넉 달 후에 포기할 가능성이 가장 높았고 자신의 능력을 지나치게 낙관하
며 다이어트를 하는 사람들은 살을 뺄 확률이 가장 낮았다. 어째서일까? 그
것은 이들이 언제 어디서 왜 유혹에 굴복하게 될지 전혀 예측을 못했기 때문
이다. 그러다보니 흡연자들과 어울리거나 집 안 여기저기에 과자를 두는 등
유혹이 많은 환경에 스스로를 노출시키고 만다. (…) 자기인식, 특히 의지력
이 어떻게 무너지는지 자각하는 것이야말로 자제력의 기반이다.

다이어트를 결심한 이가 술자리를 피해야 함을 우리는 안다. 마찬가지로
소비를 줄이기로 마음먹은 이라면 백화점이나 대형마트 등 '소비 충동을 일
으키도록 치밀하게 계산되어 있는 공간'에 머물지 말아야 함도 안다. 당연
함을 간과하지 말자.

통장 쪼개기 노하우

나는 앞서 심적회계의 개념을 설명하며, 그것이 '엉뚱한 사고시스템'이며
'괴논리'라고 말했다. 그런데 이 심적회계라는 것은 예산의 내용을 지키는
과정에 있어서만큼은 훌륭한 응원 도구가 된다. 경제학자 리처드 탈러Richard

H. Thaler와 법학자 캐스 선스타인Cass R. Sunstein이 함께 쓴 책 《넛지Nudge》에는 우리가 심적회계를 어떻게 활용하는 것이 옳은지에 관한 좋은 힌트가 나와 있다.

해크먼은 호프만의 아파트를 찾아갔을 때 호프만이 자신에게 돈을 빌려달라고 청한 일화를 들려준다. 당시 해크먼은 호프만의 청을 승낙했지만 잠시 후 호프만의 집 주방에서 조리대에 나란히 놓은 돈 통들을 보게 된다. 하나에는 '집세'라는 라벨이, 또 하나에는 '공과금'이라는 라벨이 붙어 있었고, 그 밖에도 제각기 라벨이 붙은 통들이 여러 개 있었다. 해크먼이 통에 돈이 그렇게 많은데 왜 돈을 빌려야 하느냐고 묻자 호프만은 '식료품'이라고 적힌 통을 가리켰다. 그 통은 텅 비어 있었다.

생각에 머물지 않고 행동을 취하면 심적회계가 더욱 강화된다. 우리에게는 '호프만의 통'과 같은 어떤 장치가 필요하다. 다행히도 그 장치는 이미 여러 전문가들에 의해서 진작 개발이 이루어진 상태다. 그들은 호프만의 통 같은 장치를 '통장 나누기'라고 부른다.

통장 나누기란 돈을 여러 통장에 분산시켜놓는 행위를 일컫는다. 다음과 같은 식이다. 25일에 급여통장으로 월급이 이체되면, 그날 이것을 각각의 예산(목적)에 따라서 다른 이름이 붙은 서로 다른 각각의 통장에 분산이체를 하는 것이다. 공과금으로 써야 할 돈은 공과금 통장에, 용돈으로 써야 할 돈은 용돈통장에 넣는다.

이렇게 '이름 붙은 통장'들에 '이름 붙은 돈'들이 머물게 되면, 공과금에 써야 할 돈을 생활비로 쓴다거나 아이들 학원비로 써야 할 돈을 통신비로 써버리는 어처구니없는 일을 사전에 차단할 수 있다. 통장의 개수가 많아질수록 관리가 어려워짐은 물론이다. 그러나 보통의 사람이 통장을 수십 개 만들 일도 없을뿐더러, 3~5개 정도는 누구나 관리를 할 수가 있다(급여통장과 지출통장은 반드시 엄격하게 분리하도록 하자).

통장 나누기는 이미 많은 전문가가 언급해 왔다. 이에 그들의 글을 소개하는 것으로 자세한 설명을 대신할까 한다.

첫 번째 소개할 글은 '에듀머니'의 총괄본부장이자 《흑자생활의 법칙》의 저자인 박종호의 글이다. 급여 생활자들이 통장 나누기를 하는 방법에 대해서 잘 설명해놓았기에(또한 '비상금의 개념' 역시 친절하게 설명해 놓았기에) 소개해본다.

급여 생활자를 위한 통장 나누기 비법

아껴 써야겠다는 의지만 가지고 원하는 목적을 이루기란 쉬운 일이 아니다. 일찍 일어나기 위해 알람을 맞춰놓듯이 지출이 통제될 만한 구조를 만들어 놓는 것이 중요하다.

비상금, 고정 지출, 자동이체되어야 할 결제금, 생활비에 대해 통장을 구분해 놓는 것도 바람직한 소비구조를 만드는 데 도움이 된다. 그리고 각각 예산에 맞게 월급날 자동으로 배분되도록 시스템을 만드는 것이다. 이런 과정은 시스템을 처음 만들 때 한 번 고생하고, 다음부터는 조금씩 현실에 맞게 조정하는 수고만 하면 된다.

지출에는 고정 지출과 변동 지출이 있다. 고정 지출은 월 일회성 지출과 수시 지출로 나뉘며, 각각의 지출규모를 따져보고 별도의 통장으로 사용하는 것이 좋다. 그럼 통장별 사용방법에 대해 알아보자.

• 월 일회성 지출 통장(자동이체 통장)

가장 중요한 것은 월 일회성 지출(공과금, 교육비, 보험료, 대출이자, 통신비 등)과 수시 지출(식비, 외식비, 생활용품비, 문화비 등) 통장을 나누는 것이다. 월 일회성 지출은 자동이체로 나가는 것들이며 보통 주거래 통장에서 빠져나간다. 혹시 주거래 통장 말고 다른 데서 나가는 것이 있다면 한 곳으로 모으고 이체 날짜도 가급적 통일하자. 이체 날짜가 섞여 있으면 돈이 있는 줄 알고 쓰다가 어느 날 잔액이 없어 곤란한 상황에 처할 수 있다.

• 수시 지출 통장(생활비 통장)

수시 지출 통장은 일상 생활비(식비, 외식비, 문화비 등)를 넣어서 관리하는 통장이다. 한 달 치 생활비를 넣어두기보다는 주 단위로 관리하는 것이 중요하다. 많은 가정이 신용카드를 없애고 체크카드를 사용하면서도 지출이 달라지지 않는다고 이야기한다. 그 이유는 체크카드 통장에 너무 많은 돈을 넣어두기 때문이다. 체크카드에 큰돈이 들어있으면 신용카드와 다를 바 없다. 따라서 일주일 단위로 관리하며 늘 잔액이 빠듯하다는 긴장감을 유지해야 한다. 소비할 때 한 번 더 생각하기에 새는 돈을 줄일 수 있다.

• 변동 지출 통장

매월 정기적으로 쓰는 생활비 외에도 명절 비용이나 가족 이벤트비용, 의류

비, 병원비 등 비정기적으로 나가는 돈을 별도의 통장으로 관리해야 한다. 변동 지출 통장은 연중가족 대소사를 대비해 상여금을 따로 관리하는 통장으로 활용하면 좋다. 변동 지출은 그때그때 쓰는 돈이다보니 적정 수준보다 초과하여 지출할 위험이 크다. 그렇기에 일반 가정에서 새는 돈의 대표적인 내역이기도 하다. 따라서 연초에 미리 연중 변동 지출 사건을 예측해보고, 그 규모만큼 통장을 별도로 관리해야 돈이 새나가지 않을 수 있다.

• 비상금 통장

비상금은 지출 변동과 소득 변동으로 가정 경제가 흔들리지 않도록 하기 위해 필요한 자금이다. 보통 비상자금은 3~6개월 동안의 생활비를 말한다. 그렇게 되면 이 금액만 보통 수백만 원에서 천만 원이 넘어가게 된다. 평소에 이렇게 큰돈을 한꺼번에 만드는 것은 쉬운 일이 아니다. 우선 최소한의 비상금을 먼저 만들자. 가정에서 수백만 원이 없어서 걱정하는 경우는 많지 않다. 보통 생활비가 부족한 것이 수십만 원 범위이다. 즉 생활비의 30% 정도만 예비자금으로 가지고 있어도 돈 걱정을 상당수 덜 수 있다. 따라서 생활비의 30% 정도만 먼저 확보해보자. 이렇게 최소한의 비상금을 만들어놓고 앞서 이야기한 3개월 치 생활비 규모의 비상금으로 월 생활비에서 몇만 원씩만 저축을 통해서 천천히 만들어도 된다.

푼돈을 체계적으로 관리하기 위해 통장을 나누라는 이야기에 '그렇게까지 해야 하나?'라는 생각을 하기 쉽다. 그러나 푼돈을 아끼지 않으면 목돈은 써보지도 못하고 늘 푼돈에 연연하며 지출하는 우를 범할 수 있다. (…) 통장이

많아져 복잡하지 않을까 싶지만, 각각의 용도에 맞는 통장만 제대로 관리해
도 돈이 어디서 어디로 흘러가는지 쉽게 파악할 수 있다.

두 번째 소개할 글은 '자산관리는 거북이처럼'이라는 이름의 인터넷카페
를 운영하는 운영자이자 《당신이 속고 있는 28가지 재테크의 비밀》의 저자
인 박창모의 글이다. 자영업자 등 수입이 불규칙한 이들이 어떻게 통장 나
누기를 해야 하는가를 쉽게 설명하고 있기에 소개해본다.

자영업자 등을 위한 통장 나누기 비법

자영업자에게는 하나의 통장이 더 필요하다. 바로 사업통장이다. 중요한 것은
급여통장, 지출통장 등 가계계좌와 사업계좌를 분리하는 것이다. 사업계좌와
가계계좌를 분리하지 않고 별생각 없이 돈을 관리하다보면 시간이 지날수록
현금흐름이 엉망이 된다. 사업을 위해 필요한 지출과 가계를 꾸려나가는 데
필요한 지출이 섞여 사업을 통한 매출과 비용, 순이익이 얼마인지와 생활비로
얼마를 쓰고 있는지에 대한 현금흐름 파악이 불가능해지기 때문이다.

매달 불규칙하게 수입이 생기더라도 매월 1일을 급여일로 정하고 1일에 사업
통장에서 급여통장으로 일정한 급여를 보내자. 스스로 급여를 정하고 사업통
장에 항상 일정 금액 이상의 여유자금을 두는 것이다. 매월 일정한 급여를 보
내기 위해서, 또 순수 사업목적을 위해서는 여유자금이 반드시 필요하다. 일
단 급여통장에 돈이 들어오면 그 이후의 관리 방법은 일반 직장인들과 같다.

극단적으로
변화하라

오랫동안 지속해온 소비습관에 변화를 준다는 것은 보통 일이 아니다. 사람의 뇌는 자신이 편안하게 느끼는 익숙한 생활패턴을 벗어나게 되면 이내 큰 불편함을 느낀다. 뇌가 곧 몸에게 다음의 명령을 내린다.

"다시 원래의 상태로 돌아가!"

이런 현상을 일컬어서 항상성homeostasis이라고 한다. 우리는 '소비습관에 대한 항상성(이하 소비항상성)'과 맞서 싸워야 한다.

소비항상성을 무찌르는 방법은 단순하다. 그러나 조금 우악스럽다. 처음 소비패턴에 변화를 줄 때 극단으로 움직이는 것이다. 그리고 그것을 '넌덜머리'가 날 때까지 지속하는 것이다. 그러면 뇌가 몸에게 "다시 원래의 상태로 돌아가!"라고 명령을 내리지 못한다. 다만 "제발 원래 상태의 절반만이라도 돌아가 달라."고 애원할 따름이다.

이 원리를 빠르게 이해하는 데에는 커피스틱(뜨거운 커피를 저을 때 쓰는 그 플라스틱 막대)이 제격이다. 커피스틱을 살짝 휘게 만들었다가 놓으면 곧장 원래의 상태로 돌아간다. 그 현상이 바로 항상성이다. 이런 식의 약한 강도의 변화로는 기존의 항상성을 이겨낼 수가 없다. 그럼 우리가 커피스틱을 90도로 접는 변화를 주려면 어떻게 해야 할까?

그렇다. 180도 이상으로 접어서 그 접힌 부분을 한참 동안 '꾸욱!' 누르고 있으면 된다. 소비항상성은 딱 그런 식으로 무찌르는 것이다. 변화할 것이라면 아예 극단적으로 변화해야 한다. 그리고 그것을 얼마간은 유지해주어야 한다. 잊지 말자. 소비항상성과 싸우려는 자에게는 지나친 것이 미덕이다.

무조건 현금을 써라

백화점에서 구두를 사는 모습을 떠올려 보자. 머릿속의 당신은 필시 다음의 2가지 행위를 하게 될 것이다.

첫째, 물건을 소유하는 행위
둘째, 돈을 지불하는 행위

원하는 물건을 손에 넣을 때 고통을 느끼는 사람은 없다. 첫째의 행위가 우리에게 가져오는 감정은 어쩔 수 없는 행복(즐거움)이다. 그러나 둘째의 행위는 고통(불행)이다. 노동력을 팔아서 얻은 이른바 '피 같은 돈'이 증발하기 때문이다. 돈을 지불하는 행위가 가져오는 고통이 물건을 구매하는 행위에서 오는 행복을 상쇄함은 물론이다. 이는 신용카드를 사용하면 어째서 씀씀이가 느는지를 시사한다.

신용카드는 놀랍게도 '물건을 소유하는 행위'와 '돈을 지불하는 행위'를 분리시킨다. 만약 우리가 구두를 살 때 돈(현금)이 아닌 신용카드(외상)를 쓴다면 우리는 오직 행복이라는 감정만을 느낄 수가 있다. 응당 느껴야 할 고통이라는 감정을 다음 달 25일로 미루는 것, 이것이 바로 신용카드가 지닌 '가장 위대한 기능'이다. 신용카드로 물건을 살 때 마치 공짜로 물건을 선물받는 것만 같은 환상적인 기분에 사로잡히게 되는 까닭이 바로 여기에 있다.

어쩌면 앞서의 내 조언에 따라 신용카드를 자른 독자가 있을지도 모르겠다. 그러나 그런 당신에겐 아직 체크카드가 남아 있다. 이제 그 체크카드마저도 자르자. 체크카드는 신용카드와 마찬가지로 실물의 돈이 지갑에서 빠져나가는 것을 눈으로 지켜보지 못하기 때문에 지불의 고통을 느끼기가 힘들다. 그렇기에 신용카드를 쓰던 이가 체크카드로 바꿔 써도 그 씀씀이가 이전과 별반 차이가 없는 경우가 종종 발생한다.

많은 전문가가 그런 이들에게 "휴대폰 문자로 잔액통보서비스를 받으라."는 처방을 내린다. 그런데 나는 이것에 회의적이다. 문자야 외면하면 그만이기 때문이다(게다가 문자는 결제가 모두 완료된 후에 온다). 뭐니 뭐니 해도 가장 훌륭한 결제 방식은 현금이다. 떠올려보자. 지갑에서 현금 30만 원을 꺼내어 구두를 사는 당신의 모습을! 당장에 가슴이 저려오지 않는가? 이런 고통은 소비 충동에 아주 훌륭한 '브레이크'가 되어준다. 우리는 이 고통을 적극적으로 활용할 필요가 있다.

'돈' 쓰기 전에
꼭 알아야 할 것들

돈의 사용 내용은 크게 2가지의 범주로 나뉜다. 저축(투자)하거나 소비하거나. 우리는 저축과 소비를 제외한 다른 내용으로는 돈을 사용할 수가 없다. 이 2가지가 바로 돈의 사용 내용에 대한 최상위 범주이다. 재테크는 전자에만 완전히 매몰된 반쪽짜리 방법론이다. 재테크는 소비를 '참는 것'으로만 다룬다. 앞서서 내가 설명한 '통장 나누기' 등의 방법론들이 대표적이다.

소비를 줄이는 일은 고통스럽다. 정신과 몸에 배인 문신과도 같은 소비행위에 변화를 준다는 것은 본능에 역행하는 행위이기 때문이다. 당연하게도 본능이 이성에 앞선다. 이는 삼척동자도 다 아는 사실이다. 그런데 재테크 전문가들만 이를 모르는 것 같다. 이들이 하는 소비에 대한 조언은 늘 한결같다.

"무리해서 주택담보대출을 받지 마라."

"지금보다 가계 지출을 줄여라."

"되도록이면 자동차가 아닌 대중교통을 이용해라." 등등.

결국 재무적인 목표를 위해 소비를 참으라는 것이다. 갖고 싶은 것, 하고 싶은 것을 참는다는 것이 어디 말처럼 쉽던가? 참는다는 것은 싸운다는 것이다. 그리고 싸움은 역시나 고통스럽다.

이성의 완전한 승리란 있을 수가 없다. 철저한 이성으로 본능에 승리한 것 같아 보이는 사람도 그 속을 들여다보면 실은 그저 계속해서 싸우고 있을 뿐이다. 즉 'ing 상태'라는 것이다. 본능과 이성이 대립해 싸움이 벌어지는 가장 흔한 예가 바로 다이어트다. 혹시 다이어트에서 이성이 완전히 승리한 것을 본 적이 있는가? 식욕이라는 본능은 언제나 절제라는 이성에 앞선다. 단지 이성으로 어느 정도의 식욕과 싸워나갈 뿐이다. 그리고 그 싸움을 계속해서 해나가는 이가 날씬한 몸을 유지한다. 그래서 날씬한 이들은 매일같이 다이어트를 한다.

소비를 줄이는 일이 우리에게 고통스럽게 다가오는 이유는 '소비 규모의 저하'가 곧 '삶의 질의 저하'(소비 규모↓ = 삶의 질↓)로 연결된다는 생각을 갖고 있기 때문이다. 누구나 이런 등식을 맹신한다. 하지만 이는 양과 질을 혼동하는 데서 오는 아주 고전적인 생각의 오류다. 양과 질은 완전히 다른 개념이다. 그런데 우리는 어려서부터 이것들을 같은 개념이라고 배운다. 이에 대한 가장 흔한 배움이 바로 '돈은 많으면 좋고 적으면 나쁘다.'라는 내용의 "양이 곧 질이다(양 = 질)."라는 이상한 등식이다.

이 등식은 어렸을 적 가정에서부터 배우기 시작한다. 그리고 이것은 학교로, 사회로 계속해서 이어진다. 덕분에 우리는 턱 밑에 수염이 거뭇하게 자라나는 다 큰 성인이 된 지금까지도 양과 질을 동일시하는 어처구니없는 생각의 오류를 범한다. "소비 규모를 줄인다."는 말은 절대로 "삶의 질을 저하시킨다."는 말과 동의어로 해석될 수 없다. 어째서 그런지 간단한 예를 한번 살펴보자.

여기 '1억 원의 돈'이 있다. 이것은 양적인 개념이다. 하지만 이것을 소비하는 행위는 오롯이 질적인 개념이다. 만약 우리가 이 돈을 술과 도박으로 모두 소비한다면 우리 삶의 질은 저하될 것이다. 하지만 이 돈을 가족과 이웃을 위해 소비한다면 우리 삶의 질은 높아질 것이다.

어떤가? 쉽지 않은가? 분명 돈의 양과 질은 다른 개념이다. 이제 여기서 조금만 더 나아가보자. A는 2억 원의 돈을 가졌다. 하지만 B는 그 절반인 1억 원의 돈밖에 갖지 못했다. A는 2억 원의 돈을 모두 술과 도박으로 소비했다. 하지만 B는 1억 원의 돈을 가족과 이웃을 위해 소비했다. 과연 이것만을 두고 볼 때 A의 삶의 질이 높을까? B의 삶의 질이 높을까?

당연지사 B의 삶의 질이 높을 것이다. A가 B의 2배에 달하는 돈을 갖고 있었다는 사실에 주목하자. 돈의 양으로 B를 압도했던 A는 결국 질에서 B에게 압도당하고 만다. 양으로 압도하는 것이 좋은 것일까? 질로 압도하는 것이 좋은 것일까? 답은 뻔하다. 돈은 "얼마를 쓰느냐?"가 중요한 것이 아니라, "어떻게 쓰느냐?"가 중요한 것이다. 본능이 이성에 앞서듯, 질이 양에 앞선다. 언제나 그렇다.

누군가는 1만 원의 돈을 소비하며 그저 그런 효용을 이끌어내는 반면, 또 다른 누군가는 같은 1만 원의 돈을 소비하며 엄청난 효용을 이끌어낸다. 그리고 바로 이런 차이가 누적되어 삶의 질을 가른다. 얼마의 돈을 소비하는지가 삶의 질을 가르는 것이 아니라 어떻게 소비하는지가 삶의 질을 가르는 것이다. 우리는 지금까지보다 더 적은 양의 돈으로, 더 큰 효용을 얻어낼 수 있는 아주 스마트한 소비를 할 필요가 있다. 그렇게만 된다면 우리의 가계는 소비 규모를 떨어뜨리면서도 삶의 질을 더욱 높일 수 있다.

소비 테크놀로지의 작동 방식

우리는 소비물 자체가 아닌, 소비물을 통해서 얻어지는 효용을 얻기 위해서 소비한다. 내가 의자를 하나 샀다고 해보자. 내가 원한 것은 과연 의자 자체일까? 아니면 의자를 통해서 얻을 수 있는 편안함 따위의 효용일까? 응당 후자다. 이것을 도식으로 표현하면 다음과 같다.

나는 100만 원짜리 의자를 사도 편안함이라는 목적을 달성할 수 있고, 1만 원짜리 의자를 사도 편안함이라는 목적을 달성할 수가 있다. 심지어는 의자를 사지 않아도 편안함이라는 목적을 달성할 수가 있다. 그냥 맥주박스

같은 걸 깔고 앉으면 된다. 이렇게 내가 느끼는 편안함은 의자의 가격과는 아무런 상관이 없다. 그러나 우리는 일반적으로 다음의 식을 맹신한다.

소비(돈) ↑ = 효용 ↑

우리는 돈을 많이 쓸수록, 소비의 양을 늘릴수록, 더 많은 효용을 얻을 수 있다고 믿는다. 하지만 앞서 의자의 예를 살펴본 것처럼 이 믿음은 완전히 잘못된 것이다. 위의 식은 '소비물의 현명한 선택을 통해서' 얼마든지 다음의 식으로 전환될 수 있다.

소비(돈) ↓ = 효용 ↑

'소비(돈) ↑ = 효용 ↑'의 식을 '소비(돈) ↓ = 효용 ↑'으로 바꾸는 것, 나는 이 개념을 일컬어서 '소비-테크놀로지'라고 부른다. '양과 질은 서로 같은 개념이 아니다.'라는 이 아주 간단한 사실을 사람들에게 환기시키기 위해 만든 개념이 바로 소비-테크놀로지다.

소비-테크놀로지의 개념을 생활에 적용하면 소비를 줄이면서도 고통을 피할 수가 있다. 2014년 초 그와 관련한 내용을 《우리는 왜 소비를 줄이지 못하는가》라는 책으로 엮어 출간한 적이 있다. 그 책엔 내 몇몇 친구들에 관한 이야기가 에세이의 형식을 빌려 소개되어 있다. 화자인 나는 평범하게 살아가는 내 친구들의 모습을 관찰하며 그들의 일상적이고 보편적인 소비 행태를 비판한다. 독자들이 내 친구들에게서 자신의 모습을 발견하길 바라며 썼던 글이다. 그 내용의 일부를 소개하고자 한다(친구들의 이름은 모두 가명이다).

루이뷔통 가방이
말하는 것

효정이는 여성이다. 효정이는 루이뷔통 가방을 좋아한다. 다음은 효정이가 루이뷔통 가방을 처음 샀을 때의 이야기이다.

내가 군을 전역한 지 며칠 되지 않은 날이었다. 그리고 아주 더운 여름이었다. 저녁쯤에 맥주가 생각나서 동네 친구 녀석들을 불러 모았다. 물론 효정이도 불렀다. 바로 그날 효정이가 루이뷔통 가방을 처음으로 들고 나타났다. 큰맘 먹고 산 것이라는 이야기를 익히 들었기에 호프집으로 이동하는 내내 아주 작정을 하고는 칭찬을 해줬다. 내 칭찬이 마음에 들었는지 효정이가 연신 웃음꽃을 피웠다. 호프집에 도착했다. 그런데 세상에! 자리에 앉기가 무섭게 가방에서 검은색 비닐봉투를 꺼내더니 그곳에 자신의 가방을 (역으로) 담았다!

"차라리 비닐봉투만 들고 다녀!"라고 말하며 낄낄거리던 것이 마치 어제의 일 같다(슬프게도 나이를 먹는 일이 세상에서 가장 쉬운 것 같다). 당시 학생이었던 효정이는 루이뷔통 가방을 사기 위해 주말마다 아르바이트를 했다. 그렇게 몇 달을 고생해서 모은 돈으로 산 것이니 어지간히도 소중했을 것이다. 물론 지금도 효정이는 루이뷔통 가방을 소중하게 다룬다. 하지만 검은색 비닐봉투를 가지고 다니지는 않는다.

"너는 가방의 실체를 소비하지 않는다. 단지 루이뷔통이라는 하나의 기호 또는 이미지를 소비할 뿐이다. 검은색 비닐봉투가 그것을 말해준다." 언젠가 내가 효정이에게 이런 식의 이야기를 한 적이 있었다. 그때 효정이는 강력하게 항변했다. "나는 분명 가방의 실체를 소비한다. 디자인을 중시하는 편인데 상표의 디자인, 즉 로고 또한 디자인의 일부다. 스우시swoosh라고 불리는 나이키의 로고를 한 번 생각해봐라. 당시 검은색 비닐봉투를 갖고 다녔던 것은 단지 가방을 아끼려는 순수한 마음에서였다." 이것이 효정이의 주장이었다. 덕분에 재미있는 사고실험을 하나 고안해낼 수가 있었다. 다음의 이야기를 상상해보자.

내가 당신에게 루이뷔통 가방을 하나 선물했다. 당신은 지금 디자인이 아주 마음에 든다. 흔한 디자인도 아니며 실용적이기까지 하다. 그런데 이런! 가방 손잡이 부분의 로고를 가만히 살펴보니 'LOUIS VUITTON'이라고 대문자로 표현되어 있어야 할 것이 'louis vuitton'이라고 소문자로 표현되어 있는 것이 아닌가! 그렇다. 소위 말하는 '짝퉁'인 것이다. 그것도 엄청나게 티 나는! 화가 난 당신이 내게 와서 따진다. "이봐요. 이 소문자 로고를 좀 봐요. 짝퉁이잖아요!" 그러자 내가 웃으며 말한다. "소문자로 표현되어 있는 것은 짝퉁이라서 그런 것이 아니라 VVIP들에게만 판매되는 한정품이라서 그런 것입니다." 물론, 내 말은 사실이었다.

자, 이 이야기에서 내가 당신에게 선물한 가방의 가치는 한 번 하락했다가 상승했을 것이다. 짝퉁이라는 것을 알게 되었을 때 하락했고, 진품이라는 것을 알게 되었을 때 상승했다. 그리고 당신이 가방의 가치에 변덕을 부리는 동안 디자인은 조금도 변하지 않았다. 분명하다. 우리는 가방의 실체를 소비하지 않는다.

효정이의 성격이 워낙 불같아서 위의 사고실험에 대한 이야기를 한 적은 없다. 만약 한다면 효정이는 분명 자신의 언짢은 기분을 어떻게든 표현할 것이다. 나는 이를 감당할 수가 없다. 효정이는 아직도 자신이 가방의 실체를 소비한다고 생각한다. 도대체 효정이는 이런 허상을 소비하기 위해 지금까지 얼마나 많은 돈을 썼을까?

물건의 구매를 결정하는 데 있어서 디자인은 아주 중요한 요소다. 게다가 그 물건이 여성의 가방이라면 디자인은 더할 나위 없이 중요하다. 나는 아름다운 디자인을 추구하는 여성의 소비심리를 결코 부정하지 않는다. 아름다운 디자인은 존중받아 마땅하다. 하지만 루이뷔통 가방보다 아름다운 디자인을 가졌으면서도 실용적이고, 게다가 가격까지 저렴한 가방들이 세상에는 얼마든지 많다. 물론 효정이도 이 사실을 잘 알고 있다. 그럼에도 루이뷔통 가방을 고집한다.

효정이는 루이뷔통 가방의 디자인에 끌리지 않았다. 분명 다른 어떤 것에 끌렸다. 그 어떤 것은 루이뷔통 가방의 실체에는 없다. 그 어떤 것은 효정이가 루이뷔통 가방에서 보는 기호이며 이미지이다. 그리고 그것들은 순전히 '가상'이며 '허구'다.

원시 미개인들이 모여 사는 마을이 있다고 한번 생각해보자. 이들 마을의 입구에는 커다란 바위가 하나 있다. 다른 원시 미개인들이 그렇듯이 이들 역시 애니미즘animism적인 사고습관을 갖고 있다. 언제부턴가 이들은 바위가 마을을 지켜주는 '수호신'이라고 생각하게 된다. 그 때문에 마을에 아픈 환자가 생기면 곧장 바위에 달려가 치성을 드린다. 아이가 태어나도, 노인이 죽어도, 가뭄이 들어도, 홍수가 들어도, 어김없이 바위에 달려가 치성을 드린다.

이들은 바위에서 바위를 보지 않는 것이다. 바위는 애니미즘적인 해석을 거쳐 기호화되고 이미지화된다. 이들은 그렇게 해서 바위의 실체에는 없는 다른 어떤 것을 본다. 그렇다. 이들은 바위에서 '수호신'을 본다. 물론 이들이 보는 것은 순전히 가상이며 허구이다.

효정이가 루이뷔통 가방을 보는 방식과 원시 미개인들이 바위를 보는 방식은 크게 다르지 않다. 그리고 효정이는 특별하지 않다. 효정이와 나, 그리고 우리 모두는 실체에서 가상과 허구를 본다. 실체에서 가상과 허구를 보는 것, 이것은 우리가 물건을 바라보는 아주 일반적인 방식이다.

가상과 허구는 곧 의미를 뜻한다. 《나는 왜 루이비통을 불태웠는가?Bonfire of the Brands》의 저자 닐 부어맨Neil Boormen은 자신의 책을 통해서 다음과 같은 말을 했다.

당신과 내가 파티에서 만났다고 가정해보자. 당신은 내가 어떤 사람인지 알기 위해 내 직업이 무엇인지, 내가 어디에 사는지, 어느 학교를 나왔는지 등에 대해 물어볼 것이다. 그리고 나 역시 그런 질문들을 하겠지만 그 대답에는 그리 귀 기울이지 않을 듯하다. 오히려 나는 당신이 입고 있는 청바지의 상표가 무엇인지, 어떤 신발을 신고 있는지, 어떤 휴대전화를 사용하는지 등을 유심히 살펴볼 것이다. 그런 물건들이 오히려 여러분이 어떤 사람인지 말해준다. 당신은 수많은 브랜드의 옷과 휴대전화 가운데 특정한 브랜드의 제품을 구입해 사용한다. 이는 그 제품들이 스스로에게 잘 어울린다고 생각하거나 혹은 당신이 되고 싶은 이상적인 모습에 어울리는 브랜드라고 여기기 때문이다. 그리고 우리는 여기에 상당한 시간과 돈을 투자한다.

나라는 사람은 실로 세심하게 선택한 브랜드들의 덩어리이다. 사람들은 나를 이루고 있는 그 브랜드들을 통해 나의 직업, 교우 관계, 출신, 배경 등에 대해 가늠한다. 내 휴대전화가 블랙베리이고 내 신발이 아디다스인 것은 우연이 아니다. 지금과 같이 그 브랜드들과 끈끈한 인연을 맺게 되기까지 나는 많은 시간을 보내야 했다. 나는 당신이 내 휴대전화와 운동화를 보고 그 물건들이 전하는 메시지를 통해 나에 대해 파악해주었으면 한다. 물론 그런 브랜드들의 의미조차 모르는 사람들도 있겠지만, 그것이야 뭐 어쩌겠는가? 어차피 그런 사람들하고 친해지는 일 따위는 없을 테니 상관없다.

그는 애플의 맥에서 '자유분방함'과 '독창성'이라는 의미를 찾아냈다. 그리고 사람들이 자신을 자유분방하고 독창적인 사람으로 여겨주기를 바랐다. 그래서 그는 애플의 맥을 썼다. 또한 그는 랠프로런의 셔츠에서 '강인함'이라는 의미를 찾아냈다. 그래서 그는 강인한 인상을 전하고 싶을 때면 랠프로런의 셔츠를 입었다.

우리는 모두 이렇게 부어맨과 같은 식('애플의 맥을 쓰는 사람은 자유분방하고 독창적이다' '랠프로런의 셔츠를 입는 사람은 강인하다')으로, 자신만의 주관적인 가설에 입각해서 물건을 소유한다. 내가 만약 '노스페이스의 패딩점퍼를 입는 사람은 무식한 사람이다.'라는 가설을 세워둔 상태라면, 나는 노스페이스의 패딩점퍼를 사지 않을 것이다. 왜? 나는 무식한 사람이 아니니까! 반면 '폴 스미스의 안경테를 착용하는 사람은 지적인 사람이다.'라는 가설을 세워둔 상태라면, 폴 스미스의 안경테를 살 것이다. 왜? 나는 지적인 사람이니까!

이처럼 사람은 자신이 소유하고 있는 여러 물건들에 자신의 정체성을 담는다. 그리고 이것은 본능이다.

텍사스대학의 심리학과 교수 샘 고슬링Sam Gosling은 이와 관련해 간단하면서도 재미있는 실험을 하나 고안해냈다. 자신이 소유하고 있는 물건에 담겨 있는 자아 정체성을 알아보는 실험이다. "나는 … 이다."라는 20문항의 미완성 문장들의 빈칸을 채우는 것인데, 실험 참가자들은 12분 동안 최대한 많은 빈칸을 채워야 한다. 그의 말에 따르면, 보통 주어진 시간 내에 약 17개 정도의 문장을 완성한다고 한다.

완성된 문항의 답은 아주 다양할 것이다. 어떤 사람은 "나는 종교인이다." "나는 대학생이다." "나는 젊은이다."처럼 추상적인 형태의 답을 하기도 할 것이고, 또 어떤 사람은 "나는 기독교인이다." "나는 서울대학교 학생이다." "나는 스무 살이다."처럼 구체적인 형태의 답을 하기도 할 것이다. 답의 형태가 중요한 것은 아니다. 중요한 것은 실험 참가자들이 소유하고 있는 거의 모든 물건들에 이와 같은 자아 정체성이 담겨 있다는 것이다.

당신이 의식하든 그렇지 않든 간에 지금 당신이 소유하고 있는 각각의 물건들에는 당신의 정체성이 담겨 있다. 그리고 어떤 물건은 오직 당신만을 향해 이야기한다. "당신은 이런 사람이에요."라고. 또 어떤 물건은 다른 사람들을 향해 이야기한다. "내 주인은 이런 사람이에요."라고. 예를 들어보면 다음과 같다.

지금 내 작업실의 책상에 놓여 있는 스탠드는 오직 나를 향해 이야기한다. 나는 이 스탠드를 20년 넘게 사용해왔다. 5년 전쯤 스탠드의 다리가 부러졌는데, 그것을 테이프로 칭칭 감아 사용 중이다. 나는 예전부터 '물건을 오래 쓰는 남자는 멋진 남자다.'라는 조금 웃긴 가설을 신봉하고 있다. 그렇기 때문에 나는 스탠드를 보며 이렇게 생각한다.

'그래, 이것이 바로 진정한 사내의 멋이지!'

물론 스탠드도 내게 이야기한다.

"당신은 멋진 남자예요."

이렇게 자신의 흥을 돋우거나 특정 메시지를 상기시켜 감정에 영향을 미치는 물건을 일컬어 '감정조절장치Feeling Regulators'라고 한다. 그리고 감정조절장치에는 소유자만이 알 수 있는 지극히 개인적인 의미들을 담는 경우가 많다.

당신 책상 위에 신혼여행지에서 주워온 돌이 하나 있다고 쳐보자. 당신은 그 돌을 보며 추억을 회상하기도 하고 아내에 대한 헌신을 약속하기도 한다. 그렇다. 돌이라는 물건은 당신의 강력한 감정조절장치다. 고슬링의 실험에서처럼 "나는 … 이다."로 표현하자면 아마도 '나는 아내를 사랑하는 사람이다.'쯤이 될 것이다. 하지만 그 돌에 담긴 의미를 알고 있는 사람은 오직 당신뿐이다. 그렇기 때문에 내가 당신의 돌을 보며 '책상 위에 돌을 두는 사람은 변태다.'라는 나만의 가설로 당신을 이상하게 여길 수도 있다.

하지만 그런 일은 일어나지 않을 것이다. 지금까지 그래왔던 것처럼, 앞으로도 내가 당신의 책상을 볼 기회가 없을 테니까 말이다. 감정조절장치는 자신을 위한 물건이다. 따라서 자신이 가장 잘 볼 수 있는 공간에 놓인다. 감정조절장치는 다른 사람들에게 당신이 어떤 사람인지를 이야기하기 위해 소유하는 물건이 아니다. 감정조절장치는 오직 당신을 향해 이야기한다.

"당신은 아내를 사랑하는 사람이에요."

반면, 내 구멍 난 운동화는 다른 사람들을 향해 이야기한다.

"내 주인은 멋진 남자예요."

'물건을 오래 쓰는 남자는 멋진 남자다.'라는 나만의 가설에 따른 것이다. 그런데 이 가설이 문제가 좀 있다. 나는 다른 사람에게 멋진 남자로 보이고 싶은데, 내 구멍 난 운동화를 본 지인들이 나를 '패션에 무감한 남자' 혹은 '구두쇠'라고 생각하는 것이다. 그럴 때마다 나는 구구절절 설명을 늘어놓는다. 어째서 내가 물건을 오래 쓰는 남자를 멋지다고 생각하는지 말이다. 물론 내가 절대 패션에 무감하지 않으며 구두쇠 역시 아니라는 사실에 대해서도 충분히 설명한다.

하지만 이들을 납득시키는 것은 여간 힘든 일이 아니다. 이들이 이미 '구멍 난 운동화를 신는 남자는 패션에 무감한 남자(혹은 구두쇠)다.'라는 가설을 세워둔 상태이기 때문이다. 아! 대체 어떻게 해야 이 수고스러움을 덜 수 있을까? 내가 다른 사람들에게 더욱더 쉽게 멋진 남자로 보이는 방법은 없을까?

물론 있다. 그것도 아주 쉬운 방법이. 사람들 사이에 널리 통용되는 가설을 따르면 된다. 만약 사람들에게 '구멍 나지 않은 나이키 운동화를 신는 남자는 멋진 남자다.'라는 가설이 널리 통용된다면, 구멍 나지 않은 나이키 운동화를 사서 신으면 그만이다. 그러면 구멍 나지 않은 나이키 운동화가 다른 사람들에게 말해줄 것이다. "내 주인은 멋진 남자예요."라고. 그리고 이것은 확실하게 통한다.

물건을 통해서 자신의 이야기를 다른 사람에게 할 때에는 널리 통용되는 가설, 즉 보편적 의미를 지니고 있는 물건으로 해야만 한다. 그렇지 않으면 나처럼 오해를 사기 십상이다. 그래서 효정이는 루이뷔통 가방을 고집한다. 효정이는 루이뷔통 가방이 지닌 보편적 의미로 다른 사람들에게 자신의 정체성을 주장하고 있는 것이다.

그렇다면 한번 생각해보자. 루이뷔통 가방은 과연 어떤 보편적 의미를 지니고 있을까? 아름다움? 품위? 장인 정신? 예술성? 모두 아니다. 루이뷔통 가방이 지닌 보편적 의미는 단순하면서도 아주 노골적이다. 바로 '부富'이다. 사람들에게 가장 널리 통용되는 루이뷔통 가방에 대한 가설은 바로 '루이뷔통 가방을 소유한 사람은 돈이 많다.'이다. 루이뷔통 가방이 비싸다는 사실은 누구나 다 아니까. 바로 이 때문에 루이뷔통 가방이 많은 사람에게 사랑을 받는 것이다. 루이뷔통 가방은 다른 사람들을 향해 이야기한다.

"내 주인은 돈이 많은 사람이에요."

루이뷔통 가방은 효정이의 소비행태를 나타내는 하나의 상징이다. 효정이는 펜디 시계와 프라다 지갑, 페레가모 구두 등을 소유하고 있다. 이것들이 지닌 보편적 의미 역시 '부'이다. 효정이가 소유하고 있는 물건들의 보편적 의미는 서로 모순을 이루지 않는다. 아주 조화롭다. 아마도 '나는 돈이 많다.' 혹은 '나는 잘나간다.' 정도면 효정이가 소유한 물건의 의미를 모두 품을 수 있을 것이다. 분명히 효정이는 다른 사람들이 자신을 '돈 많고 잘나가는 여성'으로 봐주길 바란다.

18세기 프랑스의 철학자 드니 디드로Denis Diderot는 《나의 낡은 침실 가운과 이별한 이후의 고뇌Regrets sur ma vieille robe de chambre》라는 수필에서 친구에게 선물받은 붉은색 가운이 어떻게 자신의 서재를 바꾸었는지를 이야기했다.

새 가운을 선물 받은 디드로는 기존에 자신이 입고 있던 낡은 가운을 버린다. 그리고 새 가운을 입고 서재에 선다. 그런데 조금 있으니 서재에 있는 다른 가구들이 새 가운에 비해 허름하고 초라해 보이는 것이 아닌가. 특히 책상이 눈에 거슬렸다. 그래서 책상을 새것으로 바꾼다. 그런데 이제는 의자가 눈에 거슬리기 시작한다. 그래서 의자도 새것으로 바꾼다. 이런 식으로 시계와 벽걸이까지도 새것으로 바꾼다. 급기야 그는 서재 안에 있는 거의 모든 집기들을 새것으로 바꾼다. 그리고 그는 고백한다. "나는 내 낡은 가운의 완전한 주인이었는데, 이제는 새 가운의 노예가 되고 말았구나."

나는 가끔씩 생각한다. '과거 효정이가 호프집에 처음 들고 나타났던 루이뷔통 가방이 디드로의 가운은 아니었을까?' 하고 말이다. 지금 효정이는 너무 많은 물건을 소유하고 있다. 게다가 효정이의 소비 씀씀이는 예전에 비해 지나칠 정도로 커졌다. 나는 그것이 못내 씁쓸하다.

앞서 말했듯이 효정이는 내 오랜 친구다. 그래서 내게는 '그저 그런 수준'

인 효정이의 수입이 어느 정도는 들여다보인다. 그리고 내 계산에 의하면 효정이의 수입과 효정이의 큰 씀씀이는 절대 수지가 맞지 않는다.

나는 효정의 루이뷔통 가방에서 효정이의 구멍 난 재정 상태를 본다. 하지만 다른 사람들은 효정의 루이뷔통 가방에서 '부'를 볼 것이다. 필시 다른 사람들은 효정이가 돈 많고 잘나가는 여성이라고 생각할 것이다. 그래서 오늘도 효정이는 루이뷔통 가방을 들고 모임에 나간다.

아우디를 모는 이유

가끔 안부 인사차 명일이에게 전화를 걸 때가 있다. 그럴 때면 언제나 제이슨 므라즈Jason Mraz의 '아임 유어스I'm Yours'가 통화연결음으로 흘러나온다. 이 노래의 경쾌한 멜로디는 명일이의 자유분방한 성격과 썩 잘 맞아떨어진다. 3년째 통화연결음이 그대로인 걸 보니, 자신도 그렇다고 생각을 하고 있는가보다.

그런데 생각해보라. 명일이는 서비스 이용료를 전액 지불하면서도 자신의 통화연결음을 들을 수가 없다. 자신의 통화연결음을 들으려면 자신의 전화에 전화를 거는 바보 같은 짓을 해야만 한다. 명일이는 그런 짓을 할 만큼 어리석지 않다. 그렇다. 명일이는 지금 통화연결음을 통해서 다른 사람들에게 자신의 정체성을 보이고 있는 것이다. 통화연결음의 효용은 자신이 그것을 들을 때 발생하지 않는다. 오직 다른 사람이 통화연결음을 들을 때에야 비로소 진짜 효용이 발생한다.

명일이는 아우디 A6을 타고 출퇴근을 한다. 과연 아우디 A6의 효용은 언제 발생할까? 물론 명일이가 출퇴근을 할 때 발생한다. 이동의 편의성이 자동차의 본래 효용이지 않는가. 그런데 어째 서울에 살고 있는 명일이에게 있어 자동차의 본래 효용은 제구실을 하고 있지 못한 것 같아 보인다.

명일이는 서울시청 근처에서 일을 한다. 얼마 전 시청에 일이 있어서 방문했는데, 내가 일을 마친 시간이 우연히 명일이의 퇴근시간과 겹쳤다. 그때 아우디 A6을 얻어 탔다. 종각의 음식점에서 저녁식사를 간단히 하고 헤어지기로 했다. 시청에서 종각까지는 지하철로 한 정거장 거리다. 지하철 소요 시간으로만 따지자면 약 3분이 걸린다. 그날 우리는 3분의 거리를 310마력을 지닌 아우디 A6을 타고 30분이 걸려서야 도착했다!

지하철 애용자인 나로서는 도저히 납득할 수 없는 시간이었다. 결국 자동차 안에서 짜증이 폭발했다. 입에서 거친 말들이 터져나왔다. 명일이가 애써 웃으며 내게 말했다.

"원래 출퇴근 시간에는 이렇게 길이 막혀."

세상에! 명일이는 출퇴근 시간을 매일 그렇게 비효율적으로 보내고 있었다.

사실 시청이나 종로·강남 등의 회사밀집 지역의 길이 출퇴근 시간에 막힌다는 것은 중학생도 다 아는 사실이다. 그래서 생각해본다.

'회사밀집 지역에 직장을 가진 이가 출퇴근 용도로 자동차를 소유한다는 것은 과연 합리적인 행위인가?'

돈, 시간, 정신건강 등 거의 모든 측면에서 비합리적인 행위라는 답이 나올 수밖에 없다. 그런데도 명일이는 자동차를 소유한다. 대체 왜 그럴까? 자동차의 진짜 효용이 출퇴근을 할 때 발생하는 것이 아니기 때문이다. 자동차의 진짜 효용이 발생하는 때는 따로 있다. 명일이의 예를 좀 더 살펴보자.

명일이는 친구들 모임이 있는 날이면 언제나 아우디 A6을 끌고 나온다. 술을 마신다고 사전에 공지를 해도 기어코 끌고 나온다. 나는 속으로 생각한다.

'저질스럽게 자동차 자랑하려고 끌고 나왔구먼!'

명일이는 어떤 식으로든 아우디 A6에 대한 이야기를 꺼내고 싶어 한다. 하지만 명일이가 먼저 이야기를 꺼낼 수는 없다. 왜? 자랑하려 했던 것이 너무 티가 나니까! 그래서 언제나 내가 먼저 나선다. 뭐, 다음과 같은 식이다.

"그런데 명일아. 너 자동차 어디에 주차해놨어?"

이렇게 명일이의 아우디 A6은 효정이의 루이뷔통 가방과 그 의미와 효용 측면에서 궤를 함께한다. 아우디 A6이 비싸다는 사실을 모르는 사람은 없다. 아우디 A6이 지닌 보편적 의미는 효정이의 루이뷔통 가방과 같은 '부'이다. 효정이와 명일이는 다른 사람들이 자신을 '돈 많고 잘나가는 사람'이라고 생각해주길 바란다. 그래서 비싼 물건들을 소유한다.

그 물건들은 다른 사람들에게 그 의미를 전달해야만 비로소 효용이 발생한다. 루이뷔통 가방과 아우디 A6을 집에 모셔놓기만 해서는 다른 사람들에게 '부'라는 의미를 전달할 수가 없다. 반드시 다른 사람들에게 그것들을 내보여야만 한다. 그래서일까? 효정이와 명일이는 자신들의 페이스북 계정에 각각 루이뷔통 가방과 아우디 A6의 사진을 업로드해놓기까지 했다.

사실 SNS만큼 다른 사람들에게 자신이 어떤 사람인지를 알리기 위해 유용한 수단이 또 있을까 싶기도 하다. 특히 수시로 업로드되는 사진들이야말로 다른 사람들이 자신을 이렇게 저렇게 봐주었으면 하고 소망하는 순간들이 분명하다. 사랑스런 눈빛으로 카메라 앵글을 응시하고 있는 사진을 업로드한 어떤 이는 다른 사람들이 자신을 사랑스런 사람으로 봐주기를 소망하고 있을 것이다. 자신이 공부하는 모습을 사진으로 찍어 업로드한 또 어떤 이는 다른 사람들이 자신을 학구열에 불타는 사람으로 봐주기를 소망하고 있을 것이다.

가끔 지인들의 SNS 계정들을 훑어볼 때가 있다. 그럴 때면 너무 빤한 수작들에 헛웃음이 나오곤 한다. 그들이 다른 사람들에게 어떻게 보이고 싶어 하는지가 사진에 너무나 적나라하게 나타나 있는 것이다. 물론 자신이 어떤 사람인지를 다른 사람들에게 표현하고픈 본능적 욕구를 모르는 것은 아니다. 나 역시도 그런 욕구를 갖고 있다. 하지만 SNS는 어째 너무 노골적이다.

많은 경우, 소유물의 진짜 효용은 자신의 부를 다른 사람들에게 과시할 때 발생한다. 물건 본래의 효용을 위해 소비하는 것이 아니라, 단지 과시하기 위해 물건을 소비하는 것이다. 소스타인 베블런Thorstein Veblen은 1899년 자신의 책 《유한 계급론The Theory of the Leisure Class : An Economic Study, 有閑階級論》을 통해서 부자들이 돈을 버는 이유는 자본을 축적하기 위한 것이 아니라, 소비를 통한 과시를 일삼기 위한 것이라는 주장을 펼쳤다.

그의 주장에 따르면, 부자들은 "자신은 노동을 하기 않아도 되며, 언제든지 여가와 소비를 즐길 수 있는 유한 계급이다."라는 메시지를 다른 사람들에게 전하기 위해 "과시적 여가와 소비"를 일삼는다. 결국 '구별 짓기'라는 것이다. 명일이는 지금 온갖 것들로 부를 과시하며, 다른 사람들과 자신이 다르다는 것을 증명해보이려고 애쓰고 있다.

명일이의 페이스북 계정에 업로드 되어 있는 사진들만을 두고 이야기를 하자면, 명일이는 분명 돈이 많은 사람인 것 같다. 여름휴가 때는 해외여행을 가고, 일주일에 한 번 이상은 고급 레스토랑에서 식사를 한다. 또한 아우디 A6과 오메가 시계를 소유하고 있다.

그런데 얼래? 문제가 좀 있다. 다른 사람들의 페이스북 계정에 업로드되어 있는 사진들 역시 이와 크게 달라 보이지 않는다. 다들 여름휴가 때에는 해외여행을 가고, 일주일에 한 번 이상은 고급 레스토랑에서 식사를 하는 듯하다. 브랜드가 조금씩 달라서 그렇지, 모두 비싼 자동차와 시계를 소유하고 있다. 아무래도 명일이가 구별 짓기에 성공하려면 지금보다 더 분발해야 할 것만 같다.

나는 명일이가 구별 짓기를 그만두었으면 한다. 명일이가 구별 짓기에 성공할 수 없다는 것을 잘 알고 있으니까 말이다. 분명 명일이가 어떤 자동차를 소유하고, 어떤 시계를 소유하든지 간에 그보다 더 비싼 자동차, 더 비싼 시계를 소유한 사람이 반드시 나타날 것이다. 설령 명일이가 다른 사람들과의 경쟁에서 승리해 구별 짓기에 성공한다 치더라도, 그것은 필시 '승자의 저주The Winner's Curse'가 될 것이다.

어째서 명일이가 구별 짓기에 성공할 수 없는지를 쉽게 설명하기 위해서 잠시 효정이의 이야기로 돌아가보자.

효정이가 처음으로 루이뷔통 가방을 들고 호프집에 나타나던 날, 효정이는 확실히 다른 친구들보다 돋보였다. 호프집에 모인 친구들 중 누구도, 효정이의 루이뷔통 가방만큼 비싼 가방을 들고 있지 않았다. 이렇게 효정이는 루이뷔통 가방 하나로 구별 짓기에 성공했다. 하지만 그것이 오래가지는 않았다. 얼마 지나지 않아서 다른 친구들도 루이뷔통 가방을 들고 나타나기 시작한 것이다. 물론 다른 친구들도 효정이처럼 수개월 동안 아르바이트를 해서 루이뷔통 가방을 샀다.

효정이를 비롯한 루이뷔통 가방을 소유한 다른 모든 친구들은 결국 패자가 되었다. 친구들 사이에서 결코 매력적일 수 없는 루이뷔통 가방을 갖기 위해 공부할 시간을 포기해가며 수개월 가량을 아르바이트로 허비했으니 말이다.

사실 그날 루이뷔통 가방이 아니라 그보다 더 저렴한 MCM 가방을 들고 나타났다 하더라도 효정이는 구별 짓기에 성공할 수 있었다. 당시까지만 하더라도 친구들 중 어느 누구도 브랜드 가방을 소유하고 있지 않았으니까 말이다. 만약 효정이가 MCM 가방으로 구별 짓기를 시도했더라면, 구별 짓기에 성공하는 것은 물론이고 루이뷔통 가방과 MCM 가방의 차액만큼을 좀 더 유용한 곳에 쓸 수 있었을 것이다. 물론 그 구별 짓기 역시 오래가지 않을 것은 불을 보듯 뻔하지만 말이다.

이 사례에서 우리는 2가지 사실을 알 수 있다.

첫째, 효정이는 자신이 어떤 가방을 구입할지만을 선택할 수 있을 뿐, 다른 친구들이 어떤 가방을 살지를 선택할 수는 없다.

둘째, 효정이는 다른 친구들의 가방을 루이뷔통 가방으로 바꾸게 하는 '인센티브incentive'를 창출해냈다.

여기서 중요한 것은 '인센티브'다. 만약 당신이 아이들을 해외로 어학연

수 보내 영어 실력을 향상시킨다면, 좋은 대학에 들어갈 확률은 높아진다. 반면 다른 아이들이 좋은 대학에 들어갈 확률은 낮아지게 된다. 그러므로 이 과정에서 당신은 다른 부모들 역시도 아이들을 해외로 어학연수 보내야 하는 인센티브를 창출해냈다고 볼 수 있다.

같은 맥락으로 만약 당신이 직장에서 매일같이 야근을 한다면 당신의 승진 기회는 커질 것이다. 물론 다른 사람들의 승진 기회는 적어지게 된다. 이 과정에서 당신은 다른 사람들 역시도 매일같이 야근을 해야 하는 인센티브를 창출해냈다고 볼 수 있다.

두 경우 모두 당신이 특정 행동을 하지 않았다면 발생하지 않았을 인센티브다. 사람들은 이런 식으로 서로에게 끊임없이 영향력을 행사해가며 새로운 인센티브들을 창출해낸다.

이제 다시 명일이 이야기로 돌아와보자. 명일이는 구별 짓기를 위해 아우디 A6을 샀다. 그 과정에서 명일이는 자신이 속한 공동체에 인센티브를 창출해냈다. 이제 명일이가 속한 공동체에서 '돈 많고 잘나가는 사람'으로 보이려면 아우디 A6쯤은 있어야 한다. 얼마 지나지 않아 '돈 많고 잘나가는 사람'으로 보이고 싶어 하는 누군가가 아우디 A6보다 더 비싼 자동차를 사게 될 것이다. 그 과정에서 그가 다시 한 번 공동체에 인센티브를 창출해낸다. 하지만 필시 또 다른 누군가가 그 자동차보다 더 비싼 자동차를 사며 다시 한 번 인센티브를 창출해낼 것이다. 그리고 이런 식으로 끊임없이 인센티브가 창출될 것이다.

명일이가 구별 짓기에서 승자가 되려면 반드시 마지막 레이스까지 달려야 한다. 그리고 그 마지막 레이스에서 승리해야만 한다. 하지만 여기에는 2가지 문제가 있다.

우선 명일이가 계속해서 레이스를 이어나가기에는 돈이 턱없이 부족하다. 사실 명일이는 이미 한계이다(효정이의 경우와 마찬가지로 명일이가 내 오랜 친구라서 이 사실을 알 수 있다). 물론 명일이가 이 레이스를 조금 더 이어나갈 수 있는 방법이 한 가지 있긴 하다. 바로 최대한 일을 더 많이 하는 것이다. 아주 지독하게 일을 더 많이 한다면 명일이는 조금 더 이 레이스를 이어나갈 수 있을 것이다(분명히 말해두지만 '조금 더' 이어나갈 수 있을 뿐이다. 명일이는 이미 아주 많은 양의 일을 하고 있다).

그리고 가장 중요한 두 번째 문제는 '이 레이스는 절대 끝나지 않는다.'는 것이다.

부자이고 싶다는 욕구

나는 효정이와 명일이가 단지 '돈 많고 잘나가는 사람'으로 보이기 위해서만 '부'라는 보편적 의미를 지닌 물건들을 사모은다고 말하려는 것은 아니다. 효정이와 명일이는 이것과 함께 자신의 '이상적 자아'를 표현하려고 한다. 아니, 애쓰고 있다는 것이 맞는 표현이겠다.

나는 둘의 이상적 자아가 어떤 것인지 잘 모른다. 하지만 사람은 누구나 그런 욕망을 갖고 있다. 사람은 누구나 현재 자신의 모습이 아닌, 좀 더 나은 모습으로의 자신을 욕망한다. 그런데 대부분이 그 '이상적 자아'의 본질을 향해 곧장 나아가질 못한다. 본질이라는 것이 추상적이고 막연할뿐더러, 본질 이전에 다른 지엽적인 것들에 정신이 팔리기 때문이다.

당신이 불행한 상태에 놓여 있다고 가정해보자. 불행의 상태에서는 행복에 대한 욕망이 그 어느 때보다 뜨거워질 것이므로 당신의 이상적 자아는 지금 '행복한 사람'이다. 당신은 이제 '행복한 사람'이 되기 위해 앞으로 나아갈 것이다.

"자, 어떻게 해야 하는가?"

쉽게 답할 수 있을 리가 없다. '행복한 사람'이란 얼마나 추상적이고 막연한가? 그래서 당신은 당신이 생각하기에 '행복한 사람'일 것 같은 사람이 어떻게 하는지를 관찰한다. 그리고 그를 모방한다. 만약 내가 방금 "자, 어떻게 해야 하는가?"라고 물었을 때 당신이 쉽게 대답했다면 그것은 필시 당신이 '행복한 사람'이라고 생각하고 있는 다른 어떤 사람의 이미지를 떠올리며 한 대답이었을 것이다.

르네 지라르Rene Girard의 주장에 따르면, 사람은 이상적 자아를 직접적으로 욕망하지 않는다. 단지 중개자에게서 빌려올 뿐이다. 예를 들어 미구엘 드 세르반테스의 소설 《돈키호테》 속의 주인공 돈키호테는 '방랑기사'를 꿈꾼다. 이것은 그가 욕망하는 이상적 자아다. 하지만 그는 방랑기사를 향해 곧장 나아가질 않는다. 그는 단지 아마디스라는 전설의 기사를 모방한다.

그렇다. 돈키호테는 아마디스라는 전설 속 기사의 '욕망'을 모방했다. 고로 돈키호테의 욕망은 어디까지나 아마디스라는 전설 속 기사의 욕망일 뿐,

돈키호테 자신의 욕망은 아니다. 만약 돈키호테가 자신의 욕망을 향해 곧장 나아갈 수 있었다면, 그는 아마디스라는 전설 속 기사를 모방하지 않았을 것이다. 그는 자신의 욕망을 향해 곧장 나아갈 수 없었다. 그는 본질적인 것과 지엽적인 것, 그리고 실체와 허구를 혼동했다. 그는 망상에 사로잡혀 있었다.

사람은 거의 모든 경우에 있어서 이상적 자아를 직접 욕망하지 못한다. 단지 중개자를 통해 중개자의 욕망을 모방할 뿐이다. 그렇다면 효정이와 명일이, 나, 그리고 당신, 이렇게 우리 모두는 누구를 중개자로 삼아서 이상적 자아를 추구하고 있는 걸까?

반세기 전이라면 아마 부모 혹은 은사쯤이면 답으로 충분했을 것이다. 과거에는 미디어 매체의 접근성이 좋지 않았기 때문에 자신이 속한 한정된 영역의 지역공동체 내에서 욕망을 모방할 중개자를 찾을 수밖에 없었다.

하지만 지금은 그 접근성이 너무나도 좋아졌다. 사람들은 아침에 눈을 떠서 밤에 다시 눈감기 전까지 의식하든 하지 못하든 간에 수백, 수천 개의 광고를 접하고, 세계 각국 사람들이 어떻게 살아가는지에 대한 소식을 듣는다. 이제 우리는 조지 클루니와 브래드 피트, 안젤리나 졸리와 같은 할리우드 유명 배우들이나 내 지역이 아닌 다른 지역에 살고 있는 억대 연봉의 그, 혹은 그녀를 중개자로 삼아 이상적 자아를 추구한다.

그리고 그들의 많은 것을 모방한다. 그 모방에 소비가 포함됨은 물론이다. 만약 '성공한 사람'이 우리의 이상적 자아라면, 우리는 우리가 생각하기에 성공한 사람이라고 생각되는 이들의 소비를 모방한다. 그 소비 행태가 성공한 사람이라는 본질을 향해 곧장 나아가지 못함은 당연하지만, 우리는 이 사실을 곧잘 간과한다.

우리가 성공한 사람이라고 생각하는 사람이 '중개자'라면, 이들이 소비하는 물건들은 '중개물'이 된다. 소유함으로써 자신의 이상적 자아에 한 발짝 더 다가설 수 있을 것 같은 착각을 불러일으키는 물건, 그것이 바로 중개물이다.

요즘은 거의 모든 물건이 중개물을 자처한다. 그중 가장 대표적인 예가 바로 자동차다. 자동차는 더 이상 이동의 편의성을 팔지 않는다. 그 대신 사회적인 지위를 판다. 다음은 〈한국경제신문〉에 실린 2009년형 그랜저 시승기 기사의 일부 내용이다.

현대자동차의 그랜저는 여전히 부와 신분을 상징하는 차로 통한다. TV 광고처럼 40대에 이 차를 소유하고 있다면, 따로 말하지 않아도 주변에 웬만큼 성공했다는 인식을 심어준다. 그만큼 품격 있는 차로 소비자들의 사랑을 받고 있다.

당시 그랜저의 광고 카피는 이러했다.

"요즘 어떻게 지내냐는 친구의 물음에 그랜저로 대답했습니다."
"진정한 럭셔리란 과시하지 않는 것, 조용히 앞서는 것, 당신의 오늘을 말해주는 것, 새로워진 그랜저처럼."
그랜저가 부와 성공을 상징한다고 누가 말하던가? 럭셔리하다고 누가 말하던가? 모두 광고업자들이 말했을 뿐이다. 광고업자들은 물건의 본질을 흐려 하나의 중개물로 만든다. 사람들에게 기호와 이미지, 즉 물건의 실체에는 없는 허구를 주입하는 것이다. 너무나 많은 사람이 이런 허구를 진실로 받아들인다. 너무나 많은 사람이 이런 중개물을 소비하며 자신이 생각하는 이상적 자아의 모습으로 한 발짝 더 다가갔다고 착각한다.

하지만 슬프게도 중개물을 통해 자신이 지금의 모습에서 더 나아진 이상적 자아의 모습으로 한 단계 변신할 수 있다는 왜곡된 믿음은 자존감의 부족에서 비롯된다. 현재의 자신이 초라하다고 느낄수록 중개물을 통한 변신에 집착하게 되는 것이다.

당신의 이상적 자아가 '(사회적으로) 성공한 사람'이라고 가정을 해보자. 만약 당신이 스스로 정말로 성공했다고 생각한다면 자신의 차종에 전혀 개의치 않을 것이다. 만약 당신이 손석희라면, 1991년형 티코를 끌고 명동거리에 나선다 해도 전혀 문제가 되지 않을 것이다. 성공한 사람이라는 것을 이미 다른 사람들이 다 알고 있는데, 굳이 차를 통해서까지 당신의 성공을 증명할 필요가 없는 것이다. 하지만 당신은 손석희가 아니기에 1991년형 티코를 끌고 명동거리에 나서는 것에는 많은 문제가 따른다. 그래서 손석희가 아닌 그랜저 따위를 동경하는 것이다.

2011년 7월, 손석희가 차고 있는 2만 4,500원짜리 카시오 손목시계가 화제가 된 적이 있다. 아마 그는 자신이 2만 4,500원짜리 카시오 손목시계를 찬다고 해도 자신의 이상적 자아에서 멀어진다고 생각하지 않았을 것이다. 보통 자존감이 충만한 이들은 그렇게 생각한다. 하지만 자존감이 부족한 이들은 수십만 원에서 수백만 원, 혹은 수천만 원대의 손목시계를 차지 않으면 자신의 이상적 자아에서 멀어진다고 생각한다(물론 손석희를 중개자로 여기는 어떤 이는 그의 2만 4,500원짜리 카시오 손목시계를 따라서 샀을 수도 있다).

손석희가 저렴한 시계를 찬다고 해서 그가 저렴한 사람이 되는 것은 아닌 것처럼 저렴한(?) 누군가가 비싼 시계를 찬다고 해서 비싼 사람이 되는 것은 아니다. 본질이란 그런 것이다. 보통 우리가 꿈꾸는 이상적 자아의 본질은 물건들 따위야 아무래도 좋은 경우가 많다. "비싼 자동차, 비싼 시계를 소유한 사람." 이런 천박함이 우리가 욕망하는 이상적 자아일 리가 없다. 우리는 분명 좀 더 아름다운 것들을 욕망하고 있을 것이다. 그 아름다운 것들이 바로 본질이다. 우리는 이제 본질로 곧장 나아갈 수 있는 방법을 강구해야 한다. 현재 우리의 모습과 욕망하는 이성적 자아의 모습 사이, 그 괴리의 어딘가에 중개자와 중개물이 존재한다.

남들의 시선에 구속되지 마라

팔십이 가까워지고 어느 날부터
아침마다 나는 혈압 약을 꼬박꼬박 먹게 되었다
어쩐지 민망하고 부끄러웠다

허리를 다쳐서 입원했을 때
발견이 된 고혈압인데

모르고 지냈으면

그럭저럭 세월이 갔을까

눈도 한쪽은 백내장이라 수술했고

다른 한쪽은

치유가 안 된다는 황반 뭐라는 병

초점이 맞지 않아서

곧잘 비틀거린다

2008년 5월, 83세의 나이로 세상을 뜬 박경리의 〈산다는 것〉이라는 시의 내용 일부이다. 그녀는 살아 있는 동안 병이 많았던 듯하다. 그녀는 이어서 말한다.

하지만 억울할 것 하나도 없다

왜일까? 다음이 그 이유이다.

남보다 더 살았으니 당연하지

그녀는 자신의 처지를 상대적으로 평가했다. 그녀가 자신의 병에 대해 억울하게 생각하지 않았던 이유는 '남보다 더 살았기 때문'이었다. 그녀는 '쿨'했던 것일까? 아니, 절대 그렇지 않다. 그녀는 단지 자신과 다른 사람을 비교해서 자신의 처지를 헤아렸을 뿐이다. 다른 사람과 자신을 비교하는 것, 이 행동은 사람의 본능이다. 그렇기에 우리는 다른 사람들이 과연 얼마의 돈을 가졌는지, 얼마나 잘 먹고 잘 사는지에 관심이 많다.

기업의 연봉 계약서에는 대부분 연봉 정보를 누설하면 안 된다는 조항이 있다. 그럼에도 사람들은 동료들이 얼마의 연봉을 받는지에 관심을 갖고 연봉 정보를 공유한다. 우리 가족이 그럭저럭 먹고살고 있으면 그만일 텐데, 그것이 생각처럼 쉽지가 않다. 꼭 다른 가족이 우리 가족보다 못 먹고 못 살고 있다는 것을 확인해야만 속이 편하다. 어쩌다가 한 번씩 다른 가족이 우리 가족보다 잘 먹고 잘 살고 있다는 것을 확인하는 날에는 속이 뒤집혀 잠을 잘 수가 없다.

다음의 물음에 답해보자.

"당신이 1억 원을 벌고 다른 사람들이 2억 원을 버는 것이 좋은가? 혹은 당신이 5천만 원을 벌고 다른 사람들이 2천 5백만 원을 버는 것이 좋은가?"

당연히 후자를 선택할 것이다. 만약 당신이 전자를 선택했다면 당신은 머리가 좀 어떻게 된 사람이다. 전자의 경우 당신이 벌어들이는 돈의 액수는 후자에 비해 2배가 많지만 다른 사람들이 당신보다 2배를 많이 번다. 그래서 내키지 않는다. 절대적으로는 많이 벌더라도 상대적으로는 적은 액수이기 때문이다.

반면 후자는 당신이 벌어들이는 돈의 액수는 전자에 비해 절반일 뿐이지만, 다른 사람들이 당신보다 절반을 적게 벌기 때문에 마음이 편안하다. 절대적으로는 적은 액수라도 상대적으로는 많은 액수이기 때문이다.

'많다'라는 것은 '적다'라는 것이 있을 때에만 존재할 수 있다. 반대로 '적다'라는 것은 '많다'라는 것이 있을 때에만 존재한다. 또한 '많다'라는 것은 그보다 '더 많은 것'에 비하면 적고, '적다'라는 것도 '더 적은 것'에 비하면 많다. 이렇게 부는 절대적인 것이 아니라 상대적인 것이다. 내 자신의 '부'는 언제나 다른 사람들을 기준으로 하여 결정된다. 그래서 우리는 그렇게도 다른 사람들이 가진 돈에 관심이 많은 것이다.

이를 증명하는 재미있는 실험이 있다. 1982년 독일의 사회학자 베르너 귀스Werner Guth가 고안해낸 것인데, '최후통첩게임Ultimatum Game'이라고 불리는 실험이다. 워낙 유명한 실험이라 당신 또한 알고 있을 수도 있겠다.

실험은 간단하다. 내가 당신과 당신이 전혀 모르는 사람(이하 A라고 한다)을 불러다놓고는 서로 마주보게 자리에 앉힌다. 그리고 내가 당신에게 100만 원을 건네준다. 이제 당신과 A는 어떤 조건 안에서 자유롭게 이 돈을 나누어 가질 수 있다. 단 조건은 다음과 같다.

첫째, 당신이 각각 얼마의 돈을 나누어 가질지를 정하고, 그것을 A에게 제안한다(협상은 없다. 단지 제안만 할 수 있다).

둘째, A가 제안을 받아들인다면 각각의 돈을 나누어 갖는다. 하지만 A가 제안을 거절하면 100만 원은 내가 다시 거두어간다. 즉 당신과 A 그 누구도 돈을 갖지 못한다.

만약 당신과 A가 자신이 갖는 돈에만 신경을 쓴다면, 당신은 필시 A가 가질 돈으로 10원을 제안할 것이다. 그리고 A는 이를 받아들일 것이다. 왜냐하면 한 푼도 받지 않는 것보다야 10원이라도 받는 것이 나을 테니까 말이다. 하지만 그런 일은 거의 일어나지 않는다. 지난 20여 년간 세계 각국에서 수천 명을 상대로 다양한 금액으로 이 실험이 실시되었지만, 50%의 금액을 제안하는 경우가 가장 많았고 대부분이 30% 이상의 금액을 제안했다. 한편 A들은 30% 미만의 금액을 제안받으면 거절하는 것이 보통이었다. 소수만이 20% 미만의 금액을 받아들였고 50% 미만이면 무조건 거절하는 사람도 있었다.

A의 입장에서만 보자면 10원이라도 받는 것이 분명 합리적인 선택일 텐데, 대다수의 A가 그렇게 하지 않았다. 당신이 현저하게 많은 돈을 받는 것이 싫은 것이다. 뭔가 불공평하다고 여기는 것이다. 불공평하다는 감정 앞에서 합리성은 늘 힘을 잃는다. 그래서 "이렇게 불공평할 거면 차라리 안 받고 말지!"라는 심정으로 거절을 하는 것이다. 이 실험은 사람이, 자신이 가진 돈뿐만 아니라 다른 사람이 가진 돈에까지도 관심을 갖고 있다는 사실을 아주 명확하게 시사해준다. 언젠가 존 스튜어트 밀이 말했다.

사람은 부자가 되기를 바라지는 않는다. 하지만 남보다 잘살기를 바란다.

내 친구 순식이는 일본에서 일본인 아내와 단 둘이 살고 있다. 작년에 순식이가 신오쿠보 지역의 맨션으로 이사를 했다고 해서 집들이 겸해서 놀러 갔다. 도착하자마자 녀석이 새로운 보금자리에 대한 자랑을 늘어놓았다. 오두방정을 떨며 내게 물었다.

"멋지지? 멋지지?"

마지못해 "으응…"이라고 성겁게 대답하긴 했지만, 사실 그 부부의 멋진 보금자리에 감탄했다. 순식이 부부의 보금자리는 33m²(10평) 남짓 되어 보였다. 방 하나에 주방 겸 거실, 그리고 욕실이 딸려 있었다. 살림살이는 더 이상 뺄 것 없이 간소했다.

한국에서 결혼한 친구들의 보금자리를 여럿 방문했지만, 그들 중 방 하나에 보금자리를 마련한 친구는 아무도 없었다. 혹시나 해서 물었다.

"방이 하나라서 불편하진 않아?"

순식이가 답했다.

"전혀 불편하지 않아. 그리고 여기선 대부분 이렇게 살아."

그랬다. 순식이 부부가 속해 있는 공동체의 젊은 부부들은 대개 방 하나짜리 맨션에서 살아가고 있었다. 하지만 내가 속해 있는 공동체의 젊은 부부 대부분은 방 두 개짜리 아파트에서 살아간다.

마르크스는 집의 크기에 대해서 이렇게 말한다.

집은 커도 되고 작아도 된다. 주위 집들이 똑같은 정도로 작다면, 작은 집도 주거에 대한 사회적 요구를 모두 만족시켜준다. 그러나 작은 집 옆에 성이 한 채 세워지면, 작은 집은 오두막이 된 것처럼 움츠러들 것이다.

어떤 공동체에서는 방 하나짜리 집이 표준인데, 또 어떤 공동체에서는 방 두 개짜리 집이 표준이다. 그리고 각각의 공동체에서는 표준에 맞는 집에 살 때 "남들 사는 만큼 산다."라고 한다. 그런데 이것을 가만 생각해보면,

이처럼 안쓰러운 말도 없다. 대부분이 돈에 쪼들리고 있다는 우리 한국 사회의 공공연한 비밀을 감안한다면, 이 말은 "남들이 돈에 쪼들리는 만큼 돈에 쪼들린다."는 말이 되기 때문이다.

허영과 허세의
비용

친구들의 이야기는 이쯤 옮기는 것으로 하자. 내가 조금 유별나게 묘사를 해서 그렇지, 내 친구들의 이야기는 사실 매우 일반적이다(가방 브랜드와 차종 따위를 조금씩만 바꾸면 누구의 이야기도 될 수 있다). 나는 내 친구들의 이야기를 관통하는 키워드를 '남들 하는 만큼' '허영·허세' '자존감의 부족' 이 3가지로 요약하곤 한다. 이 3가지는 우리 소비의 아주 많은 부분에 물들어 있다. 게다가 분리되어 있지 않고 서로 연결되어 있다.

지금 우리가 '소비 표준'이라고 믿고 있는 것들의 대부분은 이미 아주 오래전에 우리가 감내할 수 있는 수준을 지나쳤다. 굳이 남들의 통장 잔고를 일일이 확인해볼 필요까지도 없다. 1,000조 원에 달하는 지금의 가계대출 규모가 그것을 확실하게 입증해준다.

쪼들림을 숨기는 일은 아주 쉽다. 아무도 우리 통장의 잔고를 묻지 않는다. 다만 얼마간의 신용카드 결제 한도와 다른 사람들도 원하고 있을 만한 물건(루이뷔통 가방이나 아우디 A6 등)을 몇 가지 소유하고 있으면 그만이다. 이에 대해 미국의 금융 컨설턴트 데이브 램지Dave Ramsey는 《절박할 때 시작하는 돈 관리 비법The Total Money Makeover》에서 재치 넘치는 말을 남겼다.
갑자기 20~30kg 정도 체중이 증가한다면 주변 사람들은 "건강을 위해서 체
중관리 좀 해야 할 것 같아."라고 말하지 "우와, 몸매가 보기 좋은데, 비결이
뭐야?"라고 말하지는 않을 것이다. 그러나 문제가 돈인 경우에는 이야기가 다
르다. 비싼 옷을 잘 차려 입고 모임에 나가서 수치스러운 비밀만 잘 숨긴다면
문제가 곪아터지기 전까지는 끝까지 아닌 척할 수 있는 것이다.

마이너스 통장을 뒤로 숨긴 채 다른 사람들에게 '부'라는 의미를 전할 수
있는 비싼 물건과 서비스를 소비하는 우리의 모습을 보자. 이 얼마나 실속
없는 짓이란 말인가? 이런 실속 없는 짓이 바로 '허영'과 '허세'다. 어쩌면
우리는 '돈 많고 잘나가는 척하기 게임'에 열중해 있는 중인지도 모른다.
나는 루이뷔통 가방과 오메가 시계를 소비하는 것이 나쁘다고 말하려는
것이 아니다. 그것들은 전혀 나쁘지 않다. 나쁜 것은 그것들을 소비하느라
다른 더 중요한 것들을 소홀히 하고 넘어가는 '의도하지 않은 무책임'이다.
지갑이나 통장에 머물러 있는 '날것으로의 돈'은 그 가능성이 무한하다.
소비 행위는 그 무한한 가능성을 소진시키는 파괴의 몸짓이다. 다시 말해
오늘 아침 우리가 커피 값으로 치른 얼마간의 돈은 우리가 미래의 어느 순
간에 선택할 수 있었던 모든 가능성에 대한 희생이다. 그것은 우리의 노후
생활자금일 수도 있고, 아이들의 교육자금일 수도, 또는 갚아야 할 빚일 수
도 있다. 이것이 소비에 우선순위가 필요한 이유이다. 부디 중요한 것이 무
엇인지를 잊지 말자.

이상한 나라의 재테크에서 탈출하기

    책을 매개로 한 나와 당신의 데이트가 끝났다. 우린 이제 이별한다. 앞으로 당신은 나 없이 홀로 주류 재테크 담론과 맞서 싸워야 한다. 책을 덮는 순간부터 금융사들의 각종 광고가 당신을 덮쳐올 것이다. '부자가 되라!' 할 테고, '펀드 투자가 해법'이라 할 것이며, '노후를 위한 개인연금 가입은 필수!'라 일갈할 것이다. TV 등 대중매체에 즐겨 출연하는 유명 재테크 전문가들 역시 비슷하게 떠들어댈 것이다. '곧 부동산시장에 다시 봄이 올 것이니, 지금이야말로 빚내서 집을 사야 할 때'라고 할 것이다. 틈새 투자가 유행이라며 '부실채권 또는 실물 투자'를 권할지도 모르겠다.

    "저금리에서의 투자(재테크)." 2000년대 초반부터 단 한 차례도 변하지 않은 재테크 시장의 고루한 논조 중 하나다. 여기에 물가상승률과 레버리지라는 양념까지 더해지면 딱 재테크 황금기의 사조가 완성된다. '은행 이자율이 물가상승률을 따라잡지 못하니 저축을 하면 손해다.' '이자율이 낮으니 돈을 빌려 적극 투자에 나서자(레버리지 투자)!' 나는 두 주장 모두가 엉터리임을 본문에서 충분히 서술했다.

누군가가 이 책의 핵심 주장을 한마디로 요약해달라고 주문한다면, 나는 '전력을 다해 빚부터 갚아라.'라고 말할 것이다. 그리고 그 주장의 근거가 무엇이냐고 다시 묻는다면, '상식'이라고 답할 것이다. 이 책 어디에도 대단한 이론은 없다. 300페이지 가까이 펼쳐지는 수십 개의 주장과 논리는 지극히 상식적이다. 3가지만 예를 들어보자.

1. 대출이자율이 예금 이자율보다 높기 때문에(대출이자율〉예금 이자율) 저축을 깨서 대출 먼저 갚아야 한다.

2. 대출이자는 확실한 반면, 투자수익은 불확실하니, 빚을 내 투자를 하려는 시도는 무모하다.

3. 보험사가 보험금 지급약속을 자꾸 저버리니, 덮어놓고 믿지 마라.

솔직히 말해 이런 분석은 초등학생도 할 수 있다. 첫 번째 주장은 저학년용 산수 수준이다. 두 번째는 그냥 생활의 지혜다. 왜 친구들끼리 모여 탕수육 짜장면 세트를 시키면 꼭 탕수육부터 탐하지 않는가. 어째서 그러겠는가? 짜장면은 확실의 영역에 놓인 반면, 탕수육은 불확실의 영역에 놓여 있기 때문이다. 그리고 세 번째 주장, 아! 이런 건 그냥 납득 못 하면 '백치'다.

상식이 비상식으로 취급받는 이상한 나라에서 살아가는 우리다. 상식의 휘발은 곧 위험관리risk management의 실종을 의미한다. 정부의 행태를 좀

보자. 가계부채 문제가 시한폭탄이라면서 '빚내서 집 사라!' 한다. 불났다고 호들갑 떨면서 기름 붓는 격이다. 어떤 권위자, 어떤 전문가도 대중 앞에 나서서 빚부터 갚아야 한다(불부터 꺼야 한다)고 말하지 않는다.

이런 생각을 해보자. 어느 한 작업자가 반바지에 슬리퍼 차림으로 공사장을 활보하고 있다. 분명 현장안전 책임자는 그를 보고 외칠 것이다. "지금 뭐하는 거야!" 공사장 내의 작업자라면 안전모와 긴 바지, 안전화 등의 보호 장비를 착용해야 함은 상식 중의 상식이다. 즉, 무방비 상태로 공사장을 활보하는 저 작업자는 정신이 나간 것이 아니라 상식이 없는 것이다. 같은 식(상식과 위험의 상관관계)을 적용해 안전설계(위험관리) 없이 위험자산(주식, 부동산 등) 투자에 적극적으로 나서는 주위 대부분의 투자자를 평가내리자면, 그 결론은 여지없이 '상식의 상실'이다. 이것은 이 책을 통째로 관통하는 단 하나의 문제의식이다.

위험관리의 기본은 흔들리는 식탁(불안요소) 위에 달걀(위험)을 두지 않는 것이다. 본 비유에 의거, 나는 우리네 가계의 재무상황을 다음과 같은 이미지로 그린다.

'가계 빚이라는 이름의 흔들리는 식탁 위에, 가족의 안녕이라는 달걀이 위태롭게 출렁인다.'

달걀(가족의 안녕)을 지키는 방법은 간단하다. 흔들리는 식탁(불안요소) 위의 달걀을, 바구니(안전지대)에 옮겨 담으면 된다. 즉, 빚을 갚으면(불안요소를 제거하면) 된다.

독자의 가계가 빚을 모두 갚고, 홀가분하고 심플한 재무구성으로 돌아가는 것까지가 《월급을 경영하라》의 완성이다. 먼 길일 것이다. 그러나 반드시 가야 하는 길이다. 긴 싸움, 건투를 빈다.

어쩌면 당신은 묻고 싶을 수 있다. "그럼 《월급을 경영하라》 이후, 빚을 모두 갚은 후엔 어떻게 해야 하는가?" 그땐 정말 재테크(투자)라는 걸 해도 된다. 단, "달걀을 여러 바구니에 나누어 담아야 한다."는 그 유명한 '분산투자 이론Portfolio Theory'에 기반하여 재테크를 펼쳐야 한다. 이런 식이다. 가족의 안녕이라는 달걀바구니는 가장 안전한 곳에 따로 보관해둔다. 그리고 깨지고 부서져도 괜찮은 달걀이 담긴 바구니만 시장에 들고 나가서, 아주 마음껏 운용한다. 이렇게 하면 재테크에 완전 실패한다 해도 가계가 무너져 내릴 일은 없으니, 가슴 두근거리는 '고위험-고수익High Risk High Return 투자'를 좇아도 문제가 없다. 물론 전문가들은 여전히 미래가격을 예측하지 못할 것이고, 아무리 찾아보아도 궁극의 투자비법이나 부자 되는 방법 따위는 없겠지만, 그럼 또 어떤가! 어차피 '재미'로 하는 건데. 그리고 혹시 모르잖은가. 귀갓길에 별 생각 없이 산 로또에 우연히 당첨되듯, 갑자기 큰 행운이 찾아와 진짜로 부자가 될 수 있을지!

책 작업을 마무리하는 지금, 독자들에게 무한한 책임을 느낀다. 성실한 애프터서비스를 약속하겠다. 가계재무에 관한 한 어떠한 내용도 아는 한도 내에서 최선의 답을 하겠다. 나의 이메일 주소는 kubonki@naver.com 이다. 마지막으로 이 책을 끝까지 읽어주어서 감사하다.

구본기재정안정연구소 소장
구본기

월급이 전 재산인

당신을 위한

'진심' 재테크